ILLUSTRATED SERIES™
(SERIE LIBRO VISUAL)

TÍTULOS DE LA SERIE ILLUSTRATED SERIES
PARA LA CERTIFICACIÓN DE MICROSOFT COMO
ESPECIALISTA EN APLICACIÓN CERTIFICADO

Microsoft
CERTIFIED
*Application
Specialist*

Curso aprobado

El material de este libro es parte de la serie *Illustrated Series Microsoft® Office Word 2007: Illustrated Complete* text, la cual satisface los requerimientos del examen de Especialista en Aplicación Certificado por Microsoft, "Usando Microsoft® Office Word 2007"

SERIE LIBRO VISUAL™

Microsoft® Office
Word® 2007

Jennifer Duffy **BREVE**

Microsoft® Office Word® 2007

SERIE LIBRO VISUAL

BREVE

TRADUCTOR:
Javier Dávila
Traductor profesional

REVISOR TÉCNICO:
José Julián Argil Torres
Profesor, Facultad de Ingeniería, UNAM
Administrador, Laboratorio Microsoft, UNAM

Jennifer Duffy

CENGAGE
Learning·

Australia · Brasil · Corea · España · Estados Unidos · Japón · México · Reino Unido · Singapur

CENGAGE
Learning™

Microsoft Office Word 2007. Breve
Jennifer Duffy

Presidente de Cengage Learning Latinoamérica:
Javier Arellano Gutiérrez

Director editorial de Latinoamérica:
José Tomás Pérez Bonilla

Editora:
Rocío Cabañas Chávez

Director de producción:
Raúl D. Zendejas Espejel

Editor de producción:
Timoteo Eliosa García

Composición tipográfica:
Imagen Editorial

Colaboradores de la edición en inglés

Editora de adquisiciones senior:
Marjorie Hunt

Gerente de producto senior:
Christina Kling Garrett

Gerente de producto asociada:
Rebecca Padrick

Asistente editorial:
Michelle Camisa

Gerente de Mercadotecnia senior:
Joy Stark

Coordinador de Mercadotecnia:
Jennifer Hankin

Con la contribución de la autora:
Elizabeth Eisner Reding

Editora de desarrollo:
Pamela Conrad

Editor de producción:
Daphne Barbas

Correctores de estilo:
Harold Johnson y
Gary Michael Spahl

Revisores del manuscrito:
Jeff Schwartz, Danielle Shaw y
Teresa Storch

Diseño de portada:
Elizabeth Paquin, Kathleen Fivel

Pintura de la portada:
Mark Hunt

Composición:
GEX Publishing Services

Traducido del libro: *Microsoft Office Word 2007. Brief*
Publicado en inglés por Thomson/Course Technology © 2008
ISBN-10: 1-4239-0525-3
ISBN-13: 978-1-4239-0525-7
Datos para catalogación bibliográfica
Duffy, Jennifer:
Microsoft Office Word 2007. Breve
ISBN-10: 970-830-049-7
ISBN-13: 978-970-830-049-0

Visite nuestro sitio en:
http://latinoamerica.cengage.com

Impreso en México
1 2 3 4 5 6 7 11 10 09 08

Impreso por Grupo Art Graph, S.A. de C.V.
Av. Peñuelas No. 15-D Col. San Pedrito Peñuelas
C.P. 76148 Querétaro, Qro. Impreso en Agosto de 2008

Acerca de este libro

Bienvenidos a *Microsoft Office Word 2007* de la Serie Libro Visual. Desde que se publicó la primera edición de esta obra en 1994, millones de estudiantes han utilizado los diversos textos de la Serie Visual para adquirir las habilidades en el uso del software y aprender conceptos de computación. Nos sentimos orgullosos de poner a su alcance este nuevo título de la serie sobre la versión de Microsoft Office más emocionante de todas las que se han puesto a la venta.

Como tal vez sepa, Microsoft rediseñó completamente esta nueva versión de Office desde sus fundamentos. Ya no hay menús ni barras de herramientas. Los cambios que Microsoft hizo al software son el fruto de años de investigación y estudio de las necesidades y hábitos de trabajo de los usuarios. El resultado es una nueva versión, poderosa y fenomenal del software que le ayudará a usted y a sus estudiantes a ser más productivos y a obtener mejores resultados con mayor rapidez.

Antes de comenzar a trabajar en esta nueva edición, también hicimos una investigación propia. Nos pusimos en contacto con casi 100 profesores como usted, que habían usado las ediciones anteriores del libro y nuestros textos sobre Microsoft Office. Algunos de ustedes respondieron a una de nuestras encuestas; otros cedieron generosamente su tiempo para conversar por teléfono con nosotros, comentando sus ideas; siete de ustedes aceptaron formar parte de nuestro consejo de consultores y guiaron nuestras decisiones.

Como resultado de las aportaciones que recibimos de ustedes, mantuvimos las características que más les han gustado e hicimos las mejoras que nos sugirieron y solicitaron. Por supuesto, también abarcamos las principales características del nuevo software (en el prefacio se dan mayores detalles sobre las novedades de esta edición). Confiamos en que este libro y todos sus recursos disponibles ayudarán a sus estudiantes a dominar Microsoft Office Word 2007.

Consejo de consultores

Agradecemos a los miembros de nuestro consejo de consultores que con entusiasmo nos dieron sus opiniones y nos guiaron desde el principio en todas las decisiones acerca del contenido y el diseño.

Kristen Callahan, Mercer County Community College
Paulette Comet, Assistant Professor, Community College of Baltimore County
Barbara Comfort, J. Sargeant Reynolds Community College
Margaret Cooksey, Tallahassee Community College
Rachelle Hall, Glendale Community College
Hazel Kates, Miami Dade College
Charles Lupico, Thomas Nelson Community College

Agradecimientos de la autora

Jennifer Duffy Muchas personas talentosas de Cengage Course Technology me ayudaron a dar forma a este libro; gracias a todas. En especial, estoy en deuda con Pam Conrad por su revisión precisa del texto, su apoyo de experta y por los muchos ánimos que me dio a lo largo de tantos meses de escritura. En el frente doméstico, siempre me siento agradecida con mi esposo y mis hijos por su paciencia y apoyo.

Prefacio

Bienvenidos a la edición *Microsoft Office Word 2007*, Serie Libro Visual. Si por primera vez utiliza un texto de esta serie, observará que su diseño es único: cada habilidad se presenta en dos páginas, una al lado de la otra, con los pasos a seguir en la página de la izquierda y las pantallas en la página de la derecha. El diseño hace fácil entender cada lección sin tener que leer una gran cantidad de texto ni consultar otras páginas para ver alguna ilustración.

Este libro es una herramienta ideal de aprendizaje para una gran variedad de estudiantes: a los principiantes su diseño les parecerá directo y fácil de seguir, por lo que preferirán enfocarse en la información esencial presentada, mientras que los más experimentados apreciarán la capacidad de pasar rápidamente por las lecciones para encontrar la información que necesitan sin tener que leer demasiado. Este diseño también permite que el texto sea una excelente referencia después de que el curso haya terminado. Observe la ilustración de la derecha para conocer más elementos pedagógicos y de diseño de una lección representativa.

Novedades de esta edición

Hicimos muchos cambios y mejoras a esta edición para que fuera la mejor hasta ahora. En seguida explicamos algunas novedades importantes:

- **Nueva unidad de Introducción a Microsoft Office 2007.** Esta unidad inicia la sección de Office y sin demora presenta a los estudiantes las características de Office 2007 que son comunes a todas las aplicaciones, como la cinta de opciones, el botón de Office y la barra de herramientas de acceso rápido.

- **Reto independiente de la vida real.** Incorporamos los ejercicios de retos independientes de la vida real cuyo objetivo es que los estudiantes tengan la oportunidad de crear proyectos que sean significativos para su propia vida, como un encabezado de correspondencia personal, una base de datos para hacer seguimiento de sus gastos personales o de su presupuesto para la compra de una casa.

- **Nuevo estudio de caso.** Un nuevo estudio de caso, ahora de la compañía Quest

Cada par de páginas se enfoca en una sola habilidad.

Un texto conciso presenta los principios básicos de la lección e integra un estudio de caso real.

Se incluyen consejos y soluciones de problemas donde usted lo necesita, cerca del paso a realizar.

Las tablas constituyen resúmenes de acceso rápido a los términos clave, botones de las barras de herramientas o alternativas para usar el teclado referente al material de cada lección. Los estudiantes pueden consultar con facilidad esta información cuando trabajen en sus proyectos propios, siempre que lo necesiten.

Cada lección incluye representaciones grandes y a todo color de lo que las pantallas deberían mostrar a medida que los estudiantes completan los pasos numerados.

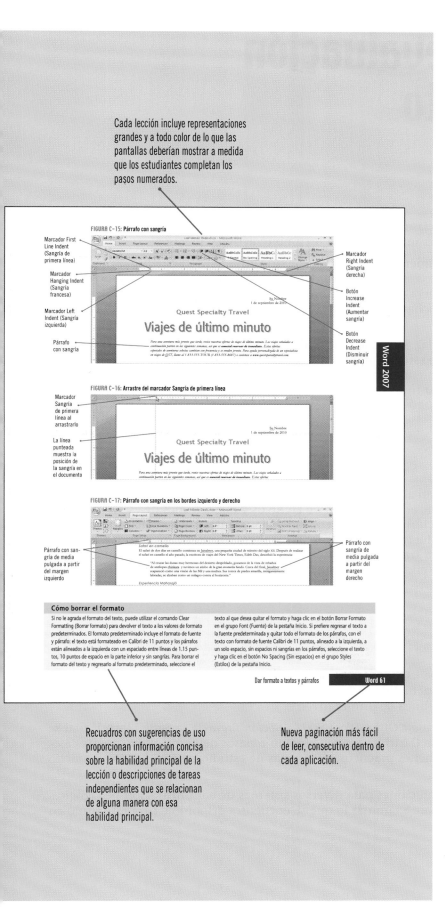

Recuadros con sugerencias de uso proporcionan información concisa sobre la habilidad principal de la lección o descripciones de tareas independientes que se relacionan de alguna manera con esa habilidad principal.

Nueva paginación más fácil de leer, consecutiva dentro de cada aplicación.

Specialty Travel, ofrece un escenario práctico y divertido con el que los estudiantes se relacionan a medida que aprenden más habilidades. Esta compañía global ficticia ofrece una amplia variedad de viajes por todo el mundo y da pie para conocer el software en inglés y en español, una habilidad muy valiosa en las empresas de nuestros días.

- **Mejoras al contenido.** Se actualizó por completo el contenido del libro en función de Office 2007 y de la retroalimentación de los profesores. En el CD de recursos para el profesor se ofrecen detalles sobre los cambios específicos del contenido de Word.

Tareas

Las lecciones incorporan como caso de estudio el de una compañía ficticia de viajes de aventura llamada Quest Specialty Travel. La dificultad de las tareas que aparecen en las páginas de color morado, al final de cada unidad, es creciente. Los archivos de datos y los estudios de casos proporcionan una variedad de aplicaciones de negocios interesantes y relevantes. Las tareas constan de:

- **Repasos de conceptos,** que constan de preguntas de opción múltiple, correlación y preguntas de identificación de pantallas.

- **Repasos de habilidades,** que proporcionan reforzamiento adicional de prácticas paso a paso.

- **Retos independientes,** que son proyectos de casos cuyo desarrollo requiere de pensamiento crítico y aplicación de las habilidades presentadas en las unidades. El nivel de dificultad de los retos independientes es creciente, de modo que el primero de cada unidad es el más sencillo. Los retos independientes 2 y 3 son más abiertos y su dificultad es mayor, pues requieren una solución más independiente del problema.

- **Retos independientes de la vida real,** que son ejercicios prácticos donde los estudiantes crean documentos de utilidad en la vida cotidiana.

- **Ejercicios de reto avanzado,** que se ubican dentro de los retos independientes y proporcionan pasos opcionales para los estudiantes más avanzados.

- **Talleres visuales,** que son proyectos prácticos, autogradados que requieren una solución independiente del problema.

Soluciones de evaluación y entrenamiento

SAM 2007 tiende un puente entre el salón de clases y el mundo real, permitiendo que los estudiantes se entrenen y desarrollen habilidades computacionales importantes en un ámbito activo y práctico.

El sistema fácil de usar SAM 2007 incluye exámenes interactivos convincentes, entrenamiento en proyectos de aplicaciones críticas como Word, Excel, Access, PowerPoint, Outlook, Windows, Internet y mucho más. SAM simula el entorno de aplicación, de manera tal que los estudiantes tienen la oportunidad de demostrar sus conocimientos y capacidad de respuesta echando mano de sus habilidades al realizar tareas aplicables al mundo real.

Diseñado para utilizarse con la serie Libro Visual, SAM 2007 incluye referencias integradas a páginas, de modo que los estudiantes puedan imprimir guías de estudio útiles que coincidan con los libros de texto de la serie Libro Visual que se usen en clase. Las herramientas de administración permiten a los profesores programar exámenes y tareas, exámenes seguros y realizar informes casi sin límite de flexibilidad.

Student Edition Labs

Nuestros laboratorios basados en la Web ayudan al estudiante a dominar cientos de conceptos computacionales; entre ellos, dispositivos de entrada y salida, administración de archivos y aplicaciones de escritorio, ética computacional, protección contra virus y muchos más. Caracterizado por su contenido actualizado, sus gráficos atractivos e impactantes animaciones, el fuertemente interactivo Student Edition Labs ofrece a los estudiantes una manera alternativa de aprender a través de la observación dinámica, la práctica paso a paso y preguntas de repaso estimulantes. También se encuentra disponible en CD con un costo adicional.

Online Content Blackboard

Blackboard es el más importante proveedor de la principal solución de aprendizaje a distancia y de la plataforma de administración pedagógica en la actualidad. Cengage Course Technology se ha asociado con Blackboard para llevarle a usted contenido en línea de primer nivel.

Profesores: el contenido para su uso con *Microsoft Office Word 2007 –edición Breve* de la Serie Libro Visual se encuentra disponible en un Blackboard Course Cartridge y puede incluir repasos del tema, proyectos de caso, preguntas de repaso, bancos de pruebas, exámenes prácticos, programas de estudio personalizados y mucho más.

Cengage Course Technology tiene también soluciones para diversos sistemas de administración pedagógica. Por favor, visite *www.course.com* hoy mismo para examinar lo que se encuentra disponible para este título en su localidad.

Recursos para el profesor

Consulte con su representante de ventas la disponibilidad de este material de apoyo en su país. El CD de recursos (en inglés) para el profesor es la manera en que Cengage Course Technology pone en sus manos los recursos y la información necesaria para enseñar y aprender de manera efectiva. Con un arreglo integrado de herramientas de enseñanza y aprendizaje, que ofrece a usted y a sus estudiantes una amplia gama de opciones pedagógicas basadas en la tecnología, creemos que este CD representa los recursos de la más alta calidad y tecnología de punta disponible para los profesores en la actualidad. Muchos de estos recursos se encuentran disponibles en *www.course.com*. Los recursos de este libro son:

- **Manual del profesor.** Disponible como archivo electrónico, el *Instructor Manual* incluye temas detallados de lectura con sugerencias pedagógicas para cada unidad.

- **Programa de estudios de muestra.** Prepare y personalice su curso fácilmente con base en este esquema de curso en línea.

- **Presentaciones de PowerPoint.** Cada unidad tiene una presentación de PowerPoint correspondiente que se puede emplear como lectura, distribuirla a sus estudiantes o personalizarla para adecuarla a su curso.

- **Archivos de figuras.** Las figuras en el texto se proporcionan en el Instructor Resources CD (CD de Recursos del profesor) para ayudarle a ilustrar temas o conceptos claves. Usted puede crear transparencias tradicionales para proyector imprimiendo los archivos de las figuras. O bien puede crear presentaciones de diapositivas electrónicas haciendo uso de las figuras en un programa de presentaciones como PowerPoint.

- **Soluciones a los ejercicios.** *Solutions to Exercises* contiene todos los archivos que los estudiantes deben crear o modificar en las lecciones y en el material que viene al final de las unidades. Aquí también se proporciona un documento que reseña las soluciones de las secciones: Repaso de conceptos, Repaso de habilidades y Retos independientes, que vienen al final de cada unidad. Un Archivo de anotaciones a las soluciones y una Firma de calificación vienen en cada archivo y pueden emplearse en conjunto para calificar de manera fácil y rápida.

- **Archivos de datos para los estudiantes.** Para completar la mayoría de las unidades en este libro, sus estudiantes necesitarán ciertos archivos de datos. Usted puede enviar o "subir" los archivos de datos a un servidor de archivos para que los estudiantes lo copien. Los archivos de datos se encuentran disponibles en el Instructor Resources CD (CD de Recursos del profesor), en el Review Pack (Paquete de repaso) y también puede descargarse desde *www.course.com*. En esta edición, hemos incluido una lección acerca de la descarga de los archivos de datos para este libro, véase la página xv.

Instruya a los estudiantes para que utilicen la lista de archivos de datos incluida en el Review Pack (Paquete de repaso) y el Instructor Resources CD (CD de Recursos del profesor). Esta lista proporciona instrucciones para copiar y organizar archivos.

- **ExamView:** ExamView es un poderoso paquete de software de pruebas que le permite crear y aplicar exámenes impresos, por computadora (basados en una LAN) y por Internet. ExamView incluye cientos de preguntas que corresponden a los temas cubiertos en este texto, capacitando a los estudiantes a generar detalladas guías de estudio que incluyen referencias a las páginas para revisiones adicionales. Los componentes para examen basados en computadora y por Internet permiten a los estudiantes presentar exámenes en sus computadoras y también ahorra tiempo al calificar cada examen de forma automática.

Course Casts: Aprendizaje en el camino. Siempre disponible... siempre relevante.

¿Quiere mantenerse al día con las últimas tendencias tecnológicas relevantes para usted? Visite nuestro sitio para hallar una biblioteca de podcasts, CourseCasts, presentación de un "CourseCast of the Week" ("CourseCast de la semana") y descargarlos a su reproductor de MP3 en *http://coursecasts.course.com*.

Nuestro vertiginoso mundo está controlado por la tecnología. Usted lo sabe porque es un participante activo: siempre en marcha, siempre actualizado con las últimas tendencias tecnológicas y siempre aprendiendo nuevas formas de adoptar las tecnologías para mejorar su vida.

Ken Baldauf, profesor del Departamento de Ciencias de la Computación de la Universidad del Estado de Florida, es responsable de impartir clases de tecnología a miles de estudiantes de esta institución cada año. Él sabe lo que usted sabe; sabe que usted quiere aprender. También es un experto en la tecnología más reciente y clasificará y agregará las noticias e información más pertinentes de modo que usted pueda dedicar su tiempo a disfrutar de la tecnología, y no a intentar explicársela.

¡Visítenos en *http://coursecasts.course.com* para aprender sobre la marcha!

COURSECASTS

Contenido breve

Contenido

Lea esto antes de comenzar

Preguntas más frecuentes

¿Qué son los archivos de datos?

Un archivo de datos es un documento de Word, un libro de trabajo de Excel, una base de datos de Access, una presentación de PowerPoint parcialmente completados u otro tipo de archivo que usted utiliza para llevar a cabo los pasos de las unidades y ejercicios para crear el documento final que le entregará a su profesor. Cada página de inicio de la unidad enumera los archivos de datos que se necesitan para esa unidad.

¿Dónde se localizan los archivos de datos?

Su profesor le proporcionará los archivos de datos o lo remitirá a un sitio o unidad de red desde donde usted pueda descargarlos. Si lo prefiere, puede seguir las instrucciones de la página siguiente, para descargar los archivos de datos desde la página Web de este libro.

¿Qué software se utilizó para escribir y probar este libro?

Este libro fue escrito y probado utilizando una instalación típica de Microsoft Office 2007 en una computadora con una instalación típica de Microsoft Windows Vista.

En todos los pasos que requieren de un navegador, se empleó Internet Explorer 7. Si usted está utilizando este libro con Windows XP, por favor consulte la página siguiente, "Notas importantes para los usuarios de Windows XP". Si está usando este libro con Windows Vista, consulte por favor el apéndice al final de este libro.

¿Necesito estar conectado a Internet para completar los pasos y ejercicios de este libro?

Algunos de los ejercicios de este libro suponen que su computadora se encuentra conectada a Internet. Si no es así, consulte a su profesor para obtener información acerca de cómo hacer los ejercicios.

¿Qué hacer si mi pantalla se ve diferente a las que muestran las figuras del libro?

Este texto fue escrito y probado en computadoras con monitores configurados a una resolución de 1024×768. Si su pantalla muestra mayor o menor cantidad de información que las figuras del libro, su monitor probablemente se encuentra configurado a una resolución mayor o menor. Si usted no ve algún elemento en su pantalla, puede que tenga que desplazarse hacia arriba o hacia abajo para ver el elemento identificado en las figuras.

La cinta de opciones (el área azul en la parte superior de la pantalla) de Microsoft Office 2007 se adapta a diferentes resoluciones. Si su monitor está configurado a una resolución inferior a 1024×768, puede ser que no vea todos los botones mostrados en las figuras. Los grupos de botones siempre aparecen, pero el grupo podría estar condensado en un solo botón donde necesitará hacer clic para tener acceso a los botones descritos en las instrucciones. Por ejemplo, las figuras y los pasos en este libro suponen que el grupo Editing (Edición) en la pestaña Home (Inicio) en Word tiene la apariencia siguiente:

Grupo Editing (Edición) de 1024×768

El grupo Editing (Edición) en la pestaña Home (Inicio) de la cinta de opciones a una resolución de 1024×768

Si su resolución es de 800×600, la cinta de opciones en Word se parecerá a la figura siguiente, y usted necesitará hacer clic en el botón Editing para tener acceso a los botones que están visibles en el grupo Editing.

Grupo Editing (Edición) de 800×600

El grupo Editing en la pestaña Home (Inicio) de la cinta de opciones a una resolución de 800×600

Grupo Editing (Edición) de 800×600 después de hacer clic en él

Cuando se selecciona el grupo Editing (Edición) en la ficha Home (Inicio) de la cinta de opciones a una resolución de 800×600, se muestran los botones disponibles

Notas importantes para los usuarios de Windows XP

Las pantallas de este libro muestran a Microsoft Office 2007 ejecutándose en el sistema operativo Windows Vista. No obstante, aun cuando utilice Microsoft Windows XP, este libro le resultará de gran ayuda, pues Office 2007 se ejecuta casi de la misma forma en ambas plataformas. Existen algunas diferencias que encontrará si trabaja en Windows XP; para comprenderlas, lea esta sección.

Cuadros de diálogo

Si usted es usuario de Windows XP, los cuadros de diálogo mostrados en este libro tendrán un aspecto ligeramente diferente del que usted observa en su pantalla. Los suyos tendrán una barra de título azul, en lugar de una gris. Sin embargo, más allá de esta diferencia superficial en el aspecto, las opciones en los cuadros de diálogo en ambas plataformas son las mismas. Por ejemplo, las pantallas ilustradas a continuación muestran el cuadro de diálogo Font (Fuente) ejecutándose en Windows XP y en Windows Vista.

FIGURA 1: Cuadro de diálogo en Windows XP

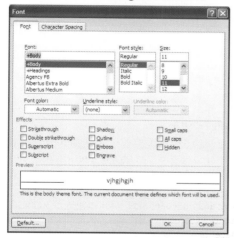

FIGURA 2: Cuadro de diálogo en Windows Vista

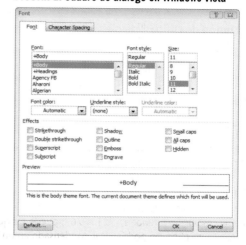

Pasos alternativos para los usuarios de Windows XP

Casi todos los pasos en este libro funcionan de la misma manera para los usuarios de Windows XP. Sin embargo, existen algunas tareas que requerirán que usted complete pasos ligeramente diferentes. Esta sección proporciona los pasos alternativos para unas cuantas habilidades específicas.

Iniciar un progama

1. Haga clic en el **botón Start (Inicio)** en la barra de tareas
2. Señale **All Programs (Todos los programas)**, seleccione **Microsoft Office** y luego haga clic en la aplicación que desee utilizar

FIGURA 3: Iniciar un programa

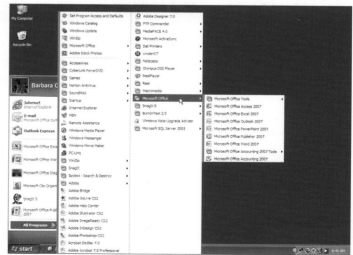

Guardar un archivo por primera vez

1. Haga clic en el **botón de Office** y luego en **Save As (Guardar como)**
2. Escriba un nombre para su archivo en el cuadro de texto File Name (Nombre de archivo)
3. Haga clic en la **flecha de lista Save in (Guardar en)**, luego navegue hasta la unidad y carpeta donde almacene sus archivos de datos
4. Haga clic en **Save (Guardar)**

FIGURA 4: Cuadro de diálogo Save As (Guardar como)

Abrir un archivo

1. Haga clic en el **botón de Office** y, después, en **Open (Abrir)**
2. Haga clic en la **flecha de lista Look in (Buscar en)**, luego navegue hasta la unidad y la carpeta donde almacene sus archivos de datos
3. Haga clic en el archivo que desee abrir
4. Haga clic en **Open (Abrir)**

FIGURA 5: Cuadro de diálogo Open (Abrir)

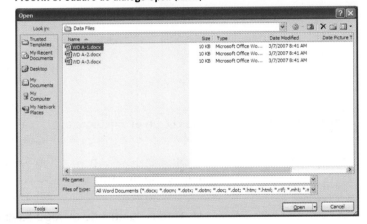

Descarga de los archivos de datos para este libro

Al realizar muchos de los pasos de las lecciones y los ejercicios en este libro, se le pedirá que abra y guarde unos archivos. En esta serie, hemos llamado **archivo de datos** a un documento de Word, un libro de trabajo de Excel, una base de datos de Access, una presentación de PowerPoint parcialmente completados u otro tipo de archivo que usted utiliza como punto de partida para llevar a cabo los pasos de las unidades y ejercicios. El beneficio de emplear un archivo de datos es el ahorro del tiempo y esfuerzo que se necesitan para crear un archivo desde cero; usted simplemente tiene que abrir un archivo de datos, guardarlo con un nuevo nombre (de manera que el archivo original permanezca intacto) y después hacer modificaciones en él para completar los pasos de la lección o un ejercicio. Su profesor le proporcionará los archivos de datos o le indicará de qué sitio o unidad de red puede usted descargarlos. Si lo prefiere, siga las instrucciones de esta lección para descargar los archivos de datos desde la página Web de este libro.

1. Inicie Internet Explorer, escriba www.course.com en la barra de dirección y luego presione [Enter] o [Intro], si su teclado está en español.

2. Cuando se abra el sitio Web Course.com, haga clic en el vínculo Student Downloads (descargas del estudiante)

3. En la página de Student Downloads, haga clic en el cuadro de texto Search (Buscar), escriba 9781423905257 y luego haga clic en Go (Ir a)

CONSEJO

También puede hacer clic en Student Downloads al lado derecho de la página del producto.

4. Cuando se abra la página para este libro de texto, en la barra de navegación izquierda, haga clic en el vínculo Download Student File (archivo de descarga del estudiante) y después, en la página Student Downloads, haga clic en el vínculo Data Files (Archivos)

5. Si se abre el cuadro de diálogo File Download – Security Warning (Descarga de archivo - Advertencia de seguridad), haga clic en Save (Guardar). (Si no aparece un cuadro de diálogo, ignore este paso y vaya al paso 6)

¿PROBLEMAS?

Si se abre un cuadro de diálogo que diga que la descarga está completa, haga clic en Close (Cerrar).

6. Si se abre el cuadro de diálogo Save As (Guardar como), haga clic en la flecha de lista Save in (Guardar en) en la parte superior del cuadro de diálogo, seleccione una carpeta en su unidad USB o disco duro para descargar el archivo y luego haga clic en Save

7. Cierre Internet Explorer y luego abra My Computer (Mi PC o Equipo) o Windows Explorer (Explorador de Windows) y despliegue el contenido de la unidad y carpeta en la cual usted haya descargado el archivo

8. Haga doble clic en el archivo 905257.exe localizado en la unidad o carpeta, y luego, si se abre el cuadro de diálogo Open File - Security Warning (Abrir archivo - Advertencia de seguridad), haga clic en Run (Ejecutar)

CONSEJO

De manera predeterminada, los archivos se extraerán a C:\CourseTechnology\905257

9. En la ventana del extractor automático WinZip, navegue hasta la unidad y la carpeta donde usted quiera descomprimir los archivos y luego haga clic en Unzip (Descomprimir)

10. Cuando el extractor automático WinZip exhiba un cuadro de diálogo enumerando los archivos que se han descomprimido de manera exitosa, haga clic en OK (Aceptar), clic en Close (Cerrar), en el cuadro de diálogo del extractor automático WinZip, y cierre Windows Explorer o My Computer

Ahora usted está listo para abrir los archivos requeridos.

Introducción a Microsoft Office 2007

Microsoft Office 2007 es un grupo de programas de software diseñado para ayudarle a crear documentos, colaborar con compañeros de trabajo, así como hacer el seguimiento y el análisis de su información. Cada programa está diseñado de tal modo que usted puede trabajar en forma rápida y eficiente para generar resultados de aspecto profesional. Aunque todos los programas tienen una apariencia y manejo similares, usted utiliza distintos programas de Office para llevar a cabo tareas específicas, tales como escribir una carta o producir una presentación de ventas. Una vez que se familiarice con uno de los programas, descubrirá que resulta sencillo transferir su conocimiento a los otros. Esta unidad le presenta los programas que se emplean con mayor frecuencia en Office, así como las características que ellos comparten.

OBJETIVOS

Comprender la suite Office 2007

Iniciar y terminar un programa de Office

Ver la interfaz de Office 2007

Crear y guardar un archivo

Abrir un archivo y guardarlo con un nuevo nombre

Examinar e imprimir su trabajo

Obtener ayuda y cerrar un archivo

Comprender la suite Office 2007

Microsoft Office 2007 tiene una interfaz de usuario intuitiva y sensible al contexto, de manera que usted puede llegar a dominarla con rapidez y usar características avanzadas con mayor facilidad. Los programas de Office están reunidos en conjunto en un grupo denominado **suite** (aunque también pueden adquirirse por separado). La suite Office se encuentra disponible en diversas configuraciones, pero todas incluyen Word y Excel. Otras configuraciones incluyen PowerPoint, Access, Outlook, Publisher u otros. Cada programa en Office está mejor adaptado para completar tipos específicos de tareas, aunque existe cierta repetición de elementos en términos de sus capacidades.

DETALLES

Los programas de Office que este libro abarca incluyen:

- **Microsoft Office Word 2007**

  Cuando usted necesite crear cualquier clase de documento basado en texto, tal como memorandos, boletines o informes de múltiples páginas, Word es el programa a utilizar. Usted puede hacer que sus elementos tengan fácilmente una excelente apariencia al agregar gráficas atractivas y aplicar herramientas de formato como los temas. Los **temas** son combinaciones ya diseñadas con atributos de color y formato que puede aplicar y que están disponibles en la mayoría de los programas de Office. El documento de Word mostrado en la figura A-1 tiene el formato predefinido en el tema Solstice ("Solsticio").

- **Microsoft Office Excel 2007**

  Excel es la solución perfecta cuando usted requiere trabajar con valores numéricos y efectuar cálculos. Pone al alcance de las manos de cualquier usuario el poder de las fórmulas, funciones, gráficos y otras herramientas analíticas, de manera que usted puede analizar proyecciones de ventas, comprender los pagos de un préstamo y presentar sus conclusiones de un modo profesional. La hoja de cálculo de Excel que se presenta en la figura A-1 hace un seguimiento de gastos personales. Debido a que Excel vuelve a calcular en forma automática los resultados si se modifica algún valor, la información siempre está actualizada. Una gráfica ilustra de qué manera se desglosan los gastos mensuales.

- **Microsoft Office PowerPoint 2007**

  Haciendo uso de PowerPoint, resulta sencillo crear extraordinarias presentaciones enriquecidas con gráficas, transiciones e incluso fondos musicales. Empleando temas diseñados profesionalmente junto con arte gráfico, usted puede, en forma fácil y rápida, crear dinámicas presentaciones de diapositivas como la de la figura A-1.

- **Microsoft Office Access 2007**

  Access le ayuda a efectuar un seguimiento de grandes cantidades de datos, tales como los inventarios de un producto o los registros de empleados. La forma mostrada en la figura A-1 fue creada para una base de datos de inventario de un almacén de abarrotes y comestibles. Los empleados utilizan la forma para introducir los datos de cada producto. Hacer uso de Access permite a los empleados encontrar con rapidez información específica tal como precio y cantidad, sin tener que averiguar en los estantes y depósitos de toda la tienda.

Microsoft Office posee ventajas más allá del dinamismo de cada programa, las cuales incluyen:

- **Interfaz de usuario en común: mejora de los procesos comerciales**

  Debido a que los programas de la suite Office tienen una **interfaz** similar, o tienen ese aspecto y se perciben así, su experiencia al aplicar las herramientas de uno de los programas hace sencillo aprender las correspondientes en los otros. Los documentos de Office son **compatibles** entre sí, lo que significa que usted puede incorporar o **integrar** fácilmente una gráfica de Excel en una diapositiva de PowerPoint, o una tabla de Access dentro de un documento de Word.

- **Colaboración: la simplificación de cómo las personas trabajan en conjunto**

  Office reconoce la forma en que la gente realiza los negocios en la actualidad, y apoya el énfasis en la comunicación y la distribución del conocimiento dentro de las compañías y a través del mundo. Todos los programas de Office incluyen la capacidad de incorporar retroalimentación (denominada **colaboración en línea**) a través de Internet o de la red de una compañía.

FIGURA A-1: Documentos de Microsoft Office 2007

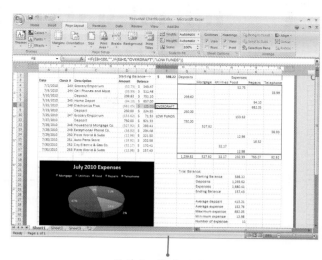

Documento Word

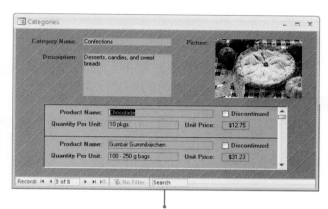

Hoja de cálculo de Excel

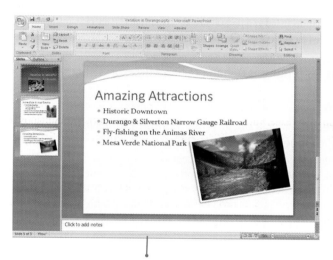

Presentación de PowerPoint

Forma de base de datos de Access

Decidir cuál programa utilizar

Cada programa de Office incluye herramientas que van más allá de lo que usted podría esperar. Por ejemplo, aunque Excel está diseñado principalmente para efectuar cálculos, puede utilizarlo para crear una base de datos. De modo que, cuando usted está planeando un proyecto, ¿cómo decidir cuál programa de Office emplear? La regla práctica en general es hacer uso del programa mejor adaptado para la tarea destinada y usar las herramientas de soporte del programa si usted lo requiere. Word es mejor para crear documentos que se basan en texto, Excel es ideal para efectuar cálculos

matemáticos, PowerPoint es el indicado para preparar presentaciones y Access es la elección idónea para administrar datos cuantitativos. Aunque las capacidades de Office son tan grandes que usted *podría* crear un inventario en Excel o un presupuesto en Word, encontrará mayor flexibilidad y eficacia al usar el programa diseñado para la tarea específica. Y recuerde, siempre puede crear un archivo en un programa y, posteriormente, insertarlo en un documento de otro programa cuando usted lo necesite, tal como incluir proyecciones de ventas (Excel) en un memorando (Word).

Iniciar y terminar un programa de Office

El primer paso al utilizar un programa de Office es, por supuesto, abrirlo, o **iniciarlo**, en su computadora. Usted tiene varias opciones para la forma de iniciar un programa, pero la más fácil es hacer clic sobre el botón Start (Inicio) de la barra de tareas de Windows, o hacer doble clic sobre un icono en el escritorio de Windows. Se pueden tener múltiples programas abiertos en su computadora de manera simultánea y puede desplazarse entre los programas abiertos haciendo clic en el programa deseado o en el botón del documento en la barra de tareas, o bien, usando la combinación de teclas [Alt][Tab] como acceso directo. Cuando trabaje, a menudo querrá abrir múltiples programas de Office y pasar de uno a otro a lo largo de la jornada. Comencemos iniciando algunos programas de Office en este momento.

PASOS

CONSEJO

También puede iniciar un programa haciendo doble clic en un icono del escritorio o haciendo clic en una entrada del menú Recent Items (Elementos recientes)

1. **Haga clic en el botón** Start (Inicio) ⊞ **en la barra de tareas**

    Se abre el menú Start (Inicio), como se muestra en la figura A-2. Si la barra de tareas está oculta, puede exhibirla al apuntar con el ratón en la parte inferior de la pantalla. Dependiendo de su configuración de la barra de tareas, ésta puede mostrarse todo el tiempo o sólo cuando usted señale esa área de la pantalla. Para más información o para modificar las propiedades de su barra de tareas, consulte a su instructor o persona encargada del soporte técnico.

2. **Señale la opción** All Programs (Todos los programas), **haga clic en** Microsoft Office **y luego en** Microsoft Office Word 2007

    Se iniciará Microsoft Office Word 2007 y la ventana del programa se abrirá en su pantalla.

CONSEJO

No es necesario cerrar un programa antes de abrir otro.

3. **Haga clic en** ⊞ **sobre la barra de tareas, señale la opción** All Programs (Todos los programas), **haga clic en** Microsoft Office **y, después, en** Microsoft Office Excel 2007

    Se iniciará Microsoft Office Excel 2007 y la ventana del programa se abrirá, como se ilustra en la figura A-3. Word ya no está visible, pero permanece abierto. La barra de tareas muestra un botón para cada documento y programa abiertos. Debido a que este documento de Excel está **activo**, o al frente y disponible, el botón Microsoft Excel - Book1 (Libro1) que se encuentra en la barra de tareas se presenta con un sombreado más oscuro.

CONSEJO

Si no hay lugar en su barra de tareas para exhibir el nombre completo de cada botón, puede señalar cualquier botón para visualizar el nombre completo en una ScreenTip (Información en pantalla).

4. **Haga clic en** Document1 – Microsoft Word (**o en** Documento1 – Microsoft Word) **en la barra de tareas**

    Hacer clic en un botón de la barra de tareas activa dicho programa y documento. Ahora, la ventana del programa Word está al frente y el botón en la barra de tareas Document1 – Microsoft Word aparece sombreado.

5. **Haga clic en** ⊞ **sobre la barra de tareas, señale la opción** All Programs (Todos los programas), **haga clic en** Microsoft Office **y, a continuación, en** Microsoft Office PowerPoint 2007

    Se inicia Microsoft Office PowerPoint 2007 y se convierte en el programa activo.

6. **Haga clic en** Microsoft Excel – Book1 (Microsoft Excel – Libro1) **en la barra de tareas**

    Ahora Excel es el programa activo.

CONSEJO

A medida que trabaje en Windows, su computadora se adaptará a sus actividades. Puede advertir que después de hacer clic en el botón Start (Inicio), el nombre del programa que usted quiere abrir aparece en el menú Start (Inicio); si es así, puede hacer clic en él para iniciar el programa.

7. **Haga clic en** ⊞ **sobre la barra de tareas, señale la opción** All Programs (Todos los programas), **haga clic en** Microsoft Office **y luego en** Microsoft Office Access 2007

    Se inicia Microsoft Office Access 2007 y se convierte en el programa activo.

8. **Señale la barra de tareas para hacerla visible, si es necesario**

    Cuatro programas de Office están abiertos de manera simultánea.

9. **Haga clic en el botón** Office ⊞ **y, después, en** Exit Access (Salir de Access), **como se muestra en la figura A-4**

    Access se cierra, dejando activo Excel y abiertos Word y PowerPoint.

FIGURA A-2: Menú Start (Inicio)

FIGURA A-3: Ventana del programa Excel y barra de tareas de Windows

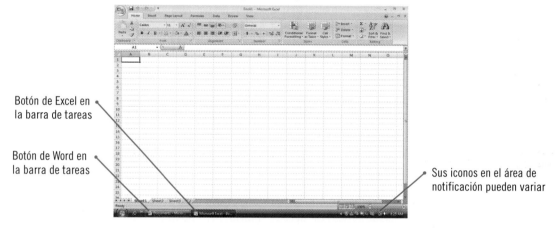

Botón de Excel en la barra de tareas

Botón de Word en la barra de tareas

Sus iconos en el área de notificación pueden variar

FIGURA A-4: Salir de Microsoft Office Access

Botón de Office

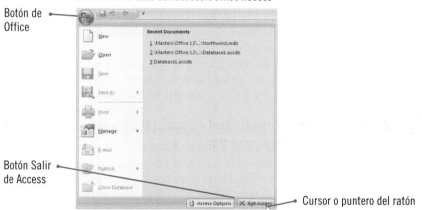

Botón Salir de Access

Cursor o puntero del ratón

Uso de teclas de acceso directo para desplazarse entre programas de Office

De manera alternativa a la barra de tareas de Windows, usted puede emplear un acceso directo desde el teclado para moverse entre los programas abiertos de Office. La combinación de teclas [Alt][Tab] le permite desplazarse rápidamente al siguiente programa abierto o seleccionar alguno de entre varias opciones. Para desplazarse inmediatamente al siguiente programa abierto, presione [Alt][Tab]. Para seleccionar un programa de entre todos los que están abiertos, mantenga presionada la tecla [Alt] mientras presiona y libera la tecla [Tab] sin liberar la tecla [Alt]. Se abrirá un conjunto de iconos sobre la pantalla, exhibiendo tanto el icono como el nombre de archivo de cada programa y archivo abiertos. Cada vez que presione la tecla [Tab] mientras mantiene presionada [Alt], la opción seleccionada se desplaza al siguiente archivo abierto. Libere la tecla [Alt] cuando el programa/archivo que desea activar esté seleccionado.

Ver la interfaz de Office 2007

Una de las ventajas de usar Office es que los programas tienen mucho en común, haciéndolos fáciles de aprender y facilitando el paso de uno a otro. Los programas individuales de Office siempre han compartido muchas características, pero las innovaciones en la interfaz de usuario de Office 2007 presentan similitudes aun mayores entre todos ellos. Esto significa que usted también puede utilizar su conocimiento de uno de los programas para acelerar su aprendizaje en otro. Una **interfaz de usuario** es un término colectivo que abarca todos los modos en que usted interactúa con un programa de software. La interfaz de usuario en Office 2007 incluye una forma más intuitiva de seleccionar los comandos, trabajar con archivos y navegar en la ventana del programa. Familiarícese con algunos de los elementos comunes de la interfaz de Office examinando la ventana del programa PowerPoint.

PASOS

CONSEJO

Además de las pestañas estándar en la cinta de opciones, se abren **pestañas contextuales** cuando es necesario completar una tarea específica; éstas aparecen en color contrastante y se cierran cuando ya no se requieren.

1. **Haga clic en** Microsoft PowerPoint – [Presentation1] [Presentación1] **en la barra de tareas**

   PowerPoint se convierte en el programa activo. Consulte la figura A-5 para identificar los elementos comunes de la interfaz de usuarios de Office. La **ventana del documento** ocupa la mayor parte de la pantalla. En PowerPoint, aparece una diapositiva en blanco en la ventana del documento, de modo que usted puede crear su presentación de diapositivas. En la parte superior de cualquier ventana de programa de Office se encuentra una **barra de título** que exhibe el nombre del programa y del documento. Debajo de la barra de título se halla la **cinta de opciones**, que muestra los comandos que probablemente usted necesitará para la tarea actual. Los comandos están organizados en **pestañas (conocidas también como etiquetas o fichas)**. Los nombres de las pestañas aparecen en la parte superior de la cinta de opciones y la ficha activa aparece al frente con su nombre resaltado. La cinta de opciones en cada programa de Office incluye pestañas específicas para el programa y en todos los casos se incluye la pestaña Home (Inicio) en el extremo izquierdo, para las tareas más comunes en ese programa.

2. **Haga clic en el** botón Office 🗔

   Se abre el menú Office. Este menú contiene comandos comunes a la mayoría de los programas de Office, como abrir y guardar un archivo y cerrar el programa actual. Enseguida del botón Office, está la **barra de herramientas de acceso rápido**, que incluye botones para los comandos comunes de Office.

¿PROBLEMAS?

Si hace clic accidentalmente en el comando equivocado y se abre un cuadro de diálogo no deseado, presione la tecla [Esc].

3. **Haga clic nuevamente en** 🗔 **para cerrarlo, luego señale el** botón Save [Guardar] 🖫 **en la barra de herramientas de acceso rápido,** *pero no haga clic*

   Puede señalar cualquier botón en Office para ver una descripción; ésta es una buena forma de aprender las opciones disponibles.

4. **Haga clic en la** pestaña Design (Diseño) **de la cinta de opciones**

   Para mostrar una ficha diferente, haga clic en su nombre sobre la cinta de opciones. Cada pestaña reúne comandos relacionados en **grupos** para hacer que las características resulten sencillas de encontrar. El grupo Themes (Temas) exhibe los temas disponibles en una **galería** o conjunto de elecciones que usted puede explorar. Muchos grupos contienen un **lanzador de cuadro de diálogo**, un icono en el que puede hacer clic para abrir un cuadro de diálogo o panel de tareas para el grupo actual, lo que ofrece una manera alternativa para seleccionar los comandos.

CONSEJO

La vista previa está disponible en muchas galerías y paletas en todo Office.

5. **Mueva el puntero del ratón** ⤢ **sobre el** tema Aspect (Aspecto) **en el grupo Temas como se muestra en la figura A-6, pero no haga clic con el botón del ratón**

   Debido a que no ha hecho clic en el tema, en realidad no ha realizado ningún cambio a la diapositiva. Con la característica **Live Preview (Vista previa en tiempo real)**, usted puede señalar una opción, ver los resultados en el documento y, entonces, decidir si desea o no hacer el cambio.

CONSEJO

Si hace clic de manera accidental en un tema, haga clic en el botón Undo (Deshacer Modificar tema) 🔄 en la barra de herramientas de Acceso rápido.

6. **Aleje el** ⤢ **de la cinta de opciones en dirección a la diapositiva**

   Si hiciera clic en el tema Aspecto, se aplicaría a esta diapositiva. Si no lo hizo, la diapositiva permanece sin cambios.

7. **Señale el control** deslizante del Zoom 🔽 **en la barra de estado; luego, arrastre el** 🔽 **hacia la derecha hasta que el porcentaje de Zoom (acercamiento) alcance** 166%

   El tamaño de la diapositiva aumentó. Las herramientas de Zoom se hallan en la barra de estado. Usted puede arrastrar el control deslizante o hacer clic en los botones con signos más y menos para acercar/alejar alguna área de interés. El porcentaje le indica el efecto del zoom.

8. **Arrastre el control** deslizante del Zoom **en la barra de estado hacia la izquierda hasta que el porcentaje de Zoom indique** 73%

FIGURA A-5: Ventana del programa PowerPoint

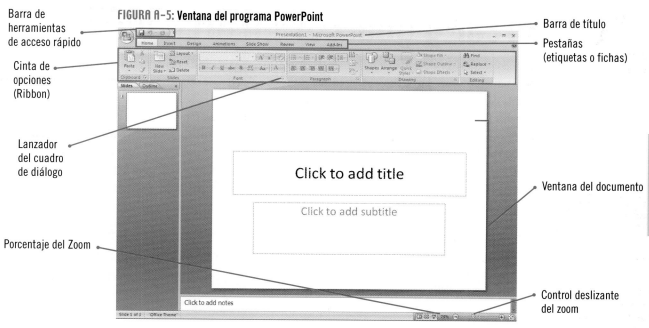

Barra de herramientas de acceso rápido

Cinta de opciones (Ribbon)

Lanzador del cuadro de diálogo

Porcentaje del Zoom

Barra de título

Pestañas (etiquetas o fichas)

Ventana del documento

Control deslizante del zoom

Office 2007

FIGURA A-6: Visualización de un tema con Live Preview (Vista previa en tiempo real)

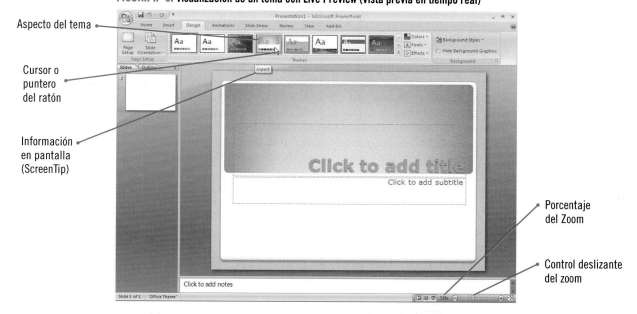

Aspecto del tema

Cursor o puntero del ratón

Información en pantalla (ScreenTip)

Porcentaje del Zoom

Control deslizante del zoom

Personalizar la barra de herramientas de Quick Access (Acceso rápido)

Puede personalizar la barra de herramientas de acceso rápido para mostrar sus comandos favoritos. Para hacerlo, haga clic en el botón Customize Quick Access Toolbar (Personalizar barra de herramientas de acceso rápido) ⊽ en la barra de título; luego, haga clic en el comando que quiere agregar. Si no ve el comando en la lista, haga clic en More Commands (Más comandos) para abrir la pestaña Customize (Personalizar) del cuadro de diálogo Options (Opciones de PowerPoint). En este cuadro de diálogo, utilice la lista de comandos disponibles para seleccionar una categoría, haga clic en el comando deseado de la lista a la izquierda, en Add (Agregar) para añadirlo a la barra de herramientas de acceso rápido y, después, en OK (Aceptar). Para eliminar un botón de la barra de herramientas, haga clic en el nombre de la lista a la derecha y luego en Remove (Quitar). Para agregar un comando a la barra de herramientas de acceso rápido al vuelo, simple-

mente haga clic con el botón derecho en el botón sobre la cinta de opciones y, a continuación, en Add to Quick Access Toolbar (Agregar a la barra de herramientas de acceso rápido) del menú emergente. Asimismo, puede emplear el botón Customize Quick Access Toolbar (Personalizar barra de herramientas de acceso rápido) para mover la barra de herramientas por debajo de la cinta de opciones, al hacer clic en Show Below the Ribbon (Mostrar debajo de la cinta de opciones) o al minimizar la cinta de opciones de modo que ocupe menos espacio en pantalla. Si usted hace clic en Minimize the Ribbon (Minimizar la cinta de opciones), ésta se minimiza para exhibir sólo las pestañas. Cuando hace clic en una de las pestañas, la cinta de opciones se abre de modo que usted pueda seleccionar un comando; una vez hecho esto, la cinta de opciones se cierra de nuevo y sólo quedan visibles las pestañas.

Crear y guardar un archivo

Cuando se trabaja en un programa, una de las primeras cosas que usted debe hacer es crear y guardar un archivo. Un **archivo** es un grupo de datos almacenados. Guardar un archivo le permite trabajar en un proyecto ahora, luego dejarlo y trabajar de nuevo en él más tarde. En algunos programas de Office, incluyendo Word, Excel y PowerPoint, se genera de manera automática un nuevo archivo cuando usted inicia el programa, de modo que todo lo que debe hacer es introducir algunos datos y guardar el archivo. En Access, debe crear expresamente un archivo antes de introducir cualquier dato. Es recomendable que dé a sus archivos nombres significativos y que los guarde en una ubicación apropiada para que sean fáciles de encontrar. ⚑ Utilice Microsoft Word para familiarizarse con el proceso de creación y guardado de un documento. Primero, escriba algunas notas acerca de un posible lugar para una reunión de la empresa y, después, guarde la información para su uso posterior.

PASOS

1. **Haga clic en** Document1 – Microsoft Word **en la barra de tareas**

2. **Escriba** Sitios para la reunión de la empresa; **luego, presione dos veces** [Enter], o [Intro]) **si su teclado está en español**

   En la ventana del documento aparece el texto y un cursor parpadea en una nueva línea en blanco. El cursor indica dónde aparecerá el siguiente texto que se escribirá.

3. **Escriba** Las Vegas, NV, **presione** [Enter], **anote** Orlando, FL, **presione** [Enter], **escriba** Chicago, IL, **presione** [Enter] **dos veces y, después, teclee su nombre**

   Compare su documento con el de la figura A-7.

CONSEJO

Un nombre de archivo puede tener hasta 255 caracteres, incluyendo una extensión de archivo, y puede incluir caracteres y espacios, exceptuando ?, ", /, \, *, | o :.

4. **Haga clic en el** botón Save (Guardar) 🔲 **en la barra de herramientas de acceso rápido**

   Debido a que ésta es la primera vez que ha guardado este documento, se abre el cuadro de diálogo Save As (Guardar como), como se ilustra en la figura A-8. El cuadro de diálogo Save As incluye opciones para asignar un nombre de archivo y un lugar para el almacenamiento. Una vez que guarde un archivo por primera vez, haga clic en 🔲 que guarda cualquier cambio al archivo *sin* abrir el cuadro de diálogo Save As debido a que no es necesaria información adicional. En la barra de dirección, Office exhibe el sitio predeterminado para guardar el archivo, pero puede cambiarlo a cualquier ubicación. En el campo del nombre de archivo, Office muestra un nombre sugerido para el documento con base en el texto en el archivo, pero puede introducir un nombre diferente.

CONSEJO

Puede crear un icono en el escritorio donde puede hacer doble clic tanto para iniciar un programa como para abrir un documento, al guardarlos en el escritorio.

5. **Escriba** Sitios probables para la reunión de la empresa

   El texto que usted anota reemplaza al texto resaltado.

6. **En el cuadro de diálogo Save As (Guardar como), emplee la barra de dirección o el panel de navegación para navegar hasta la unidad y la carpeta donde usted almacena sus archivos**

   Muchos estudiantes almacenan archivos en una unidad flash o en una unidad Zip, pero usted también puede almacenar archivos en su computadora, en una unidad de red o en cualquier dispositivo de almacenamiento indicado por su instructor o la persona de soporte técnico.

CONSEJO

Para crear un nuevo archivo en blanco cuando se abre un archivo, haga clic en el botón Office, en New (Nuevo) y luego en Create (Crear).

7. **Haga clic en** Save

   Se cierra el cuadro de diálogo Save As, el archivo se guarda en la ubicación que usted especificó y después el nombre del documento aparece en la barra del título, como se ilustra en la figura A-9. (Usted podrá o no ver una extensión de archivo.) Para una descripción de los distintos tipos de archivos que usted crea en Office, y las extensiones de archivo asociadas con cada uno, véase la tabla A-1. Puede guardar un archivo en una versión anterior de un programa al elegir una opción de guardado de la lista Save as Type (Guardar como tipo), en el cuadro de diálogo Save As.

TABLA A-1: Nombres de archivo comunes y extensiones de archivo predeterminadas

a un archivo creado en	se le llama	y tiene la extensión predeterminada
Excel	libro (de trabajo)	.xlsx
Word	documento	.docx
Access	base de datos	.accdb
PowerPoint	presentación	.pptx

FIGURA A-7: Creación de un documento en Word

Botón Save (Guardar)

Su nombre debería aparecer aquí

Punto de inserción (de texto)

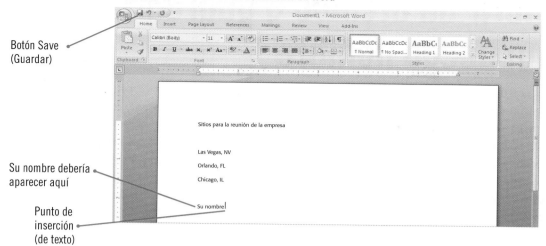

FIGURA A-8: Cuadro de diálogo Save As (Guardar como)

Barra de dirección

Panel de navegación; sus vínculos y configuración de carpetas pueden variar

Flecha de lista de ubicaciones anteriores

Campo de nombre de archivo; su computadora puede no estar configurada para mostrar las extensiones de archivos

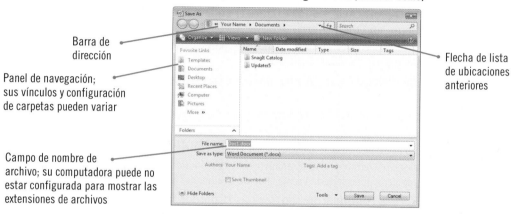

FIGURA A-9: Documento de Word con nombre

El nombre aparece en la barra de título

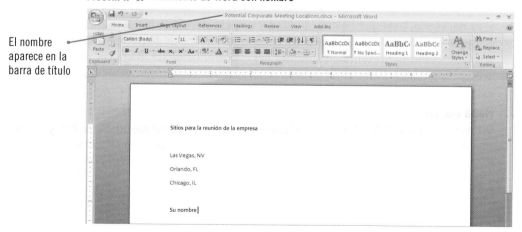

Uso del Office Clipboard (Portapapeles de Office)

Puede usar el portapapeles de Office para cortar y copiar elementos de un programa de Office y pegarlos en otros. El portapapeles puede almacenar un máximo de 24 elementos. Para tener acceso a él, abra el panel de tareas del portapapeles de Office haciendo clic en el lanzador del grupo Clipboard (Portapapeles) en la pestaña Home (Inicio). Cada vez que copia una selección, se guarda en el portapapeles de Office. Cada entrada en el portapapeles de Office incluye un icono, que le indica el programa en el que fue creado. Para pegar una entrada, haga clic en el documento donde usted quiere que aparezca y luego en el elemento del portapapeles de Office. Para eliminar un elemento del portapapeles de Office, haga clic derecho en el elemento y, después, clic en Delete (Eliminar).

Abrir un archivo y guardarlo con un nuevo nombre

En ocasiones, cuando usted trabaja en Office, comienza con un documento en blanco, pero a menudo necesita utilizar un archivo existente. Puede ser un archivo que usted o un colaborador hayan creado con anterioridad como un trabajo en desarrollo, o podría ser un documento completo que usted quiera usar como la base de otro. Por ejemplo, podría desear generar un presupuesto para este año empleando el presupuesto que creó el año pasado; podría escribir todas las categorías y la información a partir de cero o podría abrir el presupuesto del año pasado, guardarlo con un nuevo nombre y sólo hacer cambios para actualizarlo respecto al presente año. Al abrir el archivo existente y guardarlo con el comando Save As, se crea un duplicado que puede modificar a fondo, mientras que el archivo original permanece intacto. ▓▓▓▓ Haga uso de Excel para abrir un archivo de libro existente y guárdelo con un nuevo nombre de manera que el original permanezca sin cambios.

PASOS

CONSEJO

Si señala un comando en el menú de Office que se halle seguido por una flecha, se abre un submenú mostrando comandos adicionales relacionados.

1. **Haga clic en Microsoft Excel – Book1 (Libro1) en la barra de tareas, haga clic en el botón Office 🔘 y, luego, en Open (Abrir)**

   Se abre el cuadro de diálogo Open (Abrir), donde usted puede navegar hacia cualquier unidad o carpeta accesibles a su computadora para localizar un archivo.

2. **En el cuadro de diálogo Open (Abrir), navegue hasta la unidad y la carpeta donde almacena sus archivos**

   Se muestran los archivos disponibles en la carpeta actual, como se ilustra en la figura A-10. Esta carpeta contiene un archivo.

CONSEJO

La lista de Recent Items (Documentos recientes) en el menú Office exhibe los documentos recientemente abiertos; puede hacer clic en cualquier archivo para abrirlo.

3. **Haga clic en OFFICE A-1.xlsx y, después, en Open (Abrir)**

   El cuadro de diálogo se cierra y se abre el archivo en Excel. Un archivo de Excel es una hoja de cálculo electrónica, de modo que tiene un aspecto diferente al de un documento en Word o una diapositiva de PowerPoint.

4. **Haga clic en 🔘 y, a continuación, en Save As (Guardar como)**

   Se abre el cuadro de diálogo Save As (Guardar como) y el nombre de archivo actual es resaltado en el cuadro de texto de nombre de Archivo. Hacer uso del comando Save As le permite crear una copia del archivo actual existente con un nuevo nombre. Esta acción conserva el archivo original y genera un nuevo archivo que se puede modificar.

CONSEJO

El comando Save As (Guardar como) funciona en forma idéntica en todos los programas de Office, excepto en Access; en este último, dicho comando le permite guardar una copia del objeto de base de datos actual, tal como una tabla o forma, con un nuevo nombre, pero no una copia de toda la base de datos.

5. **Si es necesario, navegue hasta la unidad y carpeta donde se almacenan sus archivos, escriba Presupuesto para la reunión de la empresa en el cuadro de texto File name (Nombre de archivo), como se presenta en la figura A-11; posteriormente, haga clic en Save (Guardar)**

   Se crea una copia del documento existente con el nuevo nombre. El archivo original, Office A-1.xlsx, se cierra automáticamente.

6. **Haga clic en la celda A19, escriba su nombre y después presione [Enter], como se ilustra en la figura A-12**

   En Excel, usted introduce los datos en celdas, que se forman mediante la intersección de una fila y una columna. La celda A19 está en la intersección de la columna A y la fila 19. Cuando usted presiona [Enter], el puntero de la celda se mueve a la celda A20.

7. **Haga clic en el botón Save (Guardar) 💾 en la barra de herramientas de acceso rápido**

   Su nombre aparece en la hoja de cálculo y sus cambios al archivo son guardados.

Exploración de las opciones de File Open (Abrir archivo)

Quizás haya notado que el botón Open (Abrir) en el cuadro de diálogo Open (Abrir) incluye una flecha. En un cuadro de diálogo, si un botón incluye una flecha puede hacer clic en él para invocar el comando o puede hacer clic en la flecha para elegir de una lista de comandos relacionados. La flecha de la lista del botón Open engloba varios comandos relacionados, incluyendo Open Read-Only (Abrir como de sólo lectura) y Open as Copy (Abrir como copia). Al hacer clic en Open Read-Only se abre un archivo que usted puede sólo guardar si le asigna un nuevo nombre; no puede guardar los cambios en el archivo original. Al hacer clic en Open as Copy se crea una copia del archivo ya guardado y nombrado con la palabra "Copy" ("Copia") en el título. Como el comando Save As, esos comandos proporcionan formas adicionales para utilizar copias de archivos existentes mientras que aseguran que los archivos originales no se modificarán de modo inadvertido.

FIGURA A-10: Cuadro de diálogo Open (Abrir)

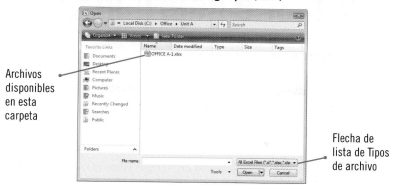

Archivos
disponibles
en esta
carpeta

Flecha de
lista de Tipos
de archivo

FIGURA A-11: Cuadro de diálogo Save As (Guardar como)

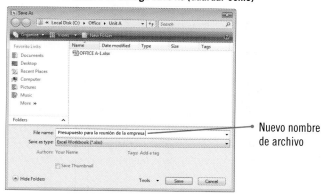

Nuevo nombre
de archivo

FIGURA A-12: Agregar su nombre a la hoja de cálculo

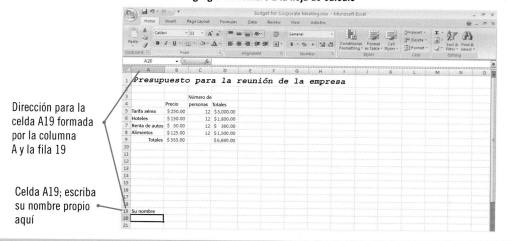

Dirección para la
celda A19 formada
por la columna
A y la fila 19

Celda A19; escriba
su nombre propio
aquí

Trabajar en el Compatibility Mode (Modo de compatibilidad)

No todo se actualiza a la versión más reciente de Office. Como regla general, las nuevas versiones de software son **compatibles hacia atrás**, lo que implica que los documentos guardados en una versión antigua pueden leerse con el nuevo software. No obstante, el procedimiento inverso no siempre es cierto, de modo que Office 2007 incluye una característica denominada Compatibility Mode. Cuando usted abre un archivo creado en una versión anterior de Office, aparece el texto "Compatibility Mode" ("Modo de compatibilidad") en la barra de título, permitiéndole saber que el archivo fue creado en una versión anterior utilizable del programa. Si está trabajando con alguien que quizá no esté usando la versión más reciente del software, puede evitar posibles problemas de incompatibilidad al guardar su archivo en un formato anterior. Para hacerlo, haga clic en el botón Office, señale el comando Save As y, luego, haga clic en una opción del submenú Save As. Por ejemplo, si está trabajando en Excel, haga clic en el formato de Excel 97-2003 Workbook (Libro de Excel 97-2003), en lugar de en la opción predeterminada "Excel Workbook" ("Libro de Excel"). Para ver más opciones de formato de archivo, tales como Excel 97-2003 Template (Plantilla de Excel 97-2003) o Microsoft Excel 5.0/95 Workbook (Libro de Microsoft Excel 5.0/95), haga clic en Other Formats (Otros formatos) en el submenú Save As. En el cuadro de diálogo Save As, haga clic en el botón Save as type (Guardar como tipo), haga clic en la opción que usted considere que coincide mejor con la que su colaborador está usando y, después, haga clic en Save (Guardar).

Examinar e imprimir su trabajo

Si su computadora está conectada a una impresora o a un servidor de impresión, puede imprimir fácilmente cualquier documento de Office. Imprimir puede ser algo tan sencillo como hacer clic en un botón, o requerir más configuración para las tareas de impresión y así imprimir sólo páginas seleccionadas o llevar a cabo otras opciones y/o **visualizar de manera preliminar** el documento para observar con exactitud cómo quedará el mismo cuando sea impreso (con el fin de poder imprimir y visualizar previamente el trabajo, debe instalarse una impresora). Además del uso de la vista preliminar de impresión, cada programa de Microsoft Office le permite alternar entre diversas **vistas** de la ventana del documento para mostrar más o menos los detalles o una combinación diferente de elementos que vuelvan más fáciles de completar ciertas tareas, tales como formato o lectura de texto. Además, puede incrementar o disminuir su visualización de un documento, de manera que pueda ver más o menos del mismo en la pantalla a la vez. La modificación de su visualización de un documento no afecta el archivo en forma alguna, sólo el modo en que se observa en la pantalla. ▄▄▄▄▄ Experimente con cambios de la visualización de un documento de Word y después visualice de manera preliminar su trabajo e imprímalo.

PASOS

1. **Haga clic en** Potencial Corporate Meeting Locations (Sitios probables para la reunión de la empresa) – Microsoft Word en la barra de tareas

   Word se convierte en el programa activo y el documento llena la pantalla.

2. **Haga clic en la** pestaña View (Vista) **en la cinta de opciones**

   En la mayoría de los programas de Office, la pestaña View en la cinta de opciones incluye grupos y comandos para modificar su visualización del documento actual. Asimismo, puede cambiar la visualización haciendo uso de los botones de Vistas en la barra de estado.

3. **Haga clic en el** botón Web Layout (Diseño Web) **en el grupo Document Views (Vistas de documento) en la pestaña View (Vista)**

   La visualización cambia a la vista de Web Layout, como se ilustra en la figura A-13. Esta vista muestra cómo se verá el documento si lo guarda como una página Web.

CONSEJO

Puede emplear el botón Zoom en el grupo de Zoom de la pestaña View para agrandar o reducir el aspecto de un documento.

4. **Haga clic** ocho veces **en el** botón Zoom in (Acercar) ⊕ **en la barra de estado hasta que el porcentaje del zoom alcance 180%**

   Aumentar el zoom, o seleccionar un porcentaje mayor, provoca que un documento aparezca más grande en pantalla, pero, a la vez, que quepa menos de éste en la misma pantalla; **disminuir el zoom**, o elegir un porcentaje menor, le permite apreciar una mayor parte del documento, pero a un tamaño reducido.

5. **Arrastre el** Control deslizante del zoom 🖫 **en la barra de estado hacia la marca central**

   El control deslizante del zoom le permite aumentar o disminuir la vista sin abrir un cuadro de diálogo o hacer clic en botones.

6. **Haga clic en el** botón Print Layout (Diseño de impresión) **en la pestaña View**

   Regresa a la vista de Print Layout, que es la visualización predeterminada en Microsoft Word.

7. **Haga clic en el** botón Office 🌼**, señale** Print (Imprimir) **y, luego, haga clic en** Print Preview (Vista preliminar)

   La vista preliminar, Print Preview, presenta la visualización más precisa del aspecto que su documento tendrá cuando esté impreso, exhibiendo una página entera a la vez en pantalla. Compare su pantalla con la de la figura A-14. La cinta de opciones en Print Preview contiene una sola pestaña, también conocida como pestaña de **programa**, con comandos específicos para Print Preview. Los comandos en esta pestaña facilitan la visualización y la modificación de todos los parámetros tales como los márgenes y el tamaño de la página.

CONSEJO

Puede abrir el cuadro de diálogo Print (Imprimir) desde cualquier vista al hacer clic en el botón Office y, a continuación, en Print.

8. **Haga clic en el** botón Print (Imprimir) **en la cinta de opciones**

   Se abre el cuadro de diálogo Print (Imprimir), como se ilustra en la figura A-15. Puede utilizar este cuadro de diálogo para modificar la cantidad de páginas a imprimir, el número de copias impresas e incluso el número de páginas a imprimir en cada página. Si dispone de múltiples impresoras para elegir, puede cambiar la impresora instalada haciendo clic en la flecha de lista Name (Nombre) y, después, en el nombre de la impresora instalada que desea usar.

9. **Haga clic en** OK (Aceptar) **y luego en el** botón Close Print Preview (Cerrar vista preliminar) **en la cinta de opciones**

   Access se cierra, dejando activo Excel y abiertos Word y PowerPoint.

FIGURA A-13: Vista de Diseño Web

Botón Web Layout
(Diseño Web)

Pestaña View
(Vista)

Botones View
(Vista) en la
barra de estado

Porcentaje
actual del Zoom

Botón de Zoom
Out (Alejar)

Control deslizante
del zoom en la
marca central

Botón de Zoom
In (Acercar)

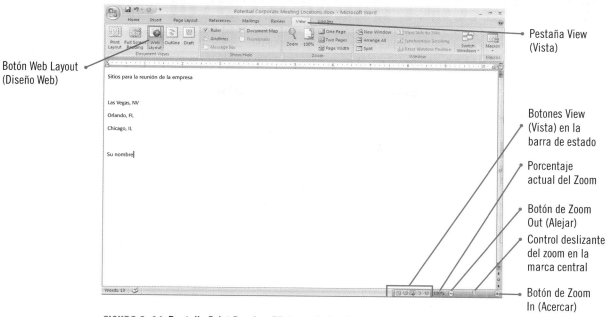

FIGURA A-14: Pantalla Print Preview (Vista preliminar)

Botón Print
(Imprimir)

Botón Orientation
(Orientación)

Botón Zoom

Botón Close
Print Preview
(Cerrar vista
preliminar)

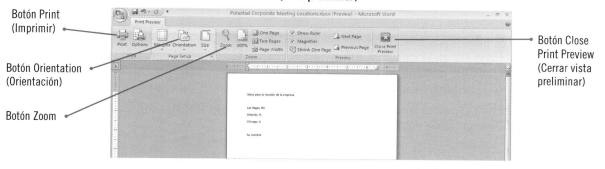

FIGURA A-15: Cuadro de diálogo Print (Imprimir)

Su impresora
seleccionada puede
ser diferente

Las opciones
del intervalo de
impresión le
permiten elegir
cuáles páginas
imprimir

Número de copias a
imprimir

Botón OK
(Aceptar)

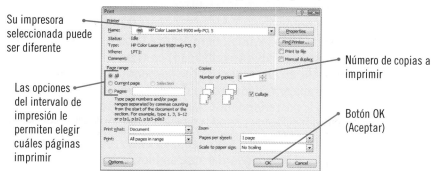

Usar la característica Print Screen (Impresión de pantalla) para crear una captura de pantalla

En algún momento, usted quizá desee crear una captura de pantalla. Una captura de pantalla es una instantánea de su pantalla, como si tomara una fotografía de ella con una cámara. Puede querer tomar una captura de pantalla si se presenta un mensaje de error y quiere que el departamento de soporte técnico revise con exactitud lo que se exhibe en la pantalla. O tal vez su instructor quiera ver cómo se ve su pantalla cuando se crea un documento en particular. Para crear una captura de pantalla, presione la tecla marcada como [PrtScn] o, si su teclado está en español, [Imp Pnt]. (Los teclados difieren, puede que [PrtScn] esté compartiendo la tecla con

Insert (de Inserción, "Ins") o que se encuentre cercana a las teclas de función de su teclado. Puede que deba presionar la tecla [F lock] ([fn]) para habilitar las teclas de función). Al presionar esta tecla, una imagen digital de su pantalla se coloca en el área de almacenamiento temporal de Windows conocida como **Portapapeles** (**Clipboard**, en inglés). Abra el documento en donde pretende que aparezca la captura de pantalla, haga clic en la pestaña Home (Inicio) de la cinta de opciones (si es necesario) y, posteriormente, en la opción Paste (Pegar) de la pestaña Home. La captura de pantalla se pega en el documento.

Obtener ayuda y cerrar un archivo

Puede obtener ayuda detallada en cualquier momento presionando la tecla [F1] en un programa de Office. Asimismo, puede obtenerla en la forma de una ScreenTip (Información en pantalla) al señalar casi cualquier icono en la ventana del programa. Cuando usted termina de trabajar en un documento de Office, tiene algunas opciones respecto a la terminación de su sesión de trabajo. Puede cerrar un archivo o salir de un programa usando el botón Office o haciendo clic en un botón de la barra de título. Al cerrar un archivo, se deja un programa en ejecución, mientras que al salir de un programa se cierran todos los archivos abiertos en éste además del programa mismo. En todos los casos, Office le avisa si intenta cerrar un archivo o salir de un programa y su documento contiene modificaciones sin guardar. ░░░░░ Explore el sistema de ayuda en Microsoft Office y, a continuación, cierre sus documentos y salga de cualquier programa abierto.

PASOS

1. **Señale al** botón Zoom **en la pestaña View (Vista) de la cinta de opciones**

   Aparece una ScreenTip (Información en pantalla) que describe cómo funciona el botón Zoom.

   > **CONSEJO**
   >
   > Si no está conectado a Internet, la ventana de Help (Ayuda) exhibe sólo el contenido de ayuda disponible en su computadora.

2. **Presione** [F1]

   Se abre la ventana Word Help (Ayuda de Word), como se muestra en la figura A-16, exhibiendo la página de inicio para la ayuda en Word. Cada entrada es un hipervínculo en el que puede hacer clic para abrir una lista de temas relacionados. Además, dicha ventana incluye una barra de herramientas de comandos de Ayuda útiles y un campo Search (Buscar). El estado de la conexión en la parte inferior de la ventana de Ayuda indica que la conexión a Office Online está activa. Office Online complementa el contenido de ayuda disponible en su computadora con una amplia variedad de temas, plantillas y capacitación actualizados.

   > **CONSEJO**
   >
   > También puede abrir la ventana Help haciendo clic en el botón Microsoft Office Help (Ayuda de Microsoft Office) 🔵 a la derecha de las pestañas de la cinta de opciones.

3. **Haga clic en el vínculo** Getting help (Obtener Ayuda) **en el panel de la Table of Contents (Tabla de contenido)**

   Se modifica el icono siguiente a Getting help y su lista de subtemas se expande.

4. **Haga clic en el vínculo** Work with the Help window (Trabajar con la ventana de ayuda) **en la lista de temas del panel izquierdo**

   El tema se abre en el panel derecho, como se ilustra en la figura A-17.

5. **Haga clic en el botón** Hide Table of Contents (Ocultar tabla de contenido) 🔲 **en la barra de herramientas Help**

   Se cierra el panel izquierdo, como se presenta en la figura A-18.

   > **CONSEJO**
   >
   > Puede imprimir el tema actual haciendo clic en el botón Print (Imprimir) 🖨 en la barra de herramientas Help (Ayuda) para abrir el cuadro de diálogo Print (Imprimir).

6. **Haga clic en el** botón Show Table of Contents (Mostrar tabla de contenido) 📖 **en la barra de herramientas Help (Ayuda), desplácese a la parte inferior del panel izquierdo, haga clic en el vínculo** Accessibility (Accesibilidad) **en el panel de la Table of Contents (Tabla de contenido), haga clic en el vínculo** Use the keyboard to work with Ribbon programs (Use el teclado para trabajar con los programas de la cinta de opciones), **lea la información del panel derecho y, posteriormente, haga clic en el** botón Help window Close (Cerrar la ventana de ayuda)

7. **Haga clic en el** botón Office 🔵 **y, luego, en** Close (Cerrar). **Si se abre un cuadro de diálogo que le pregunte si quiere guardar sus cambios, haga clic en** Yes (Sí)

   El documento Potential Corporate Meeting Locations (Sitios probables para la reunión de la empresa) se cierra, dejando abierto el programa Word.

8. **Haga clic en** 🔵 **y, después, en** Exit Word (Salir de Word)

   Se cierra Microsoft Office Word y la ventana del programa Excel se encuentra activa.

9. **Haga clic en** 🔵, **en** Exit Excel (Salir de Excel), **en el botón** PowerPoint **de la barra de tareas si es necesario, en** 🔵 **y, finalmente, clic en** Exit PowerPoint (Salir de PowerPoint)

   Tanto Microsoft Office Excel como Microsoft Office PowerPoint se cierran.

FIGURA A-16: Ventana de Word Help (Ayuda de Word)

Barra de herramientas de Help (Ayuda)

Campo de búsqueda

Botón Hide Table of Contents (Ocultar tabla de contenido)

Los colores de sus vínculos pueden ser distintos

Estado de la conexión

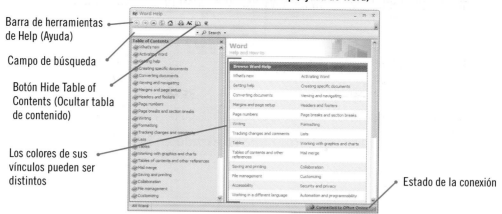

FIGURA A-17: Ventana Work with the Help window (Trabajar con la ventana Ayuda)

Botón Print (Imprimir)

El icono indica el tema expandido

Ventana de vínculo a Work with the Help window (Trabajar con la ventana Ayuda)

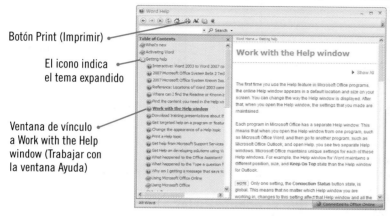

FIGURA A-18: Ventana de Help con la Tabla de contenido cerrada

Botón Mostrar tabla de contenido

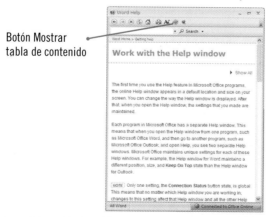

Recuperación de un documento

En ocasiones, mientras está usando Office, puede experimentar una falla en la energía eléctrica o su computadora puede "congelarse", haciendo imposible que continúe trabajando. Si se presenta este tipo de interrupción, cada programa de Office tiene una característica integrada de recuperación que le permite abrir y guardar archivos que estuvieran abiertos en el momento de la interrupción. Cuando reinicia el (los) programa(s) después de una interrupción, se abre el panel de tareas Document Recovery (Recuperación de documentos) en el lado izquierdo de su pantalla mostrando las versiones tanto original como recuperada de los archivos que estaban abiertos. Si no está seguro de qué archivo abrir (el original o el recuperado), por lo regular será mejor abrir el archivo recuperado porque contendrá la información más reciente. No obstante, puede abrir y revisar todas las versiones del archivo que hayan sido recuperadas y guardar la mejor de ellas. Cada archivo mostrado en el panel de tareas Document Recovery (Recuperación de documentos) exhibe una lista con opciones que le permiten abrir el archivo, guardarlo como está, eliminarlo o presentar las reparaciones efectuadas en el mismo durante la recuperación.

Práctica

Si cuenta con un perfil de usuario SAM, usted puede tener acceso a instructivos, prácticas y evaluación de las habilidades cubiertas en la unidad. Conéctese a su cuenta SAM (http://sam2007.course.com/) para iniciar actividades de capacitación o exámenes programados que se relacionan con las habilidades abordadas en esta unidad.

▼ REPASO DE CONCEPTOS

Etiquete los elementos de la ventana del programa mostrado en la figura A-19.

FIGURA A-19

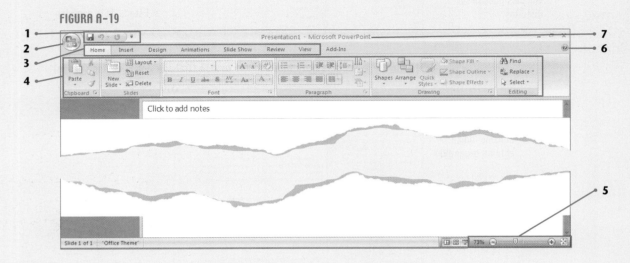

Relacione cada proyecto con el programa que se adapte mejor a él.

8. Microsoft Office PowerPoint
9. Microsoft Office Excel
10. Microsoft Office Word
11. Microsoft Office Access

a. Presupuesto de expansión de la empresa con proyecciones de gastos
b. Currículum de negocios para una solicitud de trabajo
c. Inventario de un almacén de partes automotrices
d. Presentación para una reunión del consejo directivo

▼ RETO INDEPENDIENTE 1

Usted acaba de aceptar un puesto administrativo con un distribuidor de autos local que recientemente ha invertido en computadoras y ahora está considerando adquirir Microsoft Office. Se le solicita que proponga diversas maneras en que Office podría ayudar al distribuidor. Usted crea su propuesta en Microsoft Word.

a. Inicie Word; luego, guarde el documento como **Microsoft Office Proposal** en la unidad y carpeta donde usted almacena sus archivos.

b. Escriba **Microsoft Office Word**, presione [Enter] ([Intro]) dos veces, escriba **Microsoft Office Excel**, presione [Enter] dos veces, escriba **Microsoft Office PowerPoint**, presione [Enter] dos veces, escriba **Microsoft Office Access**, presione [Enter] dos veces y finalmente escriba su nombre.

c. Haga clic en la línea debajo de cada nombre de programa, escriba por lo menos dos tareas adecuadas para ese programa y, después, presione [Enter].

d. Guarde su trabajo y, a continuación, imprima una copia de este documento.

Ejercicios de reto avanzado

■ Presione el botón [PrtScn] ([Imp Pnt]) para crear una captura de pantalla y luego presione las teclas [Ctrl][V].
■ Guarde e imprima el documento.

e. Salga de Word.

Crear documentos con Word 2007

Archivos que necesita:

WD A-1.doc

Microsoft Office Word 2007 es un procesador de palabras que facilita la creación de una variedad de documentos de presentación profesional, desde cartas sencillas y memorandos hasta boletines, artículos de investigación, mensajes de blog, tarjetas de presentación, currículos, informes financieros y demás documentos que incluyen muchas páginas de texto y formato sofisticado. En esta unidad, conocerá las características de edición y formato con que Word cuenta y creará dos documentos. Lo contrataron para el departamento de Mercadotecnia de Quest Specialty Travel (QST), una compañía internacional de excursiones especializada en turismo cultural y viajes de aventura. Poco después de presentarse en su nueva oficina, Ron Dawson, vicepresidente de mercadotecnia, le pide que escriba en Word un memorando para el personal de mercadotecnia y que envíe un fax a uno de los representantes que organiza excursiones.

OBJETIVOS

Entender el software para procesamiento de palabras

Explorar la ventana de Word

Crear un documento

Guardar un documento

Seleccionar texto

Dar formato al texto con la minibarra de herramientas

Crear un documento con una plantilla

Ver y navegar en un documento

Entender el software para procesamiento de palabras

Un **programa de procesamiento de palabras** es un software que incluye herramientas para capturar, editar y dar formato a un texto y gráficas. Microsoft Word es un eficaz programa de procesamiento de palabras que le permite crear y mejorar con rapidez y facilidad una amplia variedad de documentos. En la figura A-1 se muestra la primera página de un informe creado con Word y se ilustra algunas de las características de Word que puede usar para mejorar sus documentos. Los archivos electrónicos que genere con Word se llaman **documentos**. Uno de los beneficios del uso de Word es que los archivos de documentos se pueden guardar en el disco duro, CD, unidad *flash* u otro dispositivo de almacenamiento, que facilitan su traslado, intercambio y revisión.  Antes de que comience su memorando para el personal de mercadotecnia, explore las capacidades de edición y formato de Word.

DETALLES

Con Word podrá llevar a cabo las siguientes tareas:

- **Escribir y editar un texto**

  Las herramientas de edición de Word facilitan insertar y eliminar texto de un documento. Puede agregar texto a la mitad de un párrafo existente, sustituir un texto por otro, deshacer un cambio de edición y corregir fácilmente la tipografía, ortografía y errores gramaticales.

- **Copiar y mover un texto a otro lugar**

  Con las características de edición más avanzadas de Word, puede copiar o mover texto de un lugar e insertarlo en otra parte del documento. Asimismo, puede copiar y mover texto entre documentos. Tener la capacidad de copiar y mover texto significa que no necesita capturarlo de nuevo cada vez que lo necesite en un documento.

- **Dar formato a un texto y párrafos con fuentes, colores y otros elementos**

  Las sofisticadas herramientas de formato de Word le permiten dar vida al texto en sus documentos. Puede cambiar el tamaño, estilo y color del texto, añadir líneas y sombreado a los párrafos y mejorar listas con viñetas y números. El formato de un texto le permite resaltar de manera creativa ideas importantes en sus documentos.

- **Formato y diseño de páginas**

  Las características para dar formato a una página de Word le permiten diseñar boletines atractivos, crear currículos eficaces y generar documentos como tarjetas de presentación, etiquetas de CD y libros. Puede cambiar el tamaño de la página y la orientación de sus documentos, organizar texto en columnas y controlar la distribución del mismo así como las gráficas en cada página de un documento. Para resultados rápidos, Word incluye páginas de carátula con formato previamente establecido, inserción de citas y encabezados y pies de página, así como galerías de texto coordinado, tablas y estilos gráficos de los que puede depender para dar a los documentos una vista atractiva.

- **Mejorar los documentos con tablas, esquemas, diagramas y gráficas**

  Con las poderosas herramientas de gráficos de Word, puede incluir imágenes, fotografías, líneas, formas y diagramas en sus documentos. Además, puede ilustrar los documentos con tablas y esquemas para transmitir su mensaje de una forma que visualmente sea interesante.

- **Uso de Combinación de correspondencia para crear cartas y etiquetas de correo**

  La característica de Combinación de correspondencia de Word le permite enviar cartas personalizadas a muchas personas. También, lo puede usar para elaborar etiquetas de correo, directorios, mensajes de correo electrónico y otros tipos de documentos.

- **Comparta documentos de manera segura**

  Las propiedades del Inspector de documentos de Word facilitan y agilizan la eliminación total de comentarios, cambios marcados con herramienta e información personal no deseada de los archivos antes de compartirlos con otros. Asimismo, puede introducir una firma digital en un documento, convertir un archivo en un formato adecuado para publicarse en Internet y reconocer con facilidad un documento que pudiera contener una macro potencialmente perjudicial.

FIGURA A-1: Informe creado con Word

Agregar encabezados en las páginas

Insertar imágenes

Dar formato al tamaño y presentación del texto

Crear columnas de texto

Crear tablas

Agregar líneas

Añadir viñetas a las listas

Crear gráficas

Alinear el texto en párrafos uniformes

Agregar números de páginas en los pies de página

Informe de mercadotecnia de Quest Specialty Travel   Mayo, 2010

Perfil de los clientes

Un cliente característico de QST es un profesionista de 42 años con ingreso familiar anual de 84,000 dólares. Trabaja en la ciudad, es dueño de una casa en una zona urbana o suburbana y no tiene hijos en casa.

- 73% se tituló de la universidad
- 32% tiene un posgrado
- 60% gana más de 60,000 dólares al año
- 8% gana más de 200,000 dólares al año
- 45% trabaja como profesionista
- 29% está jubilado

Preferencias de viaje

Los entrevistados dijeron que les gustan los viajes nacionales independientes, pero que prefieren una excursión organizada cuando salen al extranjero. Casi todos se refirieron a la experiencia del guía como el motivo principal de escoger una excursión de QST.

Destinos preferidos

6%
15%
21%
18%
8%
32%

- África
- Asia
- Australia / NZ
- Europa
- América del Sur
- América del Norte

Resultados de la encuesta de clientes de QST

En un esfuerzo por trazar un perfil económico de los clientes de Quest Speciality Travel, el departamento de Mercadotecnia contrató a la empresa de investigación de mercados Takeshita Consultants, Inc., para crear y administrar una encuesta de la cartera de clientes de QST. La meta secundaria de la encuesta era identificar las áreas en las que QST puede mejorar sus ofertas de excursiones en cada región. Más de 8,600 personas contestaron la encuesta, que fue distribuida por correo tanto electrónico como ordinario a todos los que hubieran contratado una excursión de QST en los cinco años anteriores. Además, contestaron las encuestas personas que visitaron el sitio en Internet de QST sin comprar una excursión. Contestaron la encuesta 42% de quienes la recibieron.

Metodología de la encuesta

La encuesta fue distribuida a clientes compradores por correo ordinario y electrónico durante enero y febrero de 2010. La encuesta también se abrió en el sitio en Internet de QST y la contestaron 1,800 personas que no eran clientes. En la tabla siguiente se presenta la distribución de los encuestados por modo de aplicación y sexo.

Modo de aplicación	Hombres	Mujeres
Correo electrónico a clientes	6,657	7,801
Correo ordinario a clientes	1,567	1,238
Clientes a través de sitio Web	563	442
No clientes a través de sitio Web	898	987
Otros	365	122
Total	10,050	10,590
	Gran total	**20,640**

Satisfacción de los clientes

En total, los clientes de QST conceden una calificación favorable a las excursiones de la empresa. Los clientes calificaron la experiencia y el profesionalismo de los guías como excelentes, la variedad de las excursiones como muy buena y el alojamiento y la comida servida como excelentes. Se otorgaron calificaciones igualmente favorables al personal de ventas y al atractivo de los materiales impresos de QST. Los clientes expresaron interés en contar con una amplia selección de excursiones al sureste de Asia, particularmente Laos, Camboya y Vietnam, así como por más ofertas europeas. Mencionaron que el tiempo de respuesta para solicitar información de las excursiones en el sitio Web podría mejorarse.

▶ 1

Planeación de un documento

Sería conveniente que, antes de que genere un documento nuevo, lo planee. Identifique el mensaje que quiere transmitir, el público de su documento y los elementos, como tablas o gráficas, que desea incluir. Piense en el tono y la presentación de su documento, si escribe una carta comercial, que debe ser escrita en un tono agradable aunque serio y tener una presentación formal, o si crea un folleto que debe ser colorido, atractivo a la vista y divertido de leer. La intención y el público de su documento determinan el diseño correspondiente. La planeación de la distribución y el diseño de un documento implican decidir la organización del texto, la selección de la fuente que se usará, la identificación de las imágenes que se incluirán y la selección de elementos de formato que mejorarán el mensaje y el aspecto del documento. En el caso de documentos más grandes, como los boletines, quizá le sería útil que, antes de que empiece, realice un bosquejo de la distribución y el diseño de cada página.

Explorar la ventana de Word

Cuando inicia Word, aparece un documento en blanco en la ventana de documentos. ▰▰▰▰▰ Examine los elementos de la ventana del programa Word.

1. **Inicie** Word

   Se abre la **ventana del programa Word**, como se muestra en la figura A-2. La línea vertical que parpadea en la ventana del documento es el **punto de inserción**, que indica dónde aparece el texto conforme escribe. El documento en blanco se abre en la vista de Diseño de impresión. Las **vistas** son diferentes formas de presentar un documento en la ventana del documento.

2. **Mueva el cursor del ratón en la ventana del programa Word**

   Dependiendo del lugar de la ventana de Word en que se encuentre, el cursor cambia de forma. Éste se emplea para mover el punto de inserción o para seleccionar texto que se va a modificar. En la tabla A-1 se describen los cursores más comunes de Word.

3. **Coloque el cursor sobre un botón de la cinta de opciones que aparece en la parte superior de la pantalla**

   Cuando se sitúa el cursor sobre un botón o sobre otros elementos de la ventana del programa Word, aparece un Cuadro informativo. Un cuadro con **información de pantalla** es una etiqueta que identifica el nombre del botón o característica, describe brevemente su función, comunica cualquier atajo de teclas para el comando e incluye un vínculo a los temas de ayuda correspondientes, si los hubiera.

Con la figura A-2 como guía, encuentre en su ventana del programa los elementos descritos a continuación.

- La **barra de título** lleva el nombre del documento y del programa. Mientras no se le dé un nombre al nuevo documento, su nombre temporal es Documento1. En la barra de título también están los botones para cambiar de tamaño la ventana y el botón para cerrar el programa. Estos botones son comunes a todos los programas de Windows.
- Si se hace clic en el **botón de Office**, se abre un menú de comandos relacionados con el manejo y la difusión de documentos, como abrir, imprimir y guardar un documento, crear un documento nuevo y preparar un documento para distribución. El botón de Office da acceso al cuadro de diálogo de las Word Options (Opciones de Word), que sirve para personalizar la forma en que usa Word.
- La **barra de herramientas de acceso rápido** contiene botones para guardar un documento y para deshacer, rehacer y repetir un cambio. Es posible modificarla para incluir los comandos que usted utilice más frecuentemente.

- La **cinta de opciones** contiene los nombres de las pestañas de Word. Cada **pestaña**, conocida también como **etiqueta y ficha**, incluye botones para los comandos, que se organizan en **grupos**. Por ejemplo, la pestaña Home (Inicio) incluye los grupos Clipboard (Portapapeles), Font (Fuente), Paragraph (Párrafo), Styles (Estilos) y Editing (Editar), cada uno con botones relacionados con corregir y dar formato a los textos. Asimismo, la cinta de opciones contiene el **botón de ayuda para Microsoft Office Word**, que se emplea para entrar en el sistema de ayuda de Word.
- La **ventana del documento** despliega el documento actual. En esta ventana se captura texto y se da formato al documento.

- Las reglas aparecen en la ventana del documento, en la vista Print Layout (Diseño de impresión). La **regla horizontal** despliega los márgenes izquierdo y derecho del documento, así como los parámetros de tabulación y las sangrías del párrafo, si las hubiera, referido al párrafo en el que está colocado el punto de inserción. La **regla vertical** muestra los márgenes superior e inferior del documento.
- La **barra de desplazamiento vertical** y la **barra de desplazamiento horizontal** sirven para desplegar diferentes partes del texto en la ventana del documento. Ambas barras tienen **cuadros de desplazamiento** y **flechas de desplazamiento**, que ayudan a moverse por el documento.
- La **barra de estado** representa el número de página actual, el total de páginas y las palabras del documento, así como el estado de la comprobación de ortografía y gramática. Incluye los botones de vista, el botón del porcentaje de zoom (acercamiento) y el deslizador del zoom (alejar, acercar). Puede personalizar la barra de estado para que muestre otra información.
- Los **botones de vista** en la barra de estado permiten desplegar el documento en Print Layout, Full Screen Reading (Lectura de pantalla completa), Web Layout (Diseño Web), Outline (Esquema) y Draft (Borrador).
- El botón **Zoom level (nivel de acercamiento)** y el **deslizador del acercamiento** brindan medios rápidos de agrandar o empequeñecer el tamaño de un documento en su ventana, lo que facilita acercarse a un detalle o apreciar la composición de todo el documento.

FIGURA A-2: Elementos de la ventana del programa Word

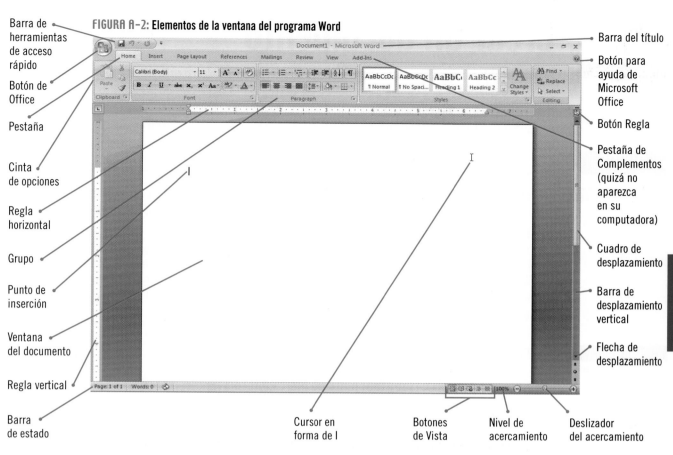

Barra de herramientas de acceso rápido

Botón de Office

Pestaña

Cinta de opciones

Regla horizontal

Grupo

Punto de inserción

Ventana del documento

Regla vertical

Barra de estado

Barra del título

Botón para ayuda de Microsoft Office

Botón Regla

Pestaña de Complementos (quizá no aparezca en su computadora)

Cuadro de desplazamiento

Barra de desplazamiento vertical

Flecha de desplazamiento

Word 2007

Cursor en forma de I

Botones de Vista

Nivel de acercamiento

Deslizador del acercamiento

TABLA A-1: Cursores frecuentes del ratón en Word

nombre	figura	uso
Cursor en forma de I	I	Mover el punto de inserción en un documento o texto seleccionado
Cursor de apuntar y escribir: cursor de justificación por la izquierda; cursor de texto centrado	I≡ o ≡I	Mover el punto de inserción en un espacio en blanco de un documento en las vistas de Print Layout (Diseño de impresión) o Web Layout (Diseño Web); si se hace doble clic con este apuntador, se aplica automáticamente el formato de párrafo (alineación y sangría) requerido para situar texto o una imagen en ese lugar del documento
Cursor de selección	↖	Hacer clic en un botón u otro elemento de la ventana del programa Word; aparece cuando se señalan elementos de dicha ventana
Cursor de flecha a la derecha	⟋	Seleccionar una línea o líneas de texto; aparece cuando apunta al borde izquierdo de una línea de texto en la ventana del documento.
Mano	☝	Abrir un hipervínculo; aparece cuando se señala un hipervínculo en un panel de tareas o cuando se presiona [Ctrl] y se apunta a un hipervínculo en un documento
Ocultar espacio en blanco	⇟	Se oculta el espacio en blanco de los márgenes superior e inferior de un documento en la vista de Print Layout
Mostrar espacio en blanco	⇞	Se muestra el espacio en blanco de los márgenes superior e inferior de un documento en la vista de Print Layout

Crear un documento

Para comenzar un documento, basta escribir texto en un documento en blanco en la ventana correspondiente. Word incluye una característica de **vuelta automática de texto**, de modo que cuando al escribir se llega al margen de la derecha, Word cambia de manera automática el punto de inserción al siguiente renglón. Cuando se quiera iniciar un párrafo o insertar un espacio en blanco, basta oprimir [Enter] o, si su teclado está en español, [Intro]. Usted escribe, en inglés y en español, un memorando rápido para el personal del departamento de Mercadotecnia.

PASOS

1. **Escriba Memorando. Luego, oprima dos veces [Enter], o [Intro] si su teclado está en español**

   Cada vez que oprime [Enter], el punto de inserción se mueve al comienzo del siguiente renglón.

2. **Escriba PARA y oprima [Tab] dos veces**

   Al oprimir la tecla de tabulador [Tab], el punto de inserción se mueve varios espacios a la derecha. Puede emplear [Tab] para alinear el texto en el encabezado de un memorando o para sangrar el primer renglón de un párrafo. En los teclados en español, la tecla [Tab] está identificada con dos flechas paralelas en sentidos opuestos o con dos puntas de flecha opuestas, una con una barra al principio y la otra con una barra al final.

3. **Escriba Gerentes de QST y presione [Enter]**

   El punto de inserción se moverá al comienzo del siguiente renglón.

4. **Escriba: DE: [Tab][Tab] Ron Dawson [Enter]**
   FECHA: [Tab][Tab] 12 de julio de 2010 [Enter]
   ASUNTO: [Tab][Tab] Junta de mercadotecnia [Enter] [Enter]

   Pueden aparecer líneas onduladas rojas o verdes bajo las palabras que escriba. La comprobación de la ortografía y la gramática es una de las muchas características automáticas que descubrirá cuando anote algo. En la tabla A-2 se describen varias características automáticas. Puede corregir más adelante los errores de escritura que haya cometido.

5. **Escriba: La siguiente reunión del personal de mercadotecnia se llevará a cabo el 16 de julio a la 1 p.m. en la sala de juntas de la planta baja. Después, oprima [Barra espaciadora]**

   Mientras escribe, observe que el punto de inserción se mueve en forma automática al siguiente renglón del documento. Además, notará que Word cambia automáticamente los errores de escritura. Esta característica se llama **Autocorrección** y consiste en hacer ajustes tipográficos automáticamente, y en detectar y corregir los errores de escritura, ciertas palabras mal escritas (como *qeu* en lugar de *que*) y mayúsculas incorrectas.

6. **Escriba: El punto principal del orden del día será el lanzamiento de nuestra nueva Jornada tribal en el monte Mai Chau, una excursión de caminata y balsa de 10 días por los caudalosos ríos, aldeas ocultas y bosques brumosos de Vietnam del Norte, programada para febrero de 2012.**

   Cuando escribe las primeras letras de "febrero", la característica de autocompletar de Word presenta la palabra completa en un cuadro con información de pantalla. **Autocompletar** sugiere texto para insertarlo rápidamente en sus documentos. Por el momento, puede ignorar autocompletar. Su memorando debe parecerse al de la figura A-3.

7. **Presione [Enter] y escriba: Wim Hoppengarth está en Hanoi ocupándose de los detalles. Se anexa un boceto preliminar de la excursión. Traigan a la junta sus ideas creativas para el lanzamiento de esta nueva y emocionante excursión.**

   Cuando presiona [Enter] y escribe el nuevo párrafo, note que Word añade más espacio entre los párrafos que entre los renglones de cada párrafo. Es parte del estilo automático para los párrafos de Word y se llama estilo Normal.

8. **Ponga el cursor ⌶ en el último renglón del primer párrafo, después de la palabra para (pero antes del espacio). Haga clic**

   Al hacer clic, el punto de inserción se mueve después de "para".

9. **Oprima la tecla de retroceso [Backspace] cuatro veces y escriba: como salida en**

   Al presionar [Back], se elimina el carácter anterior al punto de inserción.

10. **Mueva el punto de inserción antes de del personal en la primera oración. Luego, oprima [Del] —o [Supr] si su teclado está en español— doce veces para eliminar las palabras "del personal" y el espacio posterior**

    Al presionar la tecla [Del], se elimina el carácter después del punto de inserción. En la figura A-4 se ilustra el memorando corregido.

FIGURA A-3: Texto de un memorando en la ventana del documento

Espacio en blanco entre párrafos

Subrayado rojo ondulante que indica un posible error de ortografía

El texto baja al siguiente renglón

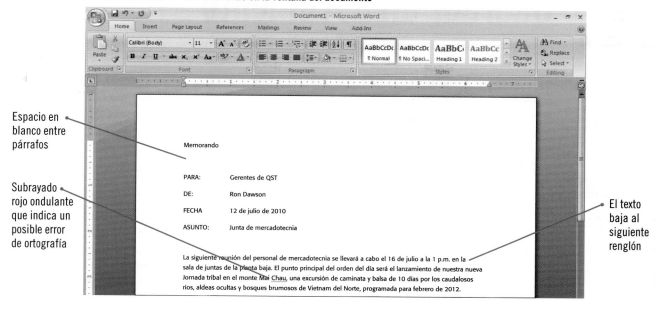

FIGURA A-4: Texto del memorando corregido

Texto insertado en el memorando

En el estilo Normal se deja más espacio entre párrafos que entre líneas

Botón Sin espaciado

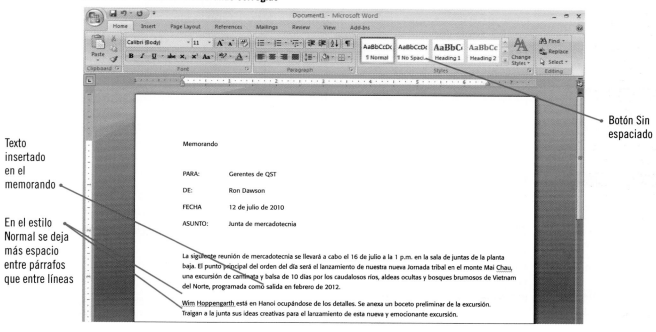

TABLA A-2: Características automáticas que aparecen conforme se escribe Word

característica	qué aparece	para usarla
Autocompletar	Aparece un cuadro informativo que sugiere un texto para insertar mientras se escribe	Para insertar el texto propuesto en la sugerencia de pantalla, oprima [Enter]; para rechazar la sugerencia, continúe escribiendo
Autocorregir	Cuando se coloca el cursor sobre el texto corregido por Autocorrección, aparece una pequeña caja azul; cuando se apunta al texto corregido, aparece un botón con AutoCorrect Options (Opciones de autocorrección)	Word corrige automáticamente los errores de dedo, los errores menores de ortografía y el uso de mayúsculas y añade símbolos tipográficos (como © y ™) mientras escribe; para revertir una autocorrección, haga clic en la flecha de lista de AutoCorrect Options (Opciones de autocorrección) y luego en Undo (Deshacer) o en la opción que deshaga la acción
Ortografía y gramática	Una línea ondulada roja bajo una palabra indica un posible error de ortografía; una línea ondulada verde bajo el texto señala un posible error de gramática	Para desplegar un menú emergente, de acceso directo a las opciones de corrección, presione el botón derecho en el texto subrayado con rojo o verde; haga clic en una corrección para aceptarla y suprimir la línea ondulada

Guardar un documento

Para guardar de manera permanente un documento de modo que lo pueda abrir y modificar en el futuro, debe guardarlo como **archivo**. Cuando se **guarda** un documento, se le da un **nombre de archivo** y se indica el lugar en el que se quiere guardarlo. A los archivos creados en Word 2007 se les asigna automáticamente la extensión .docx para distinguirlos de los programas creados en otros programas de software, incluyendo las versiones anteriores de Word que llevan la extensión .doc. Puede guardar un documento con el botón Guardar en la barra de herramientas de acceso rápido o con el comando Guardar del menú de Office. Después de guardar un documento por primera vez, debe hacerlo de nuevo cada pocos minutos y siempre antes de imprimirlo; así, el archivo guardado actualizado reflejará los últimos cambios. Guarde el memorando con un nombre de archivo descriptivo y la extensión automática del archivo.

Si no ve la extensión .docx como parte del nombre del archivo, Windows no está configurado para mostrar extensiones de archivo.

1. **Haga clic en el botón Save (Guardar) 🖫 en la barra de herramientas de acceso rápido**

   La primera vez que guarde un documento, se abrirá el cuadro de diálogo Save As (Guardar como), como se observa en la figura A-5. El nombre de archivo automático, Memorando, aparece en el cuadro del nombre del Archivo. El nombre automático se basa en las primeras palabras del documento. La extensión automática, .docx, aparece en la lista desplegable Type (Tipo). En la tabla A-3 se describen las funciones de algunos botones del cuadro de diálogo Save As.

2. **Escriba Memorando de la excursión a Vietnam**

   El nuevo nombre de archivo sustituye al automático. Si da a sus documentos nombres de archivo breves y descriptivos, será más sencillo localizarlos y organizarlos después. Cuando anote un nuevo nombre de archivo, no necesita teclear .docx.

Haga clic en Browse Folders (Examinar carpetas) en el cuadro de diálogo Save As (Guardar como) para desplegar el panel de navegación y la ventana de carpetas.

3. **Examine la unidad y la carpeta donde guarda sus archivos**

   Puede examinar otra unidad u otra carpeta haciendo clic en una ubicación en la barra de direcciones, o puede dar clic en una flecha junto a una ubicación en la barra de direcciones para abrir la lista de subcarpetas, y seleccionar una nueva ubicación de dicha lista. Haga clic en la flecha doble de la barra de direcciones para navegar al siguiente nivel superior en la jerarquía de carpetas. También, puede hacer doble clic en una unidad o carpeta de la sección Browse (Examinar) o en la ventana de carpetas para cambiar la ubicación activa. Cuando termine, la unidad o carpeta donde guarda sus archivos de datos aparecerá en la barra de direcciones. El cuadro de diálogo Save As debe parecerse al de la figura A-6.

Para guardar un documento de modo que pueda abrirse en una versión anterior de Word, haga clic en la flecha de lista Save as Type (Guardar como tipo) y luego en Documento de Word 97-2003 (*.doc)

4. **Haga clic en Save (Guardar)**

   El documento se guarda en la unidad y la carpeta que especificó en el cuadro de diálogo Save As. Así, la barra de título desplegará el nuevo nombre de archivo, Memorando de la excursión a Vietnam.docx.

5. **Coloque el punto de inserción antes de excursión en la segunda sección y anote áspera. Después, presione [Barra espaciadora]**

   Puede seguir trabajando en un documento aunque lo haya guardado con un nuevo nombre de archivo.

6. **Haga clic en 🖫**

   Su cambio en el memorando se guardó. Guardar un documento después de darle un nombre de archivo guarda los cambios hechos al documento. Asimismo, puede oprimir [Ctrl][G] para guardar el documento.

Trabajar con archivos XML y binarios

El sufijo x automático de la extensión .docx indica que el archivo se guardó en el **formato XML** de Office, que es novedad de Word 2007. Las versiones anteriores de Word empleaban un formato de archivo binario, reconocido por la extensión.doc. Para facilitar la difusión de archivos entre versiones de Office, Word 2007 permite abrir, modificar y guardar archivos en XML o en formato binario. Cuando se abre un archivo binario en Word 2007, aparecen las palabras Modo de compatibilidad en la barra del título, junto al nombre del archivo. También, puede activar el Modo de compatibilidad si guarda una copia de un archivo XML en formato Word 97-2003. Cuando trabaja en Compatibility Mode (Modo de compatibilidad), algunas características del documento de Word 2007, como los temas, márgenes, cuadros de texto, SmartArt, bibliografías, combinación de correspondencia y ciertos colores de temas, fuentes y efectos cambian en forma permanente o se comportan de otra manera.

Convertir un archivo binario al formato XML es sencillo: haga clic en el botón de Office, después en Convertir, en el menú de Office, y luego en OK (Aceptar) en el cuadro de diálogo de Word que se abre. Con ello, se desactiva el modo de compatibilidad. Cuando un archivo se convierte en XML, se puede guardar el archivo convertido, que sustituye al archivo original .doc como un archivo .docx con el mismo nombre, haciendo clic en el botón Save (Guardar); o también se puede usar el comando Save As (Guardar como) del menú de Office para crear un nuevo archivo .docx y conservar el archivo binario original .doc.

FIGURA A-5: Cuadro de diálogo Save As (Guardar como)

Haga clic en una flecha de la barra de direcciones para cambiar la carpeta o unidad activa

Carpeta activa

Panel de navegación

Haga clic en el botón Files (Carpetas) para desplegar una lista expandible de carpetas en el panel de navegación

Se seleccionan el nombre de archivo predeterminado y la extensión del archivo

Haga clic para ocultar el panel de navegación y la ventana de carpetas

Barra de direcciones

Buscar un elemento en la ubicación activa

La ventana de carpetas despliega las carpetas y los archivos de la carpeta o unidad activa (la de usted será diferente)

Haga clic para cambiar el tipo de archivo

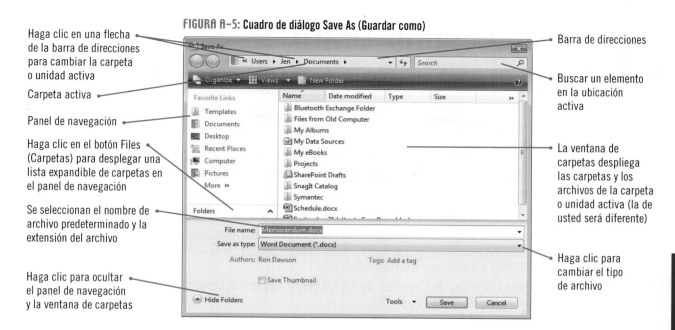

FIGURA A-6: Archivo que se guardará en una carpeta de la Unidad A

Ubicación de los archivos (el de usted puede ser distinto)

Nuevo nombre de archivo

Su ventana de carpetas proporciona una lista de archivos y carpetas de la ubicación activa

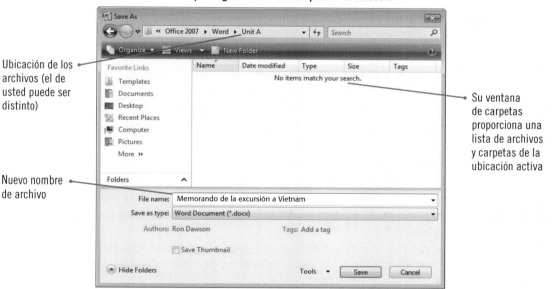

TABLA A-3: Botones del cuadro de diálogo Save As

botón	usar para
← Back (Atrás)	Navegar al siguiente nivel superior en la jerarquía de carpetas (a la unidad o carpeta que contiene la carpeta activa)
→ Forward (Adelante)	Navegar a la subcarpeta que se mostró antes en la barra de direcciones
Organize ▾ Organize (Organizar)	Abrir un menú de comandos relacionados para organizar el archivo o carpeta seleccionada: Cut (Cortar), Copy (Copiar), Delete (Eliminar), Rename (Cambiar nombre) y Properties (Propiedades)
Views ▾ Views (Vistas)	Cambiar la manera de presentar la información de carpetas y archivos en la ventana de carpetas del cuadro de diálogo Save As; para abrir un menú de opciones, haga clic en la flecha de lista de Vistas
New Folder New Folder (Nueva carpeta)	Cree una nueva carpeta en la carpeta o unidad actual

Seleccionar texto

Antes de eliminar, modificar o dar formato al texto, deberá **seleccionarlo**. Seleccionar texto consiste en hacer clic y arrastrar el cursor en forma de I por todo el texto para resaltarlo. También, puede hacer clic en el cursor ⌀ de la zona en blanco a la izquierda del texto para seleccionar líneas o párrafos. En la tabla A-4 se describen las formas de seleccionar texto. Usted puede modificar el memorando seleccionando texto y cambiándolo con texto nuevo.

PASOS

1. **Haga clic en el botón Show/Hide (Mostrar todo) ¶ del grupo de Paragraph (Párrafo)**
   Aparecerán marcas de formato en la ventana del documento. Las **marcas de formato** son caracteres especiales que aparecen en la pantalla, pero no en la impresión. Entre las marcas comunes se hallan el símbolo de párrafo (¶) que muestra el final de un párrafo (cuando se presiona la tecla [Enter]); el símbolo (•) que representa un espacio (cuando se presiona la tecla [Barra espaciadora]) y el símbolo de flecha (→), que presenta la ubicación en una tabulación (cuando se oprime la tecla [Tab]). Trabajar con las marcas de formato activadas ayuda a seleccionar, modificar y dar formato al texto con precisión.

¿PROBLEMAS?
Si comete un error, puede deseleccionar el texto haciendo clic en cualquier parte de la ventana del documento.

2. **Haga clic antes de Gerentes de QST. Luego, arrastre el cursor I en forma de I sobre el texto para seleccionarlo**
   Las palabras están seleccionadas, como se ilustra en la figura A-7. Por el momento, se puede ignorar la barra de herramientas translúcida que aparece sobre el texto cuando se selecciona por primera vez.

3. **Escriba: Personal de mercadotecnia**
   El texto que escribe sustituye el texto seleccionado.

4. **Haga doble clic en Ron y anote su nombre. Haga doble clic en Dawson y escriba su apellido**
   Si se hace doble clic en una palabra, ésta se selecciona.

CONSEJO
Si elimina texto por error, seleccione de inmediato el botón Undo (Deshacer escritura) ↩ de la barra de herramientas de acceso rápido, para restituir el texto borrado del documento.

5. **Coloque el apuntador en el margen a la izquierda del renglón del ASUNTO: para que cambie por ⌀. Haga clic para seleccionar el renglón; después, escriba ASUNTO: [Tab][Tab] Lanzamiento de la nueva excursión a Vietnam**
   Si hace clic a la izquierda de una línea de texto con el cursor ⌀, se selecciona todo el renglón.

6. **Seleccione caudalosos en el tercer renglón y escriba sinuosos. Seleccione bosques brumosos y escriba asombrosas cumbres de caliza**

7. **Seleccione el enunciado Wim Hoppengarth está en Hanoi ocupándose de los detalles y oprima [Del] o [Supr]**
   Si selecciona texto y oprime [Del], lo eliminará del documento.

CONSEJO
Guarde siempre antes y después de modificar texto.

8. **Haga clic en ¶ y luego en el botón Guardar 🖫 de la barra de herramientas de acceso rápido**
   Las marcas de formato se desactivan y sus cambios se guardan en el memorando. El botón de Mostrar todo es un **botón alternador**, lo que significa que sirve para activar y desactivar las marcas de formato. El memorando corregido se ilustra en la figura A-8.

TABLA A-4: Métodos para seleccionar texto

para seleccionar	usar el cursor para
Cualquier cantidad de texto	Arrastrar sobre el texto
Una palabra	Hacer doble clic en la palabra
Un renglón de texto	Hacer clic con el cursor ⌀ a la izquierda del renglón
Un enunciado	Oprimir y mantener abajo [Ctrl] y hacer clic en el enunciado
Un párrafo	Hacer triple clic en el párrafo o doble clic con el puntero ⌀ a la izquierda del párrafo
Una sección grande de texto	Hacer clic al comienzo de la selección [Shift] o [Mayús] y luego al final de ella
Selecciones múltiples no consecutivas	Resaltar la primera selección. Después, oprimir y mantener oprimida la tecla [Ctrl] al tiempo que se resalta otra selección
Un documento completo	Hacer triple clic con el cursor ⌀ a la izquierda de cualquier parte de texto, oprimir [Ctrl][A] o hacer clic en el botón Select (Seleccionar) del grupo Edit (Edición) en la pestaña Start (Inicio). Luego, haga clic en Select All (Seleccionar todo)

FIGURA A-7: Texto seleccionado en el memorando

Texto
seleccionado

Margen
izquierdo
del documento

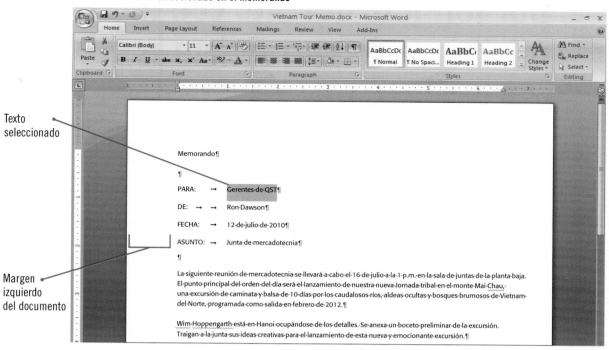

FIGURA A-8: Memorando corregido con sustitución de texto

Texto
reemplazado

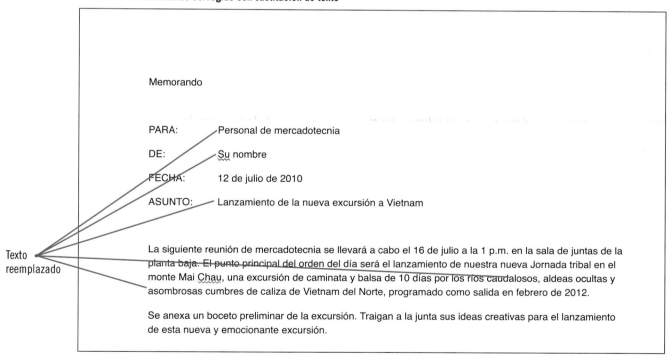

Dar formato al texto con la minibarra de herramientas

Cambiar el formato de texto es una manera sencilla y divertida de mejorar el aspecto de un documento y destacar la información importante. Es fácil dar formato a un texto con fuentes, colores, estilos, bordes y otras opciones: se selecciona el texto y se hace clic en un comando de la pestaña Start (Inicio). La **minibarra de herramientas**, que aparece translúcida sobre el texto cuando se selecciona, también incluye los comandos más usados para formar texto y párrafos. La Tabla A-5 describe la función de los botones de la minibarra de herramientas. ▰▰▰▰ Mejore la apariencia del memorando dando formato al texto con la minibarra de herramientas. Antes de imprimir el memorando terminado, revise la vista Print Layout (Diseño de impresión).

PASOS

¿PROBLEMAS?

Si la minibarra de herramientas desaparece, haga clic con el botón derecho en la selección para desplegarlo otra vez.

CONSEJO

Haga clic en el botón Shrink Font (Encoger fuente) para empequeñecer el tamaño de la letra.

1. **Haga doble clic en** Memorando

   Aparecerá la minibarra de herramientas en forma translúcida sobre el texto seleccionado. Cuando señale la minibarra de herramientas, se hará sólida, como se muestra en la figura A-9, y será posible hacer clic en una opción de formato para aplicarlo al texto seleccionado.

2. **Oprima el** botón Center (Centrar) ≡ **en la minibarra de herramientas**

   La palabra Memorando se centra entre los márgenes izquierdo y derecho del documento.

3. **Presione ocho veces en el** botón Grow Font (Agrandar fuente) A˙ **de la minibarra de herramientas. Luego, haga clic en el** botón Bold (Negrita) B **de la minibarra de herramientas**

   Cada vez que hace clic en el botón Agrandar fuente, crece el texto seleccionado. Si se aplican **negritas** al texto, éste se hará más grueso y oscuro.

4. **Seleccione** PARA:, **haga clic en** B. **Seleccione** DE:, **haga clic en** B. **Seleccione** FECHA:, **haga clic en** B. **Seleccione** ASUNTO:, **haga clic en** B

   Se aplican negritas al texto del encabezado.

5. **Haga clic en el espacio en blanco entre la línea del** ASUNTO: **y en el texto. Después, haga clic en el** botón Borde inferior ▦ **en el grupo de Párrafo**

   Se agregará una línea sencilla entre el encabezado y el cuerpo del texto del memorando.

6. **Haga clic en el** botón de Office 🏢, **señale** Print (Imprimir) **y haga clic en** Print Preview (Vista preliminar)

   El documento aparecerá en la vista **Print Preview (Vista preliminar)**. Antes de que lo imprima, se recomienda examinarlo en esta vista para identificar y corregir los problemas antes de imprimir.

7. **Mueva el cursor sobre el texto del memorando hasta que cambie a** 🔍. **Después, haga clic en la palabra** Memorando

   Al hacer clic con el cursor 🔍 se agranda el documento en la ventana de Vista preliminar y cambia el cursor a 🔍. El memorando aparece como se verá impreso, como se muestra en la figura A-10. Si se hace clic con el cursor 🔍 se reduce el tamaño del documento en la ventana de Print Preview (Vista preliminar).

CONSEJO

Para imprimir un documento con los parámetros predeterminados (automáticos) de impresión, haga clic en Quick print (Impresión rápida) del menú Print (Imprimir) o en el botón de Quick print (Impresión rápida) en la barra de herramientas de acceso rápido, si personalizó su barra para que incluyera este botón.

8. **Haga clic en la** casilla Magnifier (Aumentar) **en el grupo** Preview (Vista previa)

   Si se deselecciona la casilla Magnifier (Aumentar), la característica de ampliación se desactiva y es posible modificar el documento en Print Preview (Vista preliminar). En modo de edición, el cursor cambia a I.

9. **Examine cuidadosamente en busca de errores, corríjalos y haga clic en el** botón Close Print Preview (Cerrar vista preliminar) **del grupo** Preview (Vista previa)

   La vista de impresión se cerrará y aparecerá el memorando en la ventana del documento.

10. **Guarde el documento. Haga clic en** 🏢, **en** Print (Imprimir), **en** OK (Aceptar), **en el cuadro de diálogo. Haga clic en** 🏢 **y en** Close (Cerrar)

    Una copia del memorando se imprime con los parámetros automáticos. Puede usar el cuadro de diálogo Print (Imprimir) para cambiar la impresora actual, modificar el número de copias impresas, seleccionar qué páginas imprimir de un documento y variar las opciones de impresión. Después de imprimir, el documento se cierra, pero la ventana del programa Word permanece abierta.

FIGURA A-9: Minibarra de herramientas

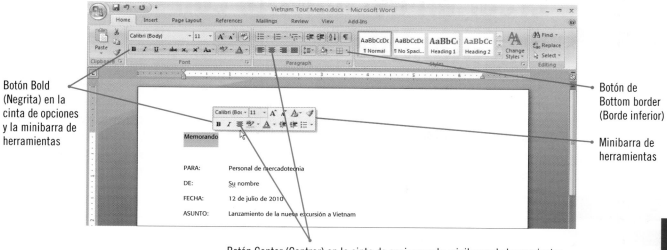

Botón Bold (Negrita) en la cinta de opciones y la minibarra de herramientas

Botón de Bottom border (Borde inferior)

Minibarra de herramientas

Botón Center (Centrar) en la cinta de opciones y la minibarra de herramientas

FIGURA A-10: Memorando completo en la ventana Print Preview (Vista preliminar)

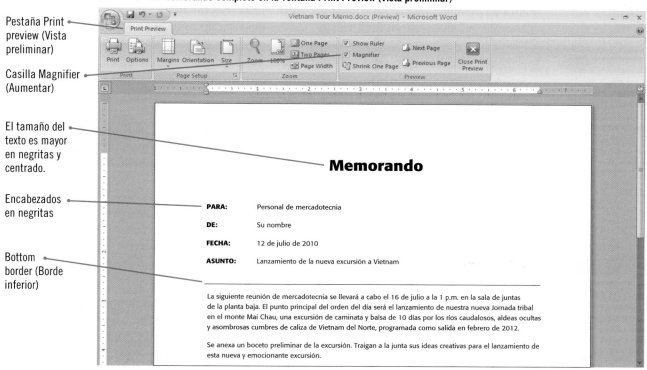

Pestaña Print preview (Vista preliminar)

Casilla Magnifier (Aumentar)

El tamaño del texto es mayor en negritas y centrado.

Encabezados en negritas

Bottom border (Borde inferior)

TABLA A-5: Botones de la minibarra de herramientas

botón	se usa para	botón	se usa para
Calibri (Boc ▾)	Cambiar la fuente del texto	*I*	Añadir cursivas al texto
11 ▾	Modificar el tamaño de la fuente del texto	≡	Centrar el texto entre los márgenes
A˄	Agrandar el texto	ab✧ ▾	Resaltar el texto con color
A˅	Empequeñecer el texto	**A** ▾	Cambiar el color del texto
A	Aplicar estilo al texto	靀	Reducir la sangría de un párrafo
✓	Copiar en otro texto los formatos aplicados al texto	靀	Aumentar la sangría de un párrafo
B	Aplicar negritas al texto	☰ ▾	Dar formato a los párrafos como lista con viñetas

Crear un documento con una plantilla

Word incluye muchas plantillas para crear rápidamente memorandos, faxes, cartas, informes, folletos y otros documentos con diseño profesional. Una **plantilla** es un documento con formato que contiene espacio para colocar texto, texto general que se reemplaza con texto específico para sus necesidades. El comando New (Nuevo) en el menú de Office sirve para abrir un archivo que se base en una plantilla. Se sustituye el texto de muestra con su propio texto y se guarda el documento con un nuevo nombre de archivo. ▰▰▰▰▰ Usted quiere enviar por fax un borrador del folleto de la excursión a Vietnam a Wim Hoppengarth, el responsable de excursiones en Asia. Utilice una plantilla para elaborar una hoja de presentación del fax.

CONSEJO

Para crear un nuevo documento en blanco, verifique que selecciona Blank Document (Documento en blanco) y haga clic en Create (Crear).

1. **Haga clic en el botón de Office 🔘 y en New (Nuevo)**

   Se abrirá el cuadro de diálogo New Document (Nuevo documento), como se muestra en la figura A-11.

2. **Haga clic en Instaled Template (Plantillas instaladas) en la sección de Plantillas. Baje por la lista de plantillas instaladas y haga clic en Oriel Fax (Fax mirador)**

   Aparecerá una vista previa de la plantilla de Oriel Fax (Fax mirador) en el cuadro de diálogo New Document (Nuevo documento).

CONSEJO

Si hace doble clic en un icono en el cuadro de diálogo Templates (Plantillas) instaladas, también se abre un nuevo documento basado en la plantilla.

3. **Haga clic en Create (Crear)**

   Se abrirá la plantilla de Fax mirador como documento nuevo en la ventana de documentos. Contiene el espacio para texto, para que sustituya con su propia información.

4. **Haga clic en [Pick the date] o [Seleccionar fecha]**

   El espacio para texto se selecciona y aparece dentro de un control de contenido. Un **control de contenido** es un objeto interactivo que se emplea para personalizar un documento con información propia. Un control de contenido puede incluir espacio para texto, lista desplegable de opciones o un calendario. Para deseleccionar un control de contenido, haga clic en una zona en blanco del documento.

5. **Haga clic en la flecha de lista seleccionar fecha**

   Se abrirá un calendario debajo del control de contenido. En el calendario, elija la fecha en que desea que aparezca su documento. Basta hacer clic en una fecha del calendario para anotarla en el documento. Puede usar las flechas a izquierda y derecha del mes y año para recorrer el calendario y desplegar otro mes.

CONSEJO

Puede eliminar un control de contenido haciendo clic en éste con el botón derecho y después en Remove Content Control (Eliminar control de contenido), en el menú que se despliega.

6. **Haga clic en el botón Hoy del calendario**

   La fecha actual se anota en el espacio de texto.

7. **Haga clic en [ESCRIBA EL NOMBRE DEL DESTINATARIO], anote Wim Hoppengarth, Huésped, haga clic en [Escriba el número de fax del destinatario]. Luego, teclee 1-84-4-555-1510**

   No tiene que arrastrar el cursor para seleccionar el texto en un marcador de posición en un control de contenido, pues basta hacer clic sobre él. El texto que escriba se superpondrá en el espacio de texto.

8. **Haga clic en [Escriba el número de teléfono del destinatario], presione [Del] ([Supr]) dos veces, oprima [Back] ([Retroceso]) diez veces, escriba HOTEL NIKKO HANOI, HABITACIÓN 1384**

   El número de teléfono del destinatario se eliminará del documento.

9. **Si el texto de la línea DE: no es su nombre, arrastre para resaltar el texto y anote su nombre**

   Cuando se crea el documento, Word escribe automáticamente en la línea DE: el nombre de usuario identificado en el cuadro de diálogo Word Options (Opciones de Word). Este texto no es un marcador de posición, así que debe arrastrar el cursor para seleccionarlo.

10. **Cambie el texto de los marcadores de posición restantes con el texto que se presenta en la figura A-12, haga clic en 🔘 y en Save As. Guarde el documento como Wim Fax en la unidad y carpeta en la que guarda sus archivos de datos.**

    El documento se guarda con el nombre de archivo Wim Fax.

Plantillas instaladas

Plantillas disponibles con una conexión activa a Internet

Seleccione para crear un documento en blanco

Su lista de Plantillas utilizadas recientemente será diferente o no aparecerá

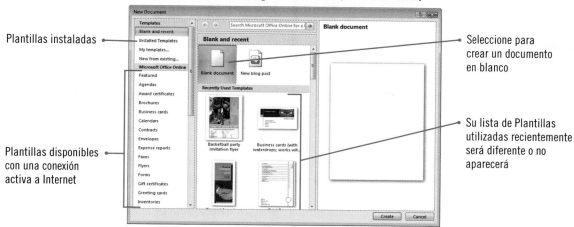

FIGURA A-12: Documento creado con la plantilla de Fax mirador

7/12/2010

PARA: Wim Hoppengarth, Huésped

FAX: 1-84-4-555-1510

HOTEL NIKKO HANOI, HABITACIÓN 1384

DE: Su Nombre

FAX: 619-555-0937

TELÉFONO: 619-555-1223

PÁGINAS: 3, incluyendo presentación

RE.: Folleto del recorrido Mai Chau

CC:

COMENTARIOS:
[Escriba aquí sus comentarios]

FAX

[Type the sender company name] [Type the company address] [Type

Uso de los comandos Undo (Deshacer), Redo (Rehacer) y Repeat (Repetir Escritura)

Word recuerda los cambios de edición y formato hechos, de modo que resulte fácil revertirlos o repetirlos. Puede revertir la última acción que haya hecho dando clic en el botón Undo (Deshacer Escritura) 🔙 en la barra de herramientas de acceso rápido o puede deshacer una serie de acciones si hace clic en la flecha de lista Undo 🔙 ▾ y selecciona la acción que desea revertir. Cuando deshace una acción con la flecha de lista Undo, también deshace todas las acciones en las partes superiores de lista; es decir, todas las acciones realizadas después de la acción que seleccionó. De la misma manera, puede conservar un cambio que acaba de revertir mediante el botón Redo (Rehacer) 🔁 en la herramienta de acceso rápido. El botón Rehacer Escritura aparece sólo inmediatamente después de hacer clic en el botón Undo para deshacer un cambio.

Si quiere repetir una acción que acaba de concluir, puede emplear el botón Redo 🔁 en la barra de herramientas de acceso rápido. Por ejemplo, si acaba de escribir "gracias", haciendo clic en 🔁 se inserta "gracias" en la ubicación del punto de inserción. Si acaba de aplicar negritas, al hacer clic en 🔁 se aplican negritas al texto seleccionado en el momento. También, puede repetir la última acción presionando [F4].

Word 2007

Ver y navegar en un documento

La característica de zoom de Word le permite agrandar un documento en la ventana de documento para ver de cerca un detalle o reducir el tamaño del documento en la ventana de documento con el fin de ver en general la presentación como un todo. Amplíe y reduzca un documento con las herramientas del grupo de Zoom en la pestaña Vista y el botón Porcentaje de Zoom y el Control deslizante del zoom, en la barra de estado. Encontrará que es útil ampliar y reducir un documento mientras termina la portadilla de un fax.

PASOS

1. **Haga clic en la flecha de desplazamiento descendente en la parte inferior de la barra de desplazamiento vertical hasta que COMENTARIOS: esté en la parte superior de la ventana del documento**

   Las flechas o barras de desplazamiento le permiten **desplazarse** en un documento. Se desplaza en un documento cuando quiere ver diferentes partes del mismo en la ventana. También, puede desplazarse haciendo clic en la barra de desplazamiento arriba y abajo del cuadro de desplazamiento o si arrastra el cuadro de desplazamiento hacia arriba o abajo en la barra de desplazamiento. En documentos más grandes, puede seleccionar el botón de Previous Page (Búsqueda anterior/Ir a) ⬆ o el de Next Page (Búsqueda siguiente/Ir a) ⬇ de la barra de desplazamiento para presentar el documento página por página.

2. **Haga clic en [Escriba comentarios]; después escriba Se anexa una copia provisional del folleto para el recorrido a Mai Chau. Revise que el texto esté correcto. Las fotos sólo son para ubicación. ¿Ya contrató a un fotógrafo?**

3. **Haga clic en el botón Porcentaje de Zoom 100% de la barra de estado**

   Se abre el cuadro de diálogo de Zoom. Con el cuadro de diálogo Zoom puede seleccionar un nivel de zoom para desplegar el documento en la ventana.

4. **Haga clic en la opción Whole page (Toda la página) y luego en OK (Aceptar)**

   Aparecerá el documento completo en la ventana.

5. **Haga clic en el texto en la parte inferior de la página para mover el punto de inserción al final de la página, seleccione la pestaña View (Vista); luego, haga clic en el botón Page Width (Ancho de página) del grupo Zoom**

   El documento se agranda al ancho de la ventana. Cuando alarga un documento, aparece en el documento el área donde se encuentra el punto de inserción.

6. **Haga clic en el cuadro Urgent (Urgente), escriba x; después, seleccione el botón One Page (Una página) del grupo Zoom**

   En la ventana, aparecerá todo el documento.

7. **Haga clic en Fax para mover el punto de inserción a la esquina superior derecha de la página, luego mueva el control deslizante del zoom a la derecha hasta que el porcentaje de Zoom sea 100%, como se muestra en la Figura A-13**

   Si mueve el control deslizante del zoom a la derecha, agranda el documento en la ventana. Si lo mueve hacia la izquierda, ve una mayor porción de la página en reducción. Además, puede mover el control deslizante del zoom si hace clic en un punto de la guía o en los botones Acercar y Alejar.

8. **Haga clic tres veces en el botón Acercar ⊕; después, haga clic en el espacio vertical [Compañía del remitente], oprima dos veces [Del], haga clic en [Dirección de la compañía], presione dos veces [Del], haga clic en [Núm. de teléfono de la compañía]; por último, escriba Quest Specialty Travel, San Diego, CA**

   El texto que escriba sustituye al texto del espacio vertical. No siempre tiene que reemplazar el texto del espacio con la información sugerida en el control del contenido.

9. **Vea antes el documento en Vista preliminar, corrija cualquier error, cierre la vista preliminar, haga clic en 130%, en 100%, y en OK (Aceptar), guarde el documento, imprímalo y cierre el archivo. Salga de Word**

   La portada terminada del fax aparece en la figura A-14.

FIGURA A-13: Control deslizador del zoom

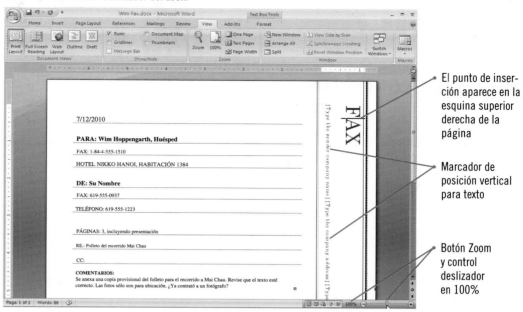

El punto de inserción aparece en la esquina superior derecha de la página

Marcador de posición vertical para texto

Botón Zoom y control deslizador en 100%

FIGURA A-14: Portada del fax terminada

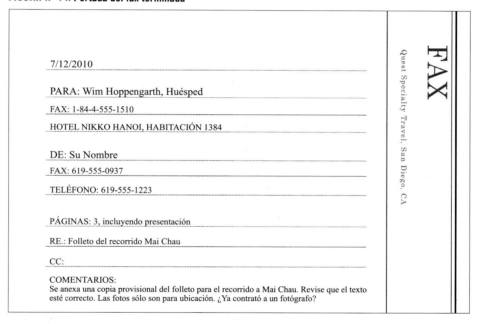

Uso de las vistas de documentos de Word

Cada vista en Word proporciona características útiles para trabajar en distintos documentos. La vista predeterminada, **vista Print Layout (Diseño de impresión)**, despliega el documento como se verá en la página impresa. La vista Print Layout es útil para dar formato a un texto y páginas, incluyendo el ajuste de los márgenes del documento, creación de columnas de texto, inserción de imágenes y formato de encabezados y pies de página. La **vista Draft (Borrador)** también es de utilidad porque muestra una presentación simplificada de un documento, sin márgenes, encabezados y pies de página ni imágenes. En muchas ocasiones, lo más rápido y sencillo para introducir, editar y dar formato a un texto es trabajar en la vista Borrador. Hay otras vistas de Word útiles para realizar tareas especializadas. La función **lectura de pantalla completa** despliega el texto del documento con el fin de que le sea fácil leer y hacer anotaciones. Asimismo, puede resaltar el contenido, agregar comentarios y rastrear y revisar cambios. La **vista Web Layout (Diseño Web)** le permite tener un formato exacto de las páginas o documentos de Internet que se verán en la pantalla de una computadora. En la vista Web Layout, un documento aparece como se vería en un navegador de Internet. Por último, la **vista Outline (Esquema)** es útil para editar y dar formato a documentos más grandes que contengan múltiples encabezados. Esta vista le permite reorganizar un texto moviendo los encabezados. Para cambiar de vistas, haga clic en los botones de vista en la barra de estado o use los comandos en la pestaña View (Vista). Los cambios de vistas no afectan la forma en que el documento impreso aparece; sólo modifican la manera en que usted ve el documento en la ventana.

Práctica

Si cuenta con un perfil de usuario SAM, usted puede tener acceso a instructivos, prácticas y evaluación de las habilidades cubiertas en la unidad. Conéctese a su cuenta SAM (http://sam2007.course.com/) para iniciar actividades de capacitación o exámenes programados que se relacionan con las habilidades abordadas en esta unidad.

▼ REPASO DE CONCEPTOS

Anote los elementos de la ventana del programa Word que se muestra en la figura A-15.

FIGURA A-15

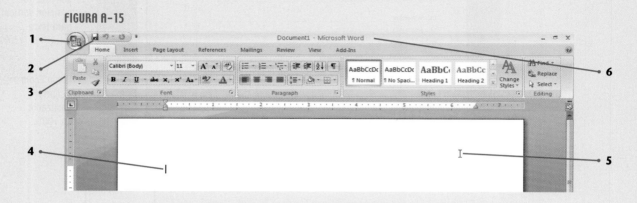

Relacione cada término con el enunciado que mejor lo describe.

7. **Plantilla**
8. **Marcas de formato**
9. **Barra de estado**
10. **Cinta de opciones**
11. **Autocompletar**
12. **Regla horizontal**
13. **Autocorrección**
14. **Control deslizador del zoom**

a. Agranda y reduce el documento en la ventana de documentos
b. Caracteres especiales que aparecen en la pantalla, pero no en la impresión
c. Brinda acceso a comandos de Word
d. Despliega parámetros de tabuladores y sangrías
e. Documento formado con marcadores de posición
f. Arregla ciertos errores mientras se escribe
g. Despliega el número de páginas del documento actual
h. Sugiere texto para insertar en un documento

Seleccione la mejor respuesta de las opciones.

15. **¿Cuál de los siguientes no contiene comandos?**
   a. La minibarra de herramientas
   b. La barra de estado
   c. La cinta de opciones
   d. El menú de Office

16. **¿Qué pestaña incluye botones para dar formato al texto?**
   a. Inicio
   b. Insertar
   c. Diseño de página
   d. Vista

17. **¿Cuáles de los siguientes elementos no se incluyen para un comando en un cuadro informativo?**
   a. Acceso directo de teclado para el comando
   b. Otra ubicación del comando
   c. Descripción de la función del comando
   d. Enlace a un tema de ayuda para el comando

18. **¿Qué elemento de la ventana del programa de Word muestra los parámetros para los márgenes superior e inferior del documento?**
   a. Pestaña View (Vista)
   b. Barra de estado
   c. Barra de desplazamiento vertical
   d. Regla vertical

19. ¿Cuál es la extensión automática de archivo para un documento creado en Word 2007?

    a. .doc   **c.** .docx

    b. .dot   **d.** .dotx

20. ¿Qué vista es mejor para anotar texto con comentarios y para destacar?

    a. Vista Draft (Borrador)   **c.** Vista Full Scree Reading (Lectura de pantalla completa)

    b. Vista Outline (Esquema)   **d.** Vista Print Layout (Diseño de impresión)

▼ REPASO DE HABILIDADES

1. Explorar la ventana de Word.

    a. Inicie Word.

    b. Identifique todos los elementos que pueda en la ventana del programa de Word sin consultar el material de la unidad.

    c. Haga clic en el botón de Office. Luego, arrastre el cursor por los comandos de menú, apunte a la flecha cuando los comandos incluyan una flecha.

    d. Haga clic en las pestañas de la cinta de opciones, examine los grupos y botones de cada pestaña y, después, vuelva a la pestaña Home (Inicio).

    e. Señale los botones de la pestaña Inicio y lea los cuadros informativos.

    f. Haga clic en los botones de vista para ver el documento en blanco en cada vista. Luego, vuelva a la vista Diseño de impresión.

    g. Use el control deslizador del zoom para acercarse y alejarse lo más posible del documento. Después, vuelva al 100%.

2. Crear un documento.

    a. En un nuevo documento en blanco, escriba **FAX** en la parte superior de la página y presione [Enter] dos veces.

    b. Anote lo siguiente, oprimiendo [Tab] como se indica y presione [Enter] al final de cada renglón:

PARA: [Tab] [Tab] **Joanna Card**

DE: [Tab] [Tab] **Su Nombre**

FECHA: [Tab] [Tab] **La fecha de hoy**

ASUNTO: [Tab] [Tab] **Confirmación de reservación**

PÁGINAS: [Tab] [Tab] **1**

FAX: [Tab] [Tab] **(603) 555 5478**

    c. Presione otra vez [Enter]. A continuación, escriba: **Le agradecemos su interés en nuestro paquete de fin de semana de verano, que incluye dos noches de alojamiento en el centro de Montreal, desayuno continental y un pase para el festival. Todavía hay habitaciones disponibles para los siguientes festivales: Festival de Grand Prix, Festival Internacional de Jazz, Festival sólo para Reír, Festival Experimental de Montreal y el Festival de las Artes de la Ciudad. Consulte en el programa anexo las fechas y los detalles.**

    d. Oprima [Enter] y escriba: **Para hacer una reservación, llámeme al (514) 555-7482. Necesitaré que liquide su pago para el 3 de junio para mantener la reservación de su habitación. ¡Nadie celebra mejor los festivales que los montrealenses!**

    e. Inserte **Festival del Gran Premio** antes de Festival Internacional de Jazz.

    f. Con la tecla [Back], elimine el **1** en el número de páginas y anote **2**.

    g. Con la tecla [Del] o [Supr], quite **el festival** en la última oración del primer párrafo.

3. Guardar un documento.

    a. Haga clic en el botón Guardar de la barra de herramientas de acceso rápido.

    b. Guarde el documento como **Fax Card**, con la extensión automática, en la unidad y carpeta en la que guarda sus archivos.

    c. Después de su nombre, anote una coma, oprima la [Barra espaciadora] y escriba **Montreal Global**.

    d. Guarde el documento.

4. Seleccionar texto.

    a. Active las marcas de formato.

    b. Seleccione la línea **ASUNTO:** y escriba **ASUNTO:** [Tab] [Tab] **Paquete de fin de semana en el festival de verano.**

    c. Seleccione **tres** en la primera oración y escriba **dos**.

    d. Seleccione **3 de junio** en la segunda oración del último párrafo, escriba **15 de mayo**, seleccione **habitación** y escriba **reservación**.

    e. Suprima la oración **¡Nadie celebra mejor los festivales que los montrealenses!**

    f. Desactive las marcas de formato. Guarde el documento.

5. Dar formato al texto con la minibarra de herramientas.

   a. Seleccione **FAX**, luego haga clic 11 veces en el botón Agrandar fuente de la minibarra de herramientas.

   b. Aplique negritas a la palabra **FAX**, y céntrela en la página.

   c. Aplique un borde debajo de la palabra **FAX**.

   d. Aplique negritas a las siguientes palabras en el encabezado del fax: **PARA:**, **DE:**, **FECHA:**, **ASUNTO:**, **PÁGINAS:** y **FAX:**.

   e. Vea el documento en vista preliminar de impresión.

   f. Haga clic en la palabra FAX para acercar el documento y revise el fax.

   g. Cambie al modo de edición y corrija cualquier error tipográfico en su documento.

   h. Cierre la vista preliminar de impresión y guarde el documento. Compare su documento con la figura A-16.

   i. Imprima el fax con los ajustes predeterminados para impresión y cierre el documento.

FIGURA A-16

FAX

PARA:	Joanna Card
DE:	Su Nombre, Global Montreal
FECHA:	14 de abril de 2010
ASUNTO:	Paquete de fin de semana en el festival de verano
PÁGINAS:	2
FAX:	(603) 555-5478

Le agradecemos su interés en nuestro paquete de fin de semana de verano, que incluye dos noches de alojamiento en el centro de Montreal, desayuno continental y un pase para el festival. Todavía hay habitaciones disponibles para los siguientes festivales: Festival de Grand Prix, Festival Internacional de Jazz, Festival sólo para Reír, Festival Experimental de Montreal y el Festival de las Artes de la Ciudad. Consulte en el programa anexo las fechas y los detalles.

Para hacer una reservación, llame al (514) 555-7482. Necesito la totalidad del pago antes del 15 de mayo para respetar la reservación.

6. Crear un documento con una plantilla.

   a. Haga clic en el botón de Office y, luego, en New (Nuevo) para abrir el cuadro de diálogo de New Document (Nuevo documento).

   b. Desplace hacia abajo la lista de plantillas de Microsoft Office Online del panel de plantillas, haga clic en Memos (Memorandos), seleccione la plantilla **Memorando** (diseño profesional), haga clic en Download (Descargar) y, después, en Continuar (Continue). (*Nota*: debe trabajar con una conexión activa a Internet para descargar una plantilla de Microsoft Office Online. Si no cuenta con el memorando de diseño profesional, seleccione otra plantilla de Memorandos.)

   c. Escriba **Louis Philippe Ouellette** para reemplazar el texto del espacio Para, escriba su nombre para reemplazar el texto en el espacio De y anote **Paquetes agotados para el festival de verano** para reemplazar el texto en el espacio Asunto.

   d. Seleccione la línea Cc, luego oprima [Del] o [Supr]. La fecha en el documento debe ser la actual.

   e. Haga clic en el botón de Office, luego en Convert (Convertir), en Aceptar y, a continuación, guarde el documento con el nombre de archivo **Memorando de agotado** en la unidad y carpeta donde guarda sus Archivos.

7. Ver y navegar en un documento.

   a. Desplace la pantalla hacia abajo hasta que Cómo usar esta plantilla de memorando se encuentre en la parte superior de la ventana del documento.

   b. Elimine el texto **Cómo usar esta plantilla de memorando**.

   c. Seleccione el texto del cuerpo del espacio restante, escriba **Se agotaron los paquetes para los siguientes festivales de verano: Primer festival de los pueblos, Festival de música de cámara y Festival de carreras de barcos de dragón. No esperábamos que estos paquetes tuvieran tanta popularidad como los de festivales más grandes, pero el interés ha sido alto. El año próximo aumentaremos en 30% las reservaciones para estos festivales.**

   d. Use el cuadro de diálogo Zoom para ver Toda la página.

   e. Haga clic en **Nombre de la compañía** para mover el punto de inserción a la esquina superior derecha de la página; después, use el control deslizador del zoom para ajustar el porcentaje del Zoom a 200% aproximadamente.

   f. Reemplace Nombre de la compañía con **Global Montreal**; luego, reduzca el porcentaje del zoom a 100%.

   g. Vea el documento en Print Preview (vista preliminar de impresión), corrija cualquier error, cierre la vista preliminar de impresión, guarde el documento, imprímalo, cierre el archivo y salga de Word. Compare su documento con la figura A-17. Si no obtuvo la misma plantilla, serán diferentes.

FIGURA A-17

Global Montreal

Memo

Para:	Louis Philippe Ouellette
De:	Su Nombre
Fecha:	6/1/10
Re:	Paquetes agotados para el festival de verano

Se agotaron los paquetes para los siguientes festivales de verano: Primer festival de los pueblos, Festival de música de cámara y Festival de carreras de barcos de dragón. No esperábamos que estos paquetes tuvieran tanta popularidad como los de festivales más grandes, pero el interés ha sido alto. El año próximo aumentaremos en 30% las reservaciones para estos festivales.

▼ RETO INDEPENDIENTE 1

Ayer asistió a una entrevista para un puesto como director de mercadotecnia de Estados Unidos en Edo Design Services. Habló con varias personas en Edo, incluyendo Mayumi Suzuki, directora ejecutiva, cuya tarjeta de presentación se muestra en la figura A-18. Debe redactar una carta de seguimiento para la Srita. Suzuki, en la que agradezca la entrevista y exprese su interés en la compañía y el puesto. Además, ella le solicitó que le enviara ejemplos de su trabajo de mercadotecnia, que deberá anexar en la carta.

a. Abra Word y guarde un documento en blanco como **Carta a Edo** en la unidad y carpeta donde guarda sus Archivos de datos.

b. Empiece la carta haciendo clic en el botón Sin espaciado del grupo Styles (Estilos). Use este botón para aplicar el estilo Sin espaciado al documento, de esta manera podrá utilizar el espacio que de otra forma se dejaría en blanco entre párrafos.

c. Redacte un encabezado personal para su carta en el que incluya su nombre, dirección, teléfono y dirección de correo electrónico. Si Word le da formato de hipervínculo a su dirección de correo electrónico, haga clic con el botón derecho sobre su dirección de correo electrónico y luego haga clic en Remove Hyperlink (Quitar hipervínculo). (*Nota:* dé formato al encabezado cuando termine de redactar la carta.)

d. Tres líneas abajo del encabezado, escriba la fecha de hoy.

e. Cuatro líneas abajo de la fecha, anote la dirección interna. Consulte la figura A-18 para la información de la dirección. Asegúrese de incluir en la dirección interna el puesto del receptor, nombre de la compañía y la dirección postal completa. (*Sugerencia:* cuando escriba una dirección del extranjero, anote el nombre del país en mayúsculas, solo, en la última línea.)

f. Dos líneas abajo de la dirección interna, escriba el saludo.

g. Dos líneas abajo del saludo, redacte el cuerpo de la carta de acuerdo con los siguientes lineamientos:

- En el primer párrafo, agradézcale el haberlo entrevistado. Luego, mencione de nuevo su interés en el puesto y exprese su deseo de trabajar para la compañía. Incluya cualquier detalle específico que considere que mejore la fuerza de su carta.
- En el segundo párrafo, mencione que anexa tres ejemplos de su trabajo y explique un poco los ejemplos anexados.
- Redacte un breve párrafo final.

h. Dos líneas abajo del último párrafo del cuerpo, escriba un cierre. Después, cuatro líneas abajo del cierre, escriba en la sección de la firma. Recuerde incluir su nombre.

i. Dos líneas abajo de la sección de la firma, escriba una anotación de anexo. (*Sugerencia:* tal anotación incluye la palabra "Anexo", seguida del número de documentos anexos en paréntesis.)

j. Dé formato al encabezado con negritas, centrado y un borde debajo.

k. Guarde los cambios.

l. Revise la Vista preliminar e imprima la carta. Después, cierre el documento y salga de Word.

FIGURA A-18

Mayumi Suzuki
Directora ejecutiva

Edo Design Services

5-8, Edobori 4-chome
Minato-ku
Tokio 108-0034
Japón

Teléfono: (03) 5555-3299
Fax: (03) 5555-7028
Email: msuzuki@edodesign.com.jp

▼ RETO INDEPENDIENTE 2

Su compañía instaló hace poco Word 2007 en la red de la empresa. Como gerente de capacitación, su responsabilidad es enseñar a los empleados cómo usar productivamente el nuevo software. Ahora que trabajan con Word 2007, varios empleados le han preguntado cómo compartir documentos de Word 2007 con colegas que todavía tienen la versión anterior de Word. En respuesta a sus dudas, decide redactar un memorando a los empleados explicándoles los problemas de compatibilidad de archivos entre Word 2007 y las versiones anteriores de Word. En lugar de escribir un memorando nuevo, revisa uno que escribió antes a los jefes de departamento sobre el mismo tema en su computadora. Este memorando lo escribió en su computadora cuando aún tenía instalado Word 2003.

a. Abra Word, abra el archivo **WD A-1.doc** de la unidad y carpeta donde guarda sus Archivos de datos y lea el contenido del memorando. La extensión .doc en el archivo le indica que tal archivo fue creado con la versión anterior de Word. Observe las palabras Modo de compatibilidad en la barra del título. El modo de compatibilidad garantiza que no hay características nuevas disponibles de Word 2007 mientras trabaja en el documento de modo que las personas con versiones anteriores de Word tengan acceso al documento.

b. Guarde el archivo en el formato Word 97-2003 como **XML Memo** en la unidad y carpeta donde almacena los Archivos de datos.

▼ RETO INDEPENDIENTE 2 (CONTINUACIÓN)

c. Reemplace la información en el encabezado del memorando con la información que se presenta en la figura A-19. Asegúrese de incluir su nombre en el renglón De y la fecha actual en el reglón de Fecha.

d. Aplique negritas a **PARA:**, **DE:**, **FECHA:** y **ASUNTO:**.

e. Aumente el tamaño de **MEMORANDO DE CAPACITACIÓN DE WORD** para que sea igual a la figura A-19, centre el texto en la página, agregue un borde inferior y guarde sus cambios.

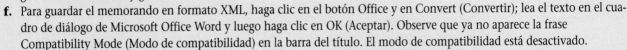

FIGURA A-19

MEMORANDO DE CAPACITACIÓN DE WORD

PARA:	Todos los empleados
DE:	Su Nombre, Gerente de capacitación
FECHA:	Fecha de hoy
ASUNTO:	Compatibilidad de archivos en Word 2007

f. Para guardar el memorando en formato XML, haga clic en el botón Office y en Convert (Convertir); lea el texto en el cuadro de diálogo de Microsoft Office Word y luego haga clic en OK (Aceptar). Observe que ya no aparece la frase Compatibility Mode (Modo de compatibilidad) en la barra del título. El modo de compatibilidad está desactivado.

g. Haga clic en el botón Save (Guardar). Observe que la extensión en la barra del título cambia a .docx si Windows está configurado para mostrar las extensiones de archivos en su computadora.

Ejercicio de reto avanzado

- Con la lista de Fuentes de la minibarra de herramientas, aplique una fuente diferente a **MEMORANDO DE CAPACITACIÓN DE WORD**. Asegúrese de seleccionar una fuente adecuada para un memorando comercial.
- Con el botón de Color de fuente de la minibarra de herramientas, cambie el color de **MEMORANDO DE CAPACITACIÓN DE WORD** a un color apropiado.
- Guarde una copia del memorando en formato Word 97-2003 como **XML MEMO ACE** en la unidad o carpeta donde almacena sus archivos de datos. (*Sugerencia:* haga clic en el botón Office, señale Guardar como y luego haga clic en el formato Documento de Word 97-2003.)

h. Revise la Vista preliminar e imprima el memorando. A continuación, cierre el documento y salga de Word.

▼ RETO INDEPENDIENTE 3

Usted es un experto en calentamiento global. Jeremy Moynihan, presidente de la Asociación Nacional de Parques, le solicita que sea el principal vocero en una próxima conferencia sobre el impacto del cambio climático en parques nacionales, que se celebrará en el Parque Nacional de los Glaciares. Usted usa una de las plantillas para cartas de Word para escribirle al Sr. Moynihan en la que acepta la invitación y confirma los detalles. Su carta al Sr. Moynihan debe hacer referencia a la siguiente información:

- La conferencia se celebrará del 4 al 6 de junio de 2010, en el Hotel Many Glacier en el parque.
- Se le ha pedido hablar durante una hora el sábado 5 de junio seguido de media hora de preguntas.
- El Sr. Moynihan sugirió el tema "El derretimiento de los glaciares y el cambio en los ecosistemas".
- Su plática incluirá una presentación de 45 minutos en diapositivas.
- La Asociación Nacional de Parques hará los arreglos del viaje.
- Usted prefiere llegar al Aeropuerto Internacional del Parque de los Glaciares en Kalispell la mañana del viernes 4 de junio y salir el lunes 7 de junio. Le gustaría rentar un automóvil en el aeropuerto y conducir hasta el Hotel Many Glacier.
- Quiere salir y llegar desde el aeropuerto más cercano a su casa.

a. Abra Word, abra el cuadro de diálogo New Document (Nuevo documento), haga clic en Plantillas instaladas y luego seleccione la plantilla para cartas adecuada. Guarde el documento como **Carta a Moynihan** en la unidad y carpeta donde almacena sus archivos de datos.

b. Reemplace los espacios en el encabezado con su información personal. Incluya su nombre, dirección, número telefónico y dirección de correo electrónico. Elimine cualquier espacio que no corresponda. (*Sugerencia:* según la plantilla que elija, podría colocar el encabezado en la parte superior o lateral del documento. Puede oprimir [Enter] cuando escriba en un espacio para agregar otro renglón de texto. También, puede cambiar el formato del texto introducido en un espacio.)

c. Use el control de contenido para seleccionar la fecha actual.

d. Reemplace los espacios de la dirección interna. Asegúrese de incluir el puesto del Sr. Moynihan y el nombre de la organización. Invente una dirección y código postal.

e. Escriba en el saludo **Estimado Sr. Moynihan:**

f. Con la información antes mencionada, redacte el cuerpo de la carta:

- En el primer párrafo, acepte la invitación para ser ponente y confirme los detalles importantes de la conferencia.
- En el segundo párrafo, confirme el tema de su ponencia y proporcione detalles relevantes.
- En el tercer párrafo, mencione sus preferencias de viaje.
- Escriba un breve párrafo final.

g. En el cierre, anote **Atentamente** e incluya su nombre en la sección de la firma.

h. Ajuste el formato de la carta según sea necesario. Por ejemplo, borre el formato en negritas o cambie el color de la fuente del texto a un color más apropiado.

Ejercicio de reto avanzado

- Agrande y reduzca el documento para detectar errores ortográficos, gramaticales o de formato.
- Corrija sus errores ortográficos o gramaticales, si los hubiera. Para ello, haga clic con el botón derecho sobre cualquier texto subrayado en rojo o verde y elija alguna de las opciones del menú emergente.
- Vea la carta en la vista Lectura de pantalla completa y haga clic en el botón Cerrar para regresar a la vista Diseño de impresión.

i. Revise la carta, efectúe las correcciones pertinentes y guarde los cambios.

j. Revise la carta en Vista preliminar, imprima la carta, cierre el documento y salga de Word.

▼ RETO DE LA VIDA REAL

Para este reto independiente requiere de una conexión activa a Internet.

El teclado de la computadora se ha vuelto una herramienta de oficina tan esencial como el lápiz. Cuanto más se acostumbre a teclear, más rápido y preciso lo hará, más cómodo trabajará con las computadoras y tendrá más posibilidades de vender sus habilidades de oficina a un patrón. La red es una fuente de información sobre mecanografía y muchos sitios en Internet incluyen pruebas de mecanografía y tutoriales en línea gratuitos. En este reto independiente, hará una prueba de mecanografía en línea para comprobar sus habilidades. Después, investigará los fundamentos de mecanografía e investigará algunos de los factores ergonómicos importantes para que sea más productivo.

a. Use su motor de búsqueda favorito para encontrar información sobre mecanografía. Utilice las palabras clave **mecanografía** y **ergonomía de la mecanografía** para realizar su búsqueda.

b. Revise los sitios que encontró en Internet. Elija un sitio que ofrezca una prueba de mecanografía gratuita en línea, hágala e imprima la página de Internet con los resultados de su prueba.

c. Abra Word y guarde un documento en blanco como **Mecanografía** en la unidad y carpeta donde almacena sus archivos de datos.

d. Anote su nombre en la parte superior del documento.

e. Escriba un informe breve acerca de los resultados de su investigación. Su informe debe dar respuesta a las siguientes preguntas:

- ¿Cuáles fueron las URL de los sitios que visitó en Internet para investigar el tema de mecanografía y la ergonomía del teclado? (*Sugerencia:* una URL es la dirección de una página en Internet. Un ejemplo de una URL es www.course.com.)
- ¿Cuáles son algunas ventajas de emplear el método de mecanografía?
- En mecanografía, ¿sobre qué letras deben estar colocados los dedos de la mano izquierda y de la derecha?
- ¿Cuáles son los principales factores ergonómicos que deben recordarse?

f. Guarde los cambios al documento, revise la vista preliminar e imprima; después, cierre el documento y salga de Word.

Cree una carátula como la que se muestra en la figura A-20. Antes de empezar a escribir, haga clic en el botón Sin espaciado del grupo Styles (Estilos) en la pestaña Home (Inicio). Después de que termine la carta, agregue el borde inferior al documento. Guarde el documento como **Carátula para Wong** en la unidad y carpeta donde almacena sus archivos de datos, imprima una copia de la carta, cierre el documento y salga de Word.

FIGURA A-20

SU NOMBRE

345 West 11th Avenue, Anchorage, AK 99501
Tel: 907-555-7283; Fax: 907-555-1445

---

28 de junio de 2010

Srita. Sylvia Wong
Wong Associates
2286 East Northern Lights Blvd.
Suite 501
Anchorage, AK 99514

Estimada Srita. Wong:

En la edición del 27 de junio de adn.com leí acerca del puesto de asistente de información pública y me gustaría que me tomaran en consideración para el mismo. Me acabo de graduar en Greater Anchorage Community College (GACC) y me interesa desarrollarme profesionalmente en relaciones públicas.

Mi interés en la carrera de relaciones públicas surge de mis capacidades públicamente reconocidas en redacción y periodismo. Por ejemplo, en GACC, fui reportero del periódico estudiantil y con frecuencia escribía boletines de prensa para el campus y eventos de la comunidad.

Tengo amplia experiencia utilizando Microsoft Word. El verano del año pasado, trabajé como asistente de oficina para el despacho de arquitectura Coleman and Greenberg, donde empleé Word para crear boletines, folletos e informes financieros. Durante el año escolar, trabajé de medio tiempo en la Oficina de Relaciones Comunitarias de GACC, donde utilicé la función de Combinación de correspondencia de Word para crear cartas y etiquetas para correo.

En mi currículo anexo detallo mis habilidades y experiencia. Me gustaría mucho poder hablar con usted sobre el puesto y mis aptitudes. Me pueden localizar en el 907-555-7283.

Atentamente,

Su Nombre

Anexo

Editar documentos

Archivos que necesita:

WD B-1.docx
WD B-2.docx
WD B-3.docx
WD B-4.docx
WD B-5.docx
WD B-6.docx
WD B-7.docx

Las diversas características de edición de Word hacen fácil revisar y perfeccionar sus documentos. En esta unidad aprenderá a revisar un archivo, a abrirlo, copiarlo y modificar el texto y, luego, a guardarlo como un nuevo archivo. Asimismo, aprenderá a perfeccionar sus documentos con las herramientas de revisión y a preparar rápidamente un documento para difusión pública. Le pidieron que corrigiera y terminara un boletín de prensa para la serie de conferencias de promoción de QST. El boletín de prensa debe proporcionar información acerca de la serie a periódicos, estaciones de radio y otros medios de comunicación, para que lo anuncien al público. Los boletines de prensa de QST se difunden mediante fax y correo electrónico. Antes de distribuir el archivo por vía electrónica a su lista de contactos de prensa y clientes locales de QST, agregue varios hipervínculos y elimine del archivo toda información privada.

OBJETIVOS

Cortar y pegar texto
Copiar y pegar texto
Usar el portapapeles de Office
Buscar y reemplazar texto
Comprobar ortografía y gramática
Investigar información
Agregar hipervínculos
Preparar un documento para
   distribución

Cortar y pegar texto

Las características de edición de Word permiten mover texto de un lugar a otro de un documento. La operación de mover texto se conoce como **cortar y pegar**. Cuando se corta texto, se retira del documento y se coloca en el **Clipboard (Portapapeles)**, una zona de almacenamiento temporal para textos y gráficos que se cortan o copian de un documento. Para cortar texto, se resalta y se oprime el botón Cut (Cortar) del grupo Clipboard (Portapapeles) en la pestaña Home (Inicio). Para insertar texto del portapapeles en un documento, se pone el punto de inserción donde se quiere colocar el texto y se hace clic en el botón Paste (Pegar) del grupo Clipboard. También, puede mover texto seleccionado arrastrándolo con el ratón a su nuevo lugar. Esta operación se llama **arrastrar y soltar**. ████████ Abra el borrador del boletín de prensa que redactó un colega, guárdelo con un nuevo nombre de archivo y reorganice la información del boletín con los métodos de cortar y pegar y arrastrar y soltar.

PASOS

CONSEJO

Use el botón Abrir 🗁 en la barra de herramientas de Acceso rápido, si está personalizada para incluir esta opción.

1. **Inicie Word, haga clic en el botón de Office 🏢, en Abrir, recorra la unidad y la carpeta donde guarda sus archivos, haga clic en WD B-1.docx y en Abrir**

   El documento se abrirá. Cuando abra un archivo, puede corregirlo y usar el comando Save (Guardar) o Save As (Guardar como) para guardar los cambios. Se utiliza el comando **Save** cuando se quiere guardar los cambios hechos a un archivo, sobrescribiendo en el archivo guardado en el disco. Se emplea el comando **Save As** cuando se quiere dejar intacto el archivo original y crear un duplicado con otro nombre o extensión de archivo o con otra ubicación.

2. **Haga clic en 🏢, clic en Save As. Escriba Wanderlust PR en el cuadro de texto File name (nombre del archivo). Luego, haga clic en Save**

   Ahora, puede efectuar cambios en el archivo del boletín de prensa sin afectar el archivo original.

3. **Cambie Ron Dawson por su nombre, baje por el documento hasta que el título Katherine Quoss pronunciará... quede en la parte superior de la hoja. Después, haga clic en el botón Show/Hide (Mostrar todo) ¶ en el grupo de Paragraph (Párrafo) de la pestaña Home (Inicio), para desplegar las marcas de formato**

4. **Seleccione el guía de Alaska Gilbert Coonan, (incluyendo la coma y el espacio que siguen) del tercer párrafo. A continuación, haga clic en el botón Cut ✂ del grupo Clipboard (Portapapeles)**

   El texto se elimina del documento y se coloca en el portapapeles. Word tiene dos portapapeles: el **Clipboard system (Portapapeles del Sistema)**, o simplemente el portapapeles, que sólo contiene un elemento, y el **Office Clipboard (Portapapeles de Office)**, en el que caben hasta 24 elementos. El último elemento que se corta o copia se agrega siempre a los dos portapapeles. En una lección posterior, aprenderá más acerca del portapapeles de Office.

CONSEJO

También puede pegar texto haciendo clic con el botón derecho en donde quiera que se ubique el texto y, luego, en Paste (Pegar) del menú emergente, Edit (Editar).

5. **Ponga el punto de inserción antes de Serengueti (pero después del espacio), en el primer renglón del primer párrafo, y haga clic en el botón Paste (Pegar) del grupo Clipboard**

   El texto se pega en la ubicación del punto de inserción, como se muestra en la figura B.1. El botón Paste Options (Opciones de pegado) 🗐 aparece debajo del texto la primera vez que lo pega en un documento. Aprenderá más sobre este botón en la siguiente lección.

6. **Presione y mantenga oprimida [Ctrl]. Haga clic en la oración El precio de los boletos incluye el almuerzo, del cuarto párrafo. Suelte la tecla [Ctrl]**

   Se selecciona toda la oración.

¿PROBLEMAS?

Si comete un error, haga clic en el botón Undo (Deshacer Escritura) 🔄 de la barra de herramientas de Acceso rápido. Intente de nuevo.

7. **Oprima y mantenga oprimido el botón del ratón sobre el texto seleccionado hasta que el cursor cambie por 🖑**

   Observe la línea vertical del cursor. Se usa para indicar el lugar en el que quiere que se inserte el texto cuando suelte el botón del ratón.

8. **Arrastre la línea vertical del cursor al final del quinto párrafo (entre el punto y la marca de párrafo) como se muestra en la figura B-2. Suelte el botón del ratón**

   El texto seleccionado se mueve a la ubicación del punto de inserción. Cuando las ubicaciones de origen y destino son visibles en la pantalla, es conveniente mover el texto con el método de arrastrar y soltar. El texto no se coloca en el portapapeles cuando se mueve con el método de arrastrar y soltar.

9. **Deseleccione el texto. Haga clic en el botón Save 💾 de la barra de herramientas de acceso rápido**

FIGURA B-1: Texto movido con el botón de Paste Options (Opciones de pegado)

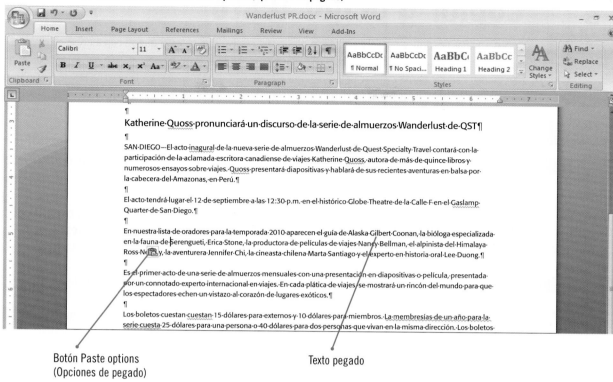

Botón Paste options
(Opciones de pegado)

Texto pegado

FIGURA B-2: Texto arrastrado a otro lugar

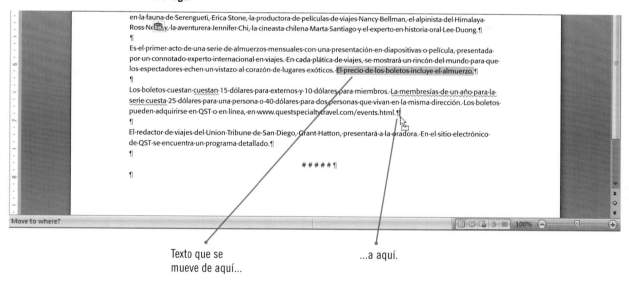

Texto que se
mueve de aquí...

...a aquí.

Uso de accesos directos o atajos

En lugar de emplear los comandos Cut (Cortar), Copy (Copiar) y Paste (Pegar) para editar texto en Word, puede utilizar **los accesos directos o atajos** [Ctrl][X] para cortar texto, [Ctrl][C] para copiar y [Ctrl][V] para pegar. Una **tecla de acceso directo** es una tecla de función, como [F1], o una combinación de teclas, como [Ctrl][S], que se presionan para realizar un comando. Por ejemplo, puede presionar [Ctrl][G] para guardar los cam- bios en un documento, en lugar de hacer clic en el botón Save (Guardar) de la barra de herramientas de acceso rápido o en Save del menú de Office. Ganar destreza en el uso de los accesos directos le servirá para ter- minar rápidamente muchas tareas que se realizan a menudo en Word. Si hay un acceso directo para un comando, aparecerá anotado en el cuadro de información de ese comando.

Copiar y pegar texto

Copiar y pegar texto es semejante a cortar y pegar texto, salvo que el texto que se copia no se elimina del documento, sino que una copia se coloca en el portapapeles, dejando el texto original en su lugar. Puede copiar texto al portapapeles con el botón Copy (Copiar) del grupo Clipboard (Portapapeles) en la pestaña Home (Inicio) o puede copiar texto oprimiendo [Ctrl] mientras arrastra el texto seleccionado de un lugar a otro. ▨▨▨ Continúe modificando el boletín de prensa, copiando texto de un lugar a otro.

PASOS

1. **Seleccione almuerzos Wanderlust en el título. Haga clic en el botón Copy (Copiar) 📋 del grupo Clipboard (Portapapeles)**

   Una copia del texto se coloca en el portapapeles, dejando el texto copiado en su sitio.

2. **Coloque el punto de inserción antes de temporada, en el tercer párrafo del cuerpo del texto. Haga clic en el botón Paste (Pegar) del grupo Clipboard (Portapapeles)**

   Se pega "almuerzos Wanderlust" luego de "temporada", como se muestra en la figura B-3. Observe que el texto pegado tiene un formato diferente que el del párrafo en el que se insertó.

3. **Haga clic en el botón Paste Options (Opciones de pegado) 📋 y en Match Destination Formatting (Hacer coincidir formato de destino)**

   El botón de Paste Options permite cambiar el formato del texto pegado. El formato de "almuerzos Wanderlust" se cambia para que coincida con el resto del párrafo. Las opciones disponibles del menú de opciones de pegado dependen del formato del texto que se pega y del formato del texto contiguo.

4. **Seleccione www.questspecialtytravel.com en el quinto párrafo. Oprima y sostenga oprimida la tecla [Ctrl]. Oprima y mantenga oprimido el botón del ratón hasta que el cursor cambie a 🖱️**

5. **Arrastre la línea vertical del cursor al extremo del último párrafo, de manera que la coloque entre en y el punto. Suelte el botón del ratón y libere [Ctrl]**

   El texto se copia al último párrafo. Como el formato del texto copiado es igual al del formato del párrafo en el que se insertó, puede ignorarse el botón de opciones de pegado. Cuando se utiliza el método de arrastrar y soltar, el texto no se copia en el portapapeles.

6. **Ponga el punto de inserción antes de www.questspecialtytravel.com en el último párrafo. Escriba en luego de un espacio y guarde el documento**

   Compare su documento con la figura B-4.

Dividir la ventana del documento para copiar y mover elementos en un documento extenso

Si quiere copiar o mover elementos entre partes de un documento grande, puede ser útil dividir la ventana del documento en dos secciones, de modo que el elemento que quiera copiar o mover se muestre en una sección y el de destino en la otra. Para dividir una ventana, haga clic en el botón Split (Dividir) del grupo de Window (Ventanas) en la pestaña View (Vista). Arrastre la barra horizontal de división que aparece al lugar en que quiera dividir la ventana y haga clic. Cuando la ventana del documento se divida en dos secciones, puede arrastrar la barra para modificar el tamaño y usar

las barras de desplazamiento para mostrar lugares diferentes del documento. Para copiar o mover un elemento de una sección a otra, puede utilizar los comandos Cortar (Cut), Copy (Copiar) y Paste (Pegar), o puede arrastrar el elemento entre las secciones. Cuando haya terminado de editar el documento, haga doble clic en la barra de división para recomponer la ventana en una sola sección o haga clic en el botón Remove Split (Quitar división) del grupo Ventana de la pestaña Vista.

FIGURA B-3: Texto pegado en un documento

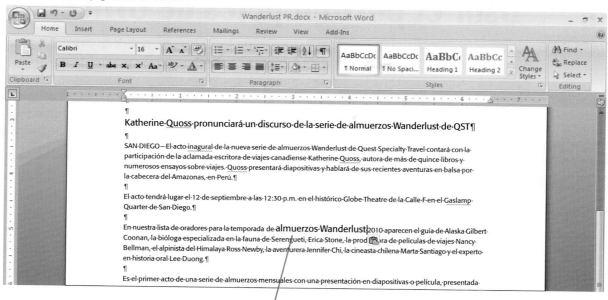

Formato del texto pegado
coincide con el título

FIGURA B-4: Texto copiado en un documento

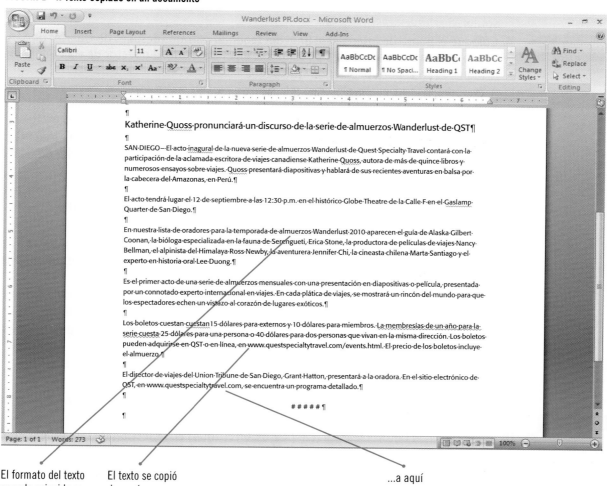

El formato del texto   El texto se copió   ...a aquí
pegado coincide con   de aquí...
el texto de alrededor

Usar el portapapeles de Office

El Office Clipboard (Portapapeles de Office) le permite tomar texto e imágenes de archivos creados en cualquier programa de Office e insertarlos en sus documentos de Word. Contiene hasta 24 elementos y, a diferencia del portapapeles del sistema, es posible verlos. Para desplegar el portapapeles de Office, basta hacer clic en el lanzador en el grupo Clipboard, en la pestaña Home (Inicio). Con los comandos Cut (Cortar) y Copy (Copiar), se agregan elementos al portapapeles de Office. El último elemento recogido se añade siempre al portapapeles del sistema y al portapapeles de Office. Use el portapapeles de Office para mover varias oraciones en su boletín de prensa.

PASOS

1. **Haga clic en el lanzador 🔲 del grupo Clipboard (Portapapeles)**

   Se abre el panel de tareas de Office Clipboard (Portapapeles de Office). Contiene el elemento almuerzos Wanderlust que copió en la última lección.

2. **Seleccione la oración El director de viajes del "Union Tribune" de San Diego... (incluyendo el espacio después del punto) en el último párrafo. Haga clic en el texto seleccionado con el botón derecho. Luego, haga clic en Cortar en el menú emergente**

   La oración se corta y pasa al portapapeles de Office.

3. **Seleccione la oración En el sitio electrónico de QST... (incluyendo la marca ¶). Haga clic con el botón derecho en el texto seleccionado y en Cut (Cortar)**

   El portapapeles de Office despliega los elementos que cortó o copió, como se muestra en la figura B-5. El icono que aparece junto a cada elemento indica que proceden de un documento de Word. El último elemento tomado se despliega en la parte superior de la sección de tareas del portapapeles. A medida que se agregan elementos nuevos, los primeros descienden en la lista.

4. **Coloque el punto de inserción al final del segundo párrafo (después de Quarter de San Diego, pero antes de la marca ¶). Haga clic en el elemento El director de viajes del "Union Tribune"... en el portapapeles de Office**

   Al hacer clic en Office Clipboard (Portapapeles de Office) se pega el elemento en el documento en el punto de inserción. Los elementos se quedan en el portapapeles de Office hasta que los elimine o cierre todos los programas abiertos de Office. Además, si agrega el elemento 25 al portapapeles de Office, se borra el primero.

5. **Coloque el punto de inserción al final del tercer párrafo (después de Duong). Haga clic en el elemento En el sitio electrónico de QST... en el Office Clipboard (Portapapeles de Office)**

   La oración se pega en el documento.

6. **Seleccione el cuarto párrafo, que comienza con la oración Es el primer acto... (incluyendo la marca ¶). Haga clic con el botón derecho en el texto seleccionado y en Cortar**

   El párrafo se corta y pasa al portapapeles de Office.

7. **Coloque el punto de inserción al comienzo del tercer párrafo (antes de "En nuestra lista..."). Haga clic con el botón derecho y en Paste (Pegar) del menú emergente. Después, oprima [Backspace(Retroceso)]**

   Las oraciones del párrafo "Es el primer acto..." se pegan al comienzo del párrafo "En nuestra lista...". Puede pegar el último elemento recogido con el comando Paste (Pegar) o a través del portapapeles de Office.

8. **Coloque el punto de inserción al final del tercer párrafo (después de www.questspecialtytravel.com y antes de la marca ¶); luego, oprima [Del] o [Supr] dos veces**

   Se eliminan los símbolos ¶ y las líneas en blanco sobrantes entre el tercero y cuarto párrafos.

9. **Haga clic en el botón Show/Hide (Mostrar todo) ¶ del grupo Párrafo**

   Compare su boletín de prensa con la figura B-6. Observe que muchos usuarios de Word eligen trabajar con marcas de formato todo el tiempo. Experimente para ver qué método prefiere.

10. **Haga clic en el botón Clear All (Limpiar o Borrar todo) en la sección de tareas del Clipboard (Portapapeles), para eliminar todos los elementos del portapapeles de Office. Haga clic en el botón Close (Cerrar) del panel de tareas del portapapeles, oprima [Ctrl][Home] o [Ctrl][Inicio], si su teclado está en español. Después, guarde el documento**

    Si oprime [Ctrl][Home (Inicio)], se mueve el punto de inserción al inicio del documento.

Haga clic para modificar el tamaño o para mover el panel de tareas del portapapeles

Panel de tareas del portapapeles

Elementos guardados en el portapapeles de Office (en el de usted podría haber más elementos)

Haga clic para cambiar las opciones de despliegue del portapapeles de Office

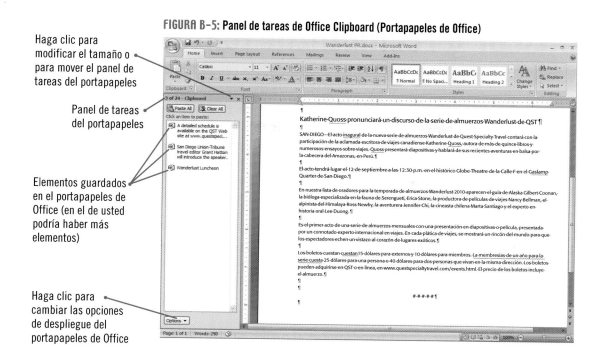

FIGURA B-6: Boletín de prensa revisado

Último elemento recolectado

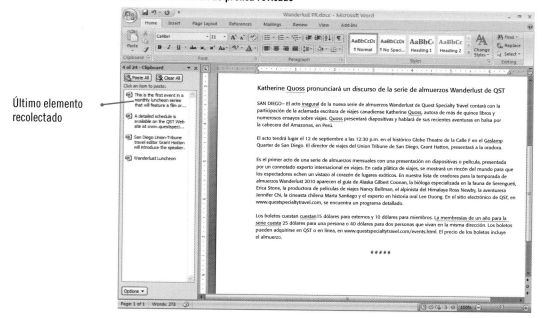

Copiar y pasar elementos entre documentos

Los portapapeles del sistema y de Office también sirven para copiar y mover elementos entre documentos de Word. Para copiar o cortar elementos de un documento de Word y pegarlos en otro, abra los dos documentos y el panel de tareas del portapapeles en la ventana del programa. Con varios documentos abiertos, puede copiar y mover elementos entre todos: copie o corte elementos de un documento, cambie al otro documento y pegue. Para cambiar entre documentos abiertos, haga clic en el botón de la barra de tareas del documento que quiere que aparezca en la ventana de docu-mentos. Asimismo, puede desplegar los dos documentos al mismo tiempo si hace clic en el botón Arrange All (Organizar todo) o en el botón View Side by Side (Ver en paralelo) en el grupo Ventana de la pestaña Vista. El porta-papeles de Office guarda todos los elementos recolectados de todos los documentos, independientemente de qué documento esté en la ventana. El portapapeles del sistema guarda el último elemento tomado de cualquier documento.

Word 2007

Buscar y reemplazar texto

La característica de buscar y reemplazar de Word le permite hacer búsquedas y reemplazos automáticamente de todos los casos en que aparezca una palabra o frase en un documento. Por ejemplo, digamos que tiene que sustituir "viaje" con "excursión" y sería muy demorado buscar y cambiar de modo manual todos los casos de "viaje" en un documento largo. Con el comando Replace (Reemplazar), puede buscar y reemplazar todas las apariciones de un texto automáticamente con una sola acción o puede escoger buscar y revisar cada caso. Asimismo, puede usar el comando Find (Buscar) para localizar y seleccionar todas las apariciones de una palabra o frase de un documento. 🔲 QST decidió cambiar el nombre de "serie de almuerzos Wanderlust" a "serie Wanderlust Travelogue". Usted emplea el comando Reemplazar para buscar en el documento todos los casos de "almuerzo" y sustituirlos con "Travelogue".

PASOS

1. **Haga clic en el botón Reemplazar del grupo Edición. Después, en More (Más) en el cuadro de diálogo Find and Replace (Buscar y Reemplazar)**
   Se abre el cuadro de diálogo Buscar y Reemplazar, como se muestra en la figura B-7.

2. **Escriba almuerzos en el cuadro de texto Find (Buscar)**
   "almuerzos" es el texto que se va a reemplazar.

3. **Oprima [Tab]. Luego, escriba Travelogue en el cuadro de texto Replace (Reemplazar)**
   "Travelogue" es el texto que reemplazará a "almuerzos".

4. **Haga clic en el cuadro Match case check box (Coincidir mayúsculas y minúsculas) en la sección Search Options (Opciones de búsqueda) para seleccionarlo**
   Al seleccionar Coincidir mayúsculas y minúsculas, se le dice a Word que busque las correspondencias exactas de letras mayúsculas y minúsculas que anotó en el cuadro de texto. Usted desea reemplazar todos los casos de "almuerzos" del título "serie de almuerzos Wanderlust". No quiere reemplazar "almuerzo" cuando se refiere a la hora de la comida.

5. **Haga clic en Replace All (Reemplazar todos)**
   Si hace clic en Reemplazar todos, se cambian todos los casos de "almuerzos" por "Travelogue" en el boletín de prensa. Un cuadro de mensaje indica que se hicieron tres reemplazos.

6. **Haga clic en OK (Aceptar) para cerrar el mensaje. Luego, en Close (Cerrar) del cuadro de diálogo Find and Replace (Buscar y Reemplazar)**
   Word reemplaza "almuerzos" con "Travelogue" en tres lugares, pero no reemplaza "almuerzo".

7. **Haga clic en el botón Find (Buscar) del grupo Edit (Edición)**
   El cuadro de diálogo Buscar y Reemplazar se abre con la pestaña Buscar seleccionada. El comando Buscar permite encontrar con rapidez todos los casos de un texto en un documento. Puede usarlo para verificar que Word no reemplazó "almuerzo".

8. **Escriba almuerzo en el cuadro de texto Find y verifique que sigue marcada la casilla Match case (Coincidir mayúsculas y minúsculas). Haga clic en Find in (Buscar en), en Main Document (Documento principal), en el menú que se abre, y en Close (Cerrar)**
   El cuadro de diálogo Find and Replace se cierra y se selecciona "almuerzo" en el documento, como se muestra en la figura B-8.

9. **Deseleccione el texto, oprima [Ctrl][Home], o [Ctrl][Inicio]. Guarde el documento**

Recorrer un documento con el comando Go to (Ir a)

En lugar de usar la barra de desplazamiento para ir a otro lugar de un documento extenso, puede utilizar el comando Go To (Ir a) para mover rápidamente el punto de inserción a un lugar determinado. Para pasar a una página, sección, línea, tabla, gráfica u otro elemento de un documento, haga clic en el botón del número de página, en la barra de estado, para abrir el cuadro de diálogo Search and Replace, con la pestaña Go To (Ir a) desplegada. En la pestaña Go To del cuadro de diálogo Find and Replace, seleccione de la lista Go To (Ir a) el tipo de elemento que quiere encontrar. Anote la información pertinente sobre el elemento y haga clic en Ir a o Siguiente para pasar el punto de inserción a ese elemento.

FIGURA B-7: Cuadro de diálogo Find and Replace (Buscar y Reemplazar)

Reemplaza sólo coincidencias exactas de letras mayúsculas y minúsculas

Busca sólo palabras completas

Usa caracteres comodín (*) en una cadena de búsqueda

Busca palabras que suenen como el texto para buscar

Busca y reemplaza todas las formas de una palabra

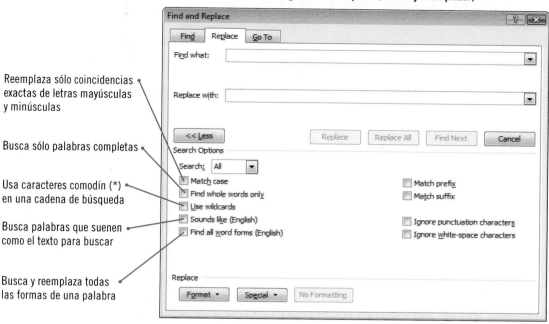

FIGURA B-8: Encontrar texto resaltado en un documento

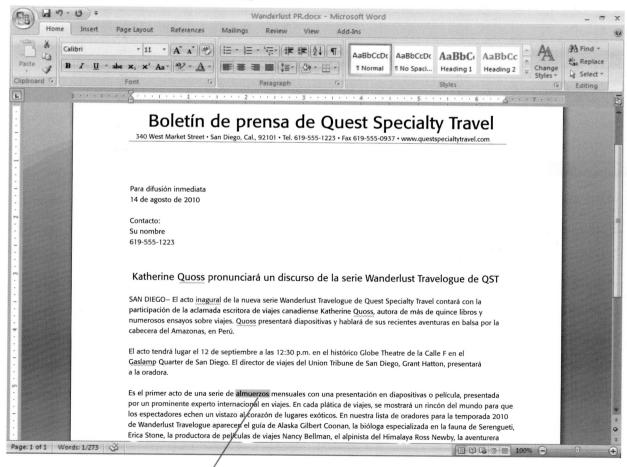

El texto encontrado se resalta

Comprobar ortografía y gramática

Cuando termine de escribir y revisar un documento, puede usar el comando Spelling and Grammar (Ortografía y gramática) para buscar palabras mal escritas y errores de gramática. El corrector de ortografía y gramática destaca posibles errores, sugiere la ortografía correcta y ofrece remedios para los errores gramaticales, como concordancia entre sujeto y verbo, palabras repetidas y puntuación. ▣▣▣▣ Emplee el corrector de ortografía y gramática para buscar errores en su boletín de prensa. Antes de iniciar la búsqueda, prepare el corrector para que ignore palabras, como Quoss, que usted sabe que están bien escritas.

PASOS

¿PROBLEMAS?

Si Word marca un nombre propio como mal escrito, haga clic con el botón derecho y luego en Ignore All (Omitir todas). Si Quoss no está marcado como error ortográfico, salte al paso 3.

1. **Haga clic con el botón derecho en Quoss, en el encabezado**

   Se abre un menú desplegable que incluye sugerencias para corregir la ortografía de Quoss. Puede corregir errores individuales de ortografía y gramática si hace clic con el botón derecho en el texto que está subrayado con una línea ondulada roja o verde y elige corrección. Aunque "Quoss" no está en el diccionario, está bien escrito en el documento.

2. **Haga clic en Ignore All (Omitir todas)**

   Si hace clic en Omitir todas, indica a Word que no marque "Quoss" como mal escrita.

CONSEJO

Para cambiar el idioma con que revisa Word, haga clic en el botón Set Language (Definir idioma) del diccionario 🌐 en el grupo Proofing (Revisión) de la pestaña de Review (Revisar).

3. **Oprima [Ctrl][Home] o [Ctrl][Inicio]. Haga clic en la pestaña Review (Revisar) y luego en el botón Spelling and Grammar (Ortografía y gramática), en el grupo de Proofing (Revisión)**

   Se abre el cuadro de diálogo de Spelling and Grammar: English (EE.UU.), o bien, Ortografía y gramática: Español, como se muestra en la figura B-9. El cuadro de diálogo detecta "inagural" como error ortográfico y sugiere posibles correcciones. La palabra seleccionada en el cuadro de sugerencias tiene la grafía correcta.

4. **Haga clic en Change (Cambiar)**

   Word reemplaza la palabra mal escrita con la correcta. A continuación, el cuadro de diálogo detecta "Gaslamp" como mal escrita y sugiere la corrección "gastar". El nombre propio Gaslamp Quarter está bien escrito en el documento.

5. **Haga clic en Ignore Once (Omitir una vez)**

   Word ignora la ortografía. A continuación, el cuadro de diálogo indica que "cuestan" se repite en una oración.

¿PROBLEMAS?

Es posible que tenga que corregir otros errores de ortografía y gramática.

6. **Haga clic en Delete (Eliminar)**

   Word borra la segunda aparición de la palabra repetida. A continuación, en el cuadro de diálogo se marca un error de concordancia entre sujeto y verbo y se sugiere usar "las" en lugar de "la", como se muestra en la figura B-10. La frase seleccionada en el cuadro de sugerencias es correcta.

CONSEJO

Si Word no ofrece una corrección válida, corrija el error usted mismo.

7. **Click Change (Cambiar)**

   Word reemplaza "las" con "la" en el enunciado y el cuadro de diálogo Spelling and Grammar (Ortografía y Gramática) se cierra. Tenga en cuenta que el revisor de ortografía y gramática identifica muchos errores comunes, pero no puede esperar que corrija todos los errores gramaticales y ortográficos de sus documentos. Siempre revise con cuidado sus textos.

8. **Haga click en OK para terminar la revisión, presione [Ctrl][Home] ([Ctrl][Inicio]), y guarde el documento**

FIGURA B-9: Cuadro de diálogo Spelling and Grammar (Ortografía y gramática)

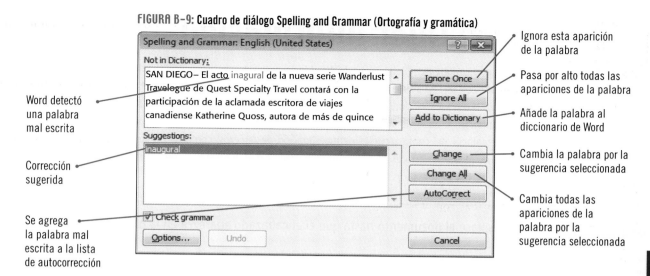

Word detectó una palabra mal escrita

Corrección sugerida

Se agrega la palabra mal escrita a la lista de autocorrección

Ignora esta aparición de la palabra

Pasa por alto todas las apariciones de la palabra

Añade la palabra al diccionario de Word

Cambia la palabra por la sugerencia seleccionada

Cambia todas las apariciones de la palabra por la sugerencia seleccionada

FIGURA B-10: Error gramatical identificado en el cuadro de diálogo Spelling and Grammar (Ortografía y gramática)

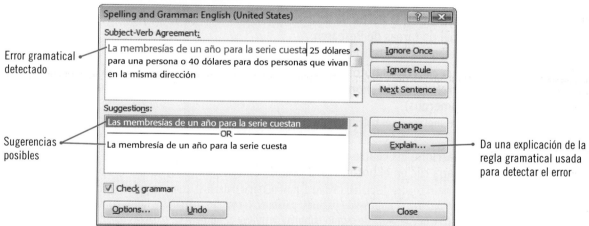

Error gramatical detectado

Sugerencias posibles

Da una explicación de la regla gramatical usada para detectar el error

---

Insertar texto con Autocorrección

Mientras escribe, AutoCorrect (Autocorrección) corrige automáticamente muchos errores de ortografía comunes. Al generar sus propias entradas de autocorrección, puede preparar Word para que inserte rápidamente texto que usted escribe a menudo, como su nombre o información de contacto, o para que corrija las palabras que equivoca con frecuencia. Por ejemplo, puede crear una entrada de Autocorrección tal que se inserte el nombre "Ron Dawson" siempre que escriba "rd" seguido de un espacio. Puede generar entradas de autocorrección y personalizar otras opciones de corrección y formato automático con el cuadro de diálogo AutoCorrect (Autocorrección). Para abrir este cuadro de diálogo, haga clic en el botón de Office, en Word Options (Opciones de Word) en el menú de Office, en Proofing (Revisión) del cuadro de diálogo de Word Options que se abre y

en Autocorrect Options (Opciones de Autocorrección). En la pestaña Autocorrect (Autocorrección) del cuadro de diálogo del mismo nombre, escriba el texto que quiere que se corrija automáticamente en el cuadro de texto Replace (Reemplazar) (como "rd"), anote el texto que quiere que se inserte automáticamente en su lugar en el cuadro de texto Con (como "Ron Dawson") y, luego, haga clic en Add (Agregar). La entrada de Autocorrección se agrega a la lista. Haga clic en OK (Aceptar) para cerrar el cuadro de diálogo de autocorrección. Observe que Word inserta una entrada de autocorrección en un documento sólo si se oprime [Barra espaciadora] después de escribir el texto que quiere que Word corrija. Por ejemplo, Word insertará "Ron Dawson" cuando usted escriba "rd" seguido de un espacio, pero no si escribe "Monte Rd."

Investigar información

La característica Research (Referencia) de Word le permite buscar con eficacia fuentes de referencia de información relacionada con una palabra o frase. Entre las fuentes de referencia disponibles en el panel de tareas de Research está un tesauro o diccionario, donde puede buscar sinónimos para una palabra rara o repetitiva. Si tiene una conexión activa a Internet, el panel de tareas de Research le da acceso a diccionarios, enciclopedias, traducciones y otras fuentes de referencia, así como servicios de investigación de terceros, como diccionarios médicos o legales. ▓▓▓▓▓ Después de revisar los errores en su documento, decide que el boletín de prensa se vería mejor con adjetivos más descriptivos. Use el Thesaurus (Sinónimos) para encontrar sinónimos.

CONSEJO

También puede hacer clic en el botón Search (Research) del grupo Proofing (Revisión) para abrir el panel de tareas de Research.

1. **Desplace el documento hasta que el encabezado aparezca en la parte superior de su pantalla**

2. **Seleccione notable en la primera oración del tercer párrafo y haga clic en Thesaurus (Sinónimos) del grupo Proofing (Revisión)**

   Se abre el panel de tareas de Research (Referencia), como se muestra en la figura B-11. "Notable" aparece en el cuadro de texto Buscar para, así como una lista de posibles sinónimos para "notable" bajo el encabezado Sinónimos: Español del panel de tareas.

CONSEJO

Para buscar sinónimos de una palabra, introduzca la palabra en el cuadro de texto Search for (Buscar) y haga clic en el botón de búsqueda verde Start (Iniciar búsqueda).

3. **Señale en la lista de sinónimos prominente**

   Alrededor de la palabra aparece un cuadro que contiene una flecha de lista.

4. **Haga clic en la flecha de lista; después, en Insert (Insertar) del menú que aparece y cierre el panel de tareas de Research**

   Se reemplaza en el boletín de prensa "prominente" en lugar de "notable".

5. **Haga clic con el botón derecho sobre innumerables en la primera oración del primer párrafo; señale Synonyms (Sinónimos) en el menú emergente y haga clic en numerosos (numerous)**

   Se reemplaza en el boletín de prensa "numerosos" en lugar de "innumerables" (o "innumerable" según sea el caso).

6. **Seleccione los cuatro párrafos del texto del cuerpo (incluyendo ¶ al final del último párrafo) y haga clic en el botón Word Count (Contar palabras) 📖 del grupo Proofing (Revisión)**

   Se abre el cuadro de diálogo Word Count (Contar palabras), como se presenta en la figura B-12. El cuadro de diálogo muestra el número de páginas, palabras, caracteres, párrafos y líneas contenidos en el texto seleccionado. Observe que la barra de estado también despliega el número de palabras incluidas en el texto seleccionado y el número total de palabras del documento completo. Si quiere consultar el conteo de páginas, caracteres, párrafos y líneas del documento completo, asegúrese de no seleccionar nada en el documento y haga clic en Word Count del grupo Proofing.

CONSEJO

Para agregar o borrar fuentes de referencia disponibles, haga clic en Opciones de referencia del panel de tareas Research.

7. **Haga clic en Close (Cerrar), oprima [Ctrl][Inicio] y guarde el documento**

8. **Haga clic en el botón de Office 🏢; a continuación, en Save As, introduzca en el cuadro de texto de File name (Nombre del archivo) Wanderlust PR Public y haga clic en Save (Guardar)**

   Se cierra el archivo Wanderlust PR y el archivo de Wanderlust PR Public aparece en la ventana de documentos. Modificará este archivo para su presentación electrónica al público.

FIGURA B-11: Panel de tareas de Research

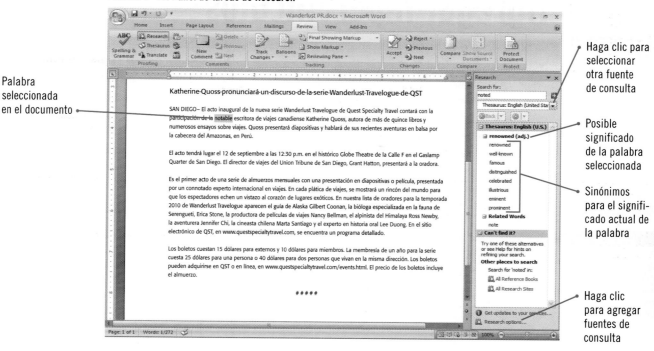

Palabra seleccionada en el documento

Haga clic para seleccionar otra fuente de consulta

Posible significado de la palabra seleccionada

Sinónimos para el significado actual de la palabra

Haga clic para agregar fuentes de consulta

FIGURA B-12: Cuadro de diálogo de Contar palabras

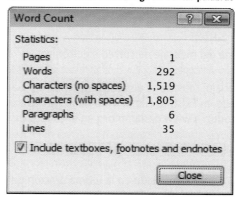

Publicar un blog directamente desde Word

Un **blog**, que es la abreviatura de **weblog** ("cuaderno de bitácora en la red"), es un diario informal creado por un individuo o grupo y abierto al público en Internet. Un blog comunica las ideas, comentarios y opiniones del bloguero y se escribe con una fuerte voz personal. Por lo regular, la persona que crea y mantiene un blog, el **bloguero**, actualiza el blog a diario. Si tiene o quiere iniciar un blog, puede configurar Word para que se enlace con el sitio de su blog, de manera que pueda escribir, dar formato y publicar entradas del blog directamente de Word. Para crear una entrada del blog, haga clic en el botón de Office y en New (Nuevo). Luego, haga doble clic en New Blog (Nueva entrada de blog) para abrir un documento prediseñado para el blog que usted puede personalizar con su propio texto, formato e imágenes. Cuando esté listo para publicar una entrada en su blog, Word lo hace conectarse a su cuenta de blog personal. Para escribir el blog directamente de Word, primero debe tener una cuenta de un blog de un prestador de servicios de blog. El sistema de ayuda de Word ofrece información detallada acerca de cómo obtener y registrar su cuenta de blog personal con Word.

Agregar hipervínculos

Un **hipervínculo** es un texto o una imagen que, al hacer clic sobre éste, provoca que el lector "salte" a un sitio o programa diferente. Cuando se ve un documento en pantalla, los hipervínculos permiten a los lectores enlazar (o "saltar") a una página en Internet, una dirección de correo electrónico o un sitio específico en un documento. Para crear un hipervínculo en un documento, seleccione el texto o imagen que desea usar como hipervínculo y especifique el sitio al que quiere saltar cuando haga clic sobre el mismo. El hipervínculo se crea con el botón Hyperlink (Hipervínculo) del grupo Links (Vínculos) en el tabulador Insert (Insertar). El texto con formato de hipervínculo aparece de color y subrayado. ⬛⬛⬛ Cientos de personas en sus listas de contactos de prensa y clientes recibirán el boletín de prensa por correo electrónico o fax de Internet. Para facilitar que las personas tengan acceso a la información adicional sobre las series, agregue varios hipervínculos al boletín de prensa.

PASOS

1. **Seleccione su nombre, haga clic en la pestaña Insert (Insertar) y, después, haga clic en el botón Hyperlink (Hipervínculo) del grupo Links (Vínculos)**

   Como se muestra en la figura B-13, se abre el cuadro de diálogo Insert Hyperlink (Insertar hipervínculo). Este cuadro de diálogo se emplea para especificar el sitio de la página en Internet, la dirección de correo electrónico o la posición en el documento actual al que pretende saltar cuando haga clic sobre el hipervínculo que, en este caso, es su nombre.

2. **Haga clic en E-mail Address (Dirección de correo electrónico) de la sección Link to (Vincular a)**

   El cuadro de diálogo Insert Hyperlink (Insertar hipervínculo) cambia con el fin de que pueda crear un hipervínculo a una dirección de correo electrónico.

3. **Introduzca su dirección de correo electrónico en el cuadro de texto E-mail Address, teclee Wanderlust Travelogue Series en el cuadro de texto Subject (Asunto) y haga clic en OK**

   Conforme escribe, Word agrega automáticamente mail to: frente a su dirección de correo electrónico. Después de que cierre el cuadro de diálogo, el texto de hipervínculo (su nombre) es formateado en azul y subrayado.

4. **Oprima y sostenga [Ctrl], luego haga clic en el hipervínculo de su nombre**

   En el programa de correo electrónico predeterminado, se abre un mensaje de correo electrónico dirigido a su nombre con el asunto "Wanderlust Travelogue Series". La gente que recibe electrónicamente el boletín, puede usar el hipervínculo para enviarle un mensaje de correo electrónico sobre la serie.

5. **Cierre la ventana del mensaje de correo electrónico**

   El texto del hipervínculo cambia a morado, indicando que se ha seguido el hipervínculo.

6. **Recorra hacia abajo, seleccione en el segundo párrafo Gaslamp Quarter, haga clic en el botón Hyperlink y luego en Existing File or Web Page (Archivo o página Web existente) de la sección Vincular a, introduzca www.gaslamp.org en el cuadro de texto Dirección y haga clic en Aceptar**

   A medida que escribe la dirección electrónica, Word agrega en forma automática http:// frente a "www". El texto "Gaslamp Quarter" queda con el formato de hipervínculo a la página principal de Gaslamp Quarter Association en www.gaslamp.org. Cuando hace clic, el hipervínculo se abre en la página electrónica de la ventana predeterminada en el navegador.

7. **Seleccione el programa detallado en la última oración del tercer párrafo, haga clic en el botón Hyperlink (Hipervínculo), introduzca www.questspecialtytravel.com en el cuadro de texto Dirección y haga clic en Aceptar**

   El texto "programa detallado" queda con el formato de hipervínculo al sitio en Internet de QST. Si señala un hipervínculo en Internet, el vínculo al sitio aparece en un cuadro de Información en pantalla. Puede editar el texto de la información en pantalla para que sea más descriptivo.

8. **Haga clic con el botón derecho en Quarter en el hipervínculo Gaslamp Quarter; después, en Edit Hyperlink (Modificar hipervínculo) . Haga clic en ScreenTip (Información de pantalla) en el cuadro de diálogo Modificar hipervínculo, escriba mapa, estacionamiento y demás información acerca de Gaslamp Quarter en el cuadro de texto del texto de ScreenTip (Información en pantalla), haga clic en OK (Aceptar), otra vez en OK, guarde los cambios y luego señale el hipervínculo Gaslamp Quarter en el documento**

   Como se muestra en la figura B-14, la ScreenTip (Información en pantalla) que creó aparece arriba del hipervínculo Gaslamp Quarter.

9. **Si va a trabajar con una conexión activa a Internet, oprima [Ctrl], haga clic en el hipervínculo Gaslamp Quarter, cierre la ventana del navegador que se abre, oprima [Ctrl], haga clic en el hipervínculo del programa detallado y después cierre la ventana del navegador**

   Antes de distribuir un documento, es importante que pruebe cada hipervínculo para verificar que funciona como usted espera.

FIGURA B-13: Cuadro de diálogo Insert Hyperlink (Insertar hipervínculo)

Crear un hipervínculo a una página Web o archivo

Crear un hipervínculo a un sitio en el archivo actual

Crear un hipervínculo a un documento nuevo en blanco

Crear un hipervínculo a una dirección de correo electrónico

Texto seleccionado para formato de hipervínculo

Archivos en la unidad o carpeta actual (podría ser diferente a la suya)

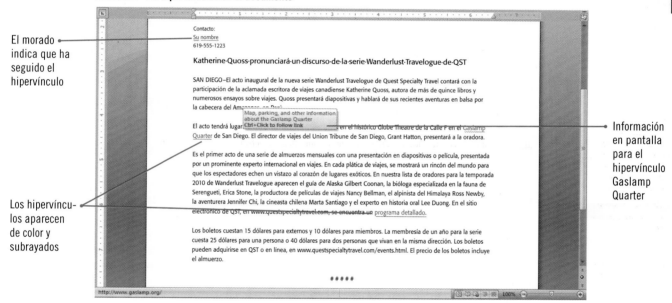

FIGURA B-14: Hipervínculos en el documento

El morado indica que ha seguido el hipervínculo

Los hipervínculos aparecen de color y subrayados

Información en pantalla para el hipervínculo Gaslamp Quarter

Envío de documentos por correo electrónico y fax directamente desde Word

Word incluye diversas opciones para distribuir y compartir archivos en Internet directamente de Word, incluyendo correos electrónicos y faxes. Cuando envía por correo electrónico un documento desde Word, el documento se envía como anexo a un mensaje de correo electrónico de su programa de correo electrónico predeterminado. Para enviar un archivo por correo electrónico, abra el archivo en Word, haga clic en el botón de Office, señale Send (Enviar) y luego haga clic en E-mail (Correo electrónico). Se abre una ventana de mensaje que incluye el nombre del archivo actual como el asunto del mensaje y el archivo como anexo. Introduzca la dirección o direcciones de correo electrónico de quien recibe en los cuadros de texto To (Para) y Cc, su mensaje en la ventana de mensaje y des-

pués haga clic en Send (Enviar) en la barra de herramientas de la ventana del mensaje para enviarlo. El programa del correo electrónico predeterminado envía una copia del documento a cada destinatario. También, puede enviar por fax un documento directamente desde Word, aunque para ello tendrá que inscribirse a un servicio de fax por Internet de terceros. Para enviar por fax un documento, ábralo en Word, haga clic en el botón de Office, señale Send, haga clic en Internet Fax (Fax de Internet), haga clic en OK (Aceptar) para encontrar y seleccionar un servicio de fax, si no tiene uno, y después siga las instrucciones en pantalla. Por lo general, los servicios de fax cobran una tarifa mensual o por página para enviar y recibir faxes.

Preparar un documento para distribución

Antes de distribuir electrónicamente un documento a personas fuera de su organización, lo conveniente es que se asegure de que el archivo no incluye información privada o confidencial. El comando Prepare (Preparar) del menú Office incluye herramientas para eliminar información delicada de un documento, asegurar su autenticidad y protegerla de cambios no deseados cuando se distribuye al público. Véase la tabla B-1. Una de estas herramientas, el Document Inspector (Inspector de documentos), detecta y borra de un documento información privada o confidencial no deseada. Otra herramienta, Mark as Final (Marcar como final), le permite generar un documento como sólo leer para que los lectores no puedan modificarlo. **▄▄▄** Antes de enviar al público un boletín de prensa, borre del archivo la información de identificación y márquelo como final.

PASOS

CONSEJO

Para crear o modificar las propiedades normales de un documento para un archivo, escriba en los cuadros de texto del panel información del documento.

1. **Oprima [Ctrl][Home] o [Ctrl][Inicio], haga clic en el botón de Office 🔵, señale Prepare (Preparar) y haga clic en Properties (Propiedades)**

    El panel de información del documento se abre arriba de la ventana del documento, como se presenta en la figura B-15, donde se muestran las propiedades normales del documento para el boletín de prensa. Las **propiedades del documento** son detalles definidos por el usuario acerca de un archivo que describe su contenido y origen, incluyendo el nombre del autor, el título del documento y palabras clave que puede asignar para organizar y buscar sus archivos.

2. **Haga clic en 🔵, señale Prepare, haga clic en Inspect Document (Inspeccionar documento), si Word le avisa que se han realizado cambios recientes y no se ha guardado haga clic en Yes (Sí)**

    Se abre el cuadro de diálogo del Inspector de documentos. Use este cuadro de diálogo para indicar la información privada o de identificación que quiere buscar o borrar de un documento.

3. **Asegúrese de que estén seleccionados todos los cuadros de opciones; luego, haga clic en Inspect**

    Después de un momento, el cuadro de diálogo de Inspector de documentos cambia e indica que el archivo contiene información en las Propiedades del documento. Quizá no desee que el público posea esta información.

4. **Haga clic en Remove All (Quitar todo) en seguida de Document Properties (Propiedades del documento) y haga clic en Close (Cerrar)**

    La información normal de la propiedad del documento se borra del boletín de prensa.

CONSEJO

Para editar un documento marcado como final, deshabilite el estado de Mark as final. Haga clic en el botón de Office, señale Prepare (Preparar) y luego haga clic de nuevo en Mark as Final.

5. **Haga clic en 🔵, señale Prepare (Preparar) y haga clic en Mark as Final (Marcar como final)**

    Se abre un cuadro de diálogo que indica que el documento se marcó como final.

6. **Haga clic en Aceptar; luego, en Aceptar, si se abre un segundo cuadro de mensaje**

    El documento se guarda automáticamente, aparece "Final" en el cuadro de texto Status (Estado) del panel de información del documento y se desactivan los comandos de la pestaña Insertar, indicando que el documento se marcó como final y que no se puede cambiar. Asimismo, en la barra de estado aparece el icono Marcado como final.

7. **Haga clic en el botón Cerrar del panel de información del documento, haga clic en 🔵, señale Print (Imprimir), haga clic en Quick Print (Impresión rápida), cierre el archivo y salga de Word**

    Se imprime el boletín de prensa. En la figura B-16 se presenta el boletín de prensa completo.

TABLA B-1: Opciones del comando Prepare (Preparar)

característica	usar para
Properties (Propiedades)	Ver y modificar las propiedades normales del documento y abrir el cuadro de diálogo Propiedades del documento
Inspect Document (Inspeccionar documento)	Detectar y borrar información privada o confidencial no deseada de un documento, incluyendo propiedades del documento, comentarios, revisiones, anotaciones, información personal, datos XML personalizados y texto oculto
Encrypt Document (Cifrar documento)	Cifrar el documento para mayor seguridad
Add a Digital Signature (Agregar una firma digital)	Agregar una firma digital invisible para verificar su autenticidad e integridad
Mark as Final (Marcar como final)	Indicar a los lectores que el documento sólo es de lectura y que no se puede editar
Run Compatibility Checker (Ejecutar el Comprobador de compatibilidad)	Verificar las características del documento que no están respaldadas por versiones anteriores de Microsoft Word

FIGURA B-15: Sección de información del documento

Propiedades del documento asignadas cuando se creó el archivo original

La ubicación de su archivo será diferente

Panel de información del documento

Boletín de prensa de Quest Specialty Travel

FIGURA B-16: Boletín de prensa terminado para distribución electrónica

Boletín de prensa de Quest Specialty Travel

340 West Market Street • San Diego, Cal., 92101 • Tel. 619-555-1223 • Fax 619-555-0937 • www.questspecialtytravel.com

Para difusión inmediata
14 de agosto de 2010

Contacto:
Su Nombre
619-555-1223

Katherine Quoss pronunciará un discurso de la serie Wanderlust Travelogue de QST

SAN DIEGO – El acto inaugural de la nueva serie Wanderlust Travelogue de Quest Specialty Travel contará con la participación de la aclamada escritora de viajes canadiense Katherine Quoss, autora de más de quince libros y numerosos ensayos sobre viajes. Quoss presentará diapositivas y hablará de sus recientes aventuras en balsa por la cabecera del Amazonas, en Perú.

El acto tendrá lugar el 12 de septiembre a las 12:30 p.m. en el histórico Globe Theatre de la Calle F en el Gaslamp Quarter de San Diego. El director de viajes del Union Tribune de San Diego, Grant Hatton, presentará a la oradora.

Es el primer acto de una serie de almuerzos mensuales con una presentación en diapositivas o película, presentada por un prominente experto internacional en viajes. En cada plática de viajes, se mostrará un rincón del mundo para que los espectadores echen un vistazo al corazón de lugares exóticos. En nuestra lista de oradores para la temporada 2010 de Wanderlust Travelogue aparecen el guía de Alaska Gilbert Coonan, la bióloga especializada en la fauna de Serengueti, Erica Stone, la productora de películas de viajes Nancy Bellman, el alpinista del Himalaya Ross Newby, la aventurera Jennifer Chi, la cineasta chilena Marta Santiago y el experto en historia oral Lee Duong. En el sitio electrónico de QST, en www.questspecialtytravel.com, se encuentra un programa detallado.

Los boletos cuestan 15 dólares para externos y 10 dólares para miembros. La membresía de un año para la serie cuesta 25 dólares para una persona o 40 dólares para dos personas que vivan en la misma dirección. Los boletos pueden adquirirse en QST o en línea, en www.questspecialtytravel.com/events.html. El precio de los boletos incluye el almuerzo.

# # # # #

Verificar y modificar las propiedades avanzadas del documento

El panel de información del documento incluye un resumen de la información referente al documento que creó para cubrir sus necesidades. Para ver más detalles de las propiedades del documento, incluyendo los que Word incluyó automáticamente cuando el documento se generó, haga clic en la flecha de lista de Propiedades del documento y después en Advanced Properties (Propiedades avanzadas) para abrir el cuadro de diálogo de Propiedades. Las pestañas General (General), Statistics (Estadísticas) y Contents (Contenido) del cuadro de diálogo de Propiedades despliegan la información sobre el archivo que Word crea y actualiza de manera automática. La pestaña General muestra el tipo de archivo, sitio, tamaño y fecha y hora de creación y última modificación del archivo; la pestaña Estadísticas presenta información sobre las revisiones al documento y el número de páginas, palabras, líneas, párrafos y caracteres en el archivo; y la pestaña Contenido muestra el título del documento. Para definir otras propiedades del documento, use las pestañas Resumen y Personalizar del cuadro de diálogo de Propiedades. La pestaña Summary (Resumen) muestra información semejante a la que aparece en el panel de información del documento. La pestaña Customize (Personalizar) le permite crear propiedades para un documento nuevo, como cliente, proyecto o fecha completa. Para crear una propiedad personalizada, seleccione un nombre de propiedad en el cuadro de la lista Nombre de la pestaña Personalizar, use la flecha de la lista Tipo para seleccionar el tipo de datos que desea para la propiedad, introduzca en el cuadro de texto Valor el detalle de identificación (como nombre del proyecto) y haga clic en Add (Agregar). Cuando termine de ver o modificar las propiedades del documento, haga clic en Aceptar para cerrar el cuadro de diálogo de Propiedades y haga clic en el botón Cerrar el panel de información del documento.

Práctica

Si cuenta con un perfil de usuario SAM, usted puede tener acceso a instructivos, prácticas y evaluación de las habilidades cubiertas en la unidad. Conéctese a su cuenta SAM (http://sam2007.course.com/) para iniciar actividades de capacitación o exámenes programados que se relacionan con las habilidades abordadas en esta unidad.

▼ REPASO DE CONCEPTOS

Anote los elementos de la ventana del programa Word que se muestra en la figura B-17.

FIGURA B-17

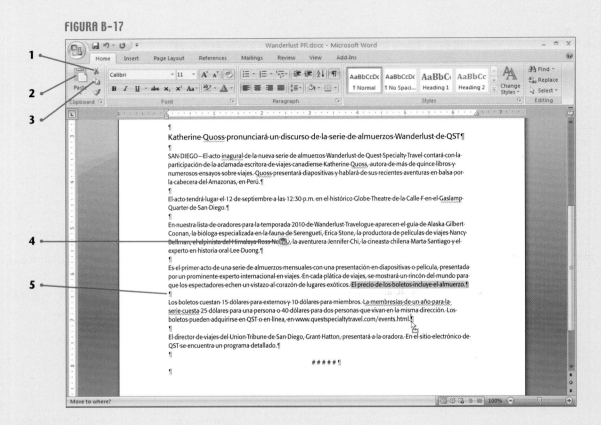

Relacione cada término con el enunciado que mejor lo describe.

6. **Hyperlink (Hipervínculo)**
7. **Cortar**
8. **Tecla de acceso directo**
9. **Propiedades del documento**
10. **Paste (Pegar)**
11. **Office Clipboard (Portapapeles de Office)**
12. **Portapapeles del sistema**
13. **Blog**
14. **Diccionario**

a. Comando usado para insertar en un documento el texto almacenado en el portapapeles

b. Área donde se almacenan temporalmente hasta 24 elementos recopilados de los archivos de Office

c. Área donde sólo se almacena temporalmente el último elemento cortado o copiado de un documento

d. Tecla de función o combinación de teclas que, al oprimirla, ejecuta un comando

e. Texto o imagen que hace saltar al lector a otro sitio o programa cuando hace clic

f. Cuaderno de bitácora en Internet disponible para el público

g. Detalles definidos por el usuario sobre un archivo que describe su contenido y origen

h. Característica usada para sugerir sinónimos de palabras

i. Comando usado para borrar texto de un documento y colocarlo en el Clipboard (Portapapeles)

Seleccione la mejor respuesta de las opciones.

15. ¿Cuál es la tecla de acceso directo para el comando Paste (Pegar)?
- **a.** [Ctrl][C]
- **b.** [Ctrl][V]
- **c.** [Ctrl][X]
- **d.** [Ctrl][P]

16. ¿Cuál de los siguientes enunciados *no* es verdadero?
- **a.** El portapapeles de Office puede contener más de un elemento.
- **b.** En el portapapeles de Office se ve el contenido.
- **c.** Cuando arrastra un texto, una copia del texto que movió se almacena en el portapapeles del sistema.
- **d.** El último elemento que copia o pega de un documento se almacena en el portapapeles del sistema.

17. ¿Qué comando usa para localizar y seleccionar todos los casos de una palabra en un documento?
- **a.** Highlight (Resaltar)
- **b.** Replace (Reemplazar)
- **c.** Find (Buscar)
- **d.** Search (Buscar)

18. ¿Qué comando utiliza para desplegar un documento en dos paneles en la ventana del documento?
- **a.** New Window (Ventana nueva)
- **b.** Split (Dividir)
- **c.** Two Pages (Dos páginas)
- **d.** Arrange All (Organizar todo)

19. ¿Cuál de los siguientes es un ejemplo de una propiedad de documento?
- **a.** Palabra clave
- **b.** Idioma
- **c.** URL
- **d.** Permiso

20. ¿A cuál de los siguientes elementos *no se puede* vincular un hipervínculo?
- **a.** Página en Internet
- **b.** Dirección de correo electrónico
- **c.** ScreenTip (Información en pantalla)
- **d.** Nuevo documento en blanco

▼ REPASO DE HABILIDADES

1. Cortar y pegar texto.
- **a.** Inicie Word, haga clic en el botón de Office y abra el archivo WD B-2.docx desde la unidad y carpeta donde almacena sus archivos.
- **b.** Guarde el documento con el nombre de archivo **PAOS 2010 PR**.
- **c.** Seleccione **Su Nombre** y reemplácelo con el suyo.
- **d.** Despliegue las marcas de párrafo y otros símbolos de formato en su documento si aún no se despliegan.
- **e.** Use los botones Cut (Cortar) y Paste (Pegar) para cambiar el orden de las dos oraciones en el cuarto párrafo (que empieza con El grupo nuevo muestra…).
- **f.** Use el método de drag and drop (arrastrar y dejar) para intercambiar el orden de los párrafos segundo y tercero.
- **g.** De ser necesario, ajuste el espaciado para que quede una línea en blanco entre párrafos y guarde sus cambios.

2. Copiar y pegar texto.
- **a.** Use los botones de Cut (Cortar) y Paste (Pegar) para copiar **PAOS 2008** del encabezado y pegarlo en el tercer párrafo, antes de la palabra **mapa**.
- **b.** Cambie el formato del texto pegado para que corresponda con el formato del tercer párrafo y, de ser necesario, inserte un espacio entre **2008** y **mapa**.
- **c.** Utilice el método de arrastrar y dejar caer para copiar **PAOS** del tercer párrafo y pegarlo en la segunda oración del cuarto párrafo, antes de la palabra **grupo** y guarde los cambios.

3. Usar el portapapeles de Office.
- **a.** Use el lanzador en el grupo Clipboard (Portapapeles) para abrir el panel de tareas del portapapeles.
- **b.** Desplace de modo que aparezca el cuerpo del primer párrafo en la parte superior de la ventana del documento.
- **c.** Seleccione el quinto párrafo (que empieza con Los mapas de localización de los estudios…) y córtelo al portapapeles de Office.
- **d.** Seleccione el tercer párrafo (que empieza con El acceso a Portsmouth es fácil…) y córtelo al portapapeles de Office.
- **e.** Con el portapapeles de Office pegue como el nuevo cuarto párrafo el elemento Los mapas de localización de los estudios…).
- **f.** Con el portapapeles de Office pegue como el nuevo quinto párrafo el elemento El acceso a Portsmouth es fácil….
- **g.** De ser necesario, ajuste el espaciado de modo que haya una línea en blanco entre los seis párrafos.
- **h.** Desactive el desplegado de los símbolos de formato, borre y cierre el portapapeles de Office y guarde los cambios.

4. Buscar y reemplazar texto.

  a. Con el comando Reemplazar, cambie todos los casos de **2008** por **2010**.

  b. Reemplace todos los casos de la abreviatura **C.** por **calle**, cuidando sólo reemplazar palabras completas cuando ejecute el comando. (*Sugerencia*: en caso de estar seleccionado Coincidir mayúsculas y minúsculas, elimine la selección.)

  c. Con el comando Find (Buscar), busque en el documento todos los casos de **C.** para comprobar que no cometió errores al reemplazar c. por calle. (*Sugerencia*: elimine la selección del cuadro de verificación Find whole words [Sólo palabras completas].)

  d. Guarde los cambios del boletín de prensa.

5. Comprobar ortografía y gramática e investigar información.

  a. Cambie a la pestaña Review (Revisar).

  b. Mueva el punto de inserción a la parte superior del documento y, con el comando Ortografía y Gramática, busque y corrija cualquier error ortográfico o gramatical en el boletín de prensa. (*Sugerencia:* Jumpin' no es un error ortográfico.)

  c. Use el diccionario para reemplazar **esforzar** del segundo párrafo por una palabra más adecuada.

  d. Cuente las palabras del boletín de prensa.

  e. Revise el boletín, corrija cualquier error y guarde los cambios.

6. Agregar hipervínculos.

  a. Guarde el documento como **PAOS 2010 PR Public**, y cambie a la pestaña Insertar.

  b. Seleccione su nombre y abra el cuadro de diálogo de Insert Hyperlink (Insertar hipervínculo).

  c. Cree un hipervínculo a su dirección de correo electrónico con el asunto **PAOS 2010**.

  d. Compruebe el hipervínculo de su nombre y cierre la ventana de mensaje que se abre. (*Sugerencia*: oprima [Ctrl], luego haga clic en el hipervínculo.)

  e. Seleccione **NEA** en el último párrafo del boletín de prensa y haga un hipervínculo al URL **www.nea.gov**.

  f. Haga clic con el botón derecho en el hipervínculo NEA y edite el hipervínculo, modifique su Información en pantalla para que sea **Información sobre la Donación Nacional para las Artes**.

  g. Señale el hipervínculo NEA para ver el nuevo ScreenTip (información en pantalla) y guarde los cambios.

  h. Si tiene una conexión activa a Internet, oprima [Ctrl], haga clic en el hipervínculo NEA, vea la página principal de NEA en la ventana del navegador y cierre la ventana del navegador.

7. Preparar un documento para distribución.

  a. Haga clic en el botón de Office, señale Prepare (Preparar) y vea las propiedades del documento para el boletín de prensa.

  b. Con el comando Prepare, ejecute el Document Inspector.

  c. Borre los datos que haya en las propiedades del documento y guarde los cambios.

  d. Con el comando Prepare, marque el documento como final. En la figura B-18 se presenta el boletín de prensa terminado.

  e. Imprima el boletín de prensa, cierre el archivo y salga de Word.

FIGURA B-18

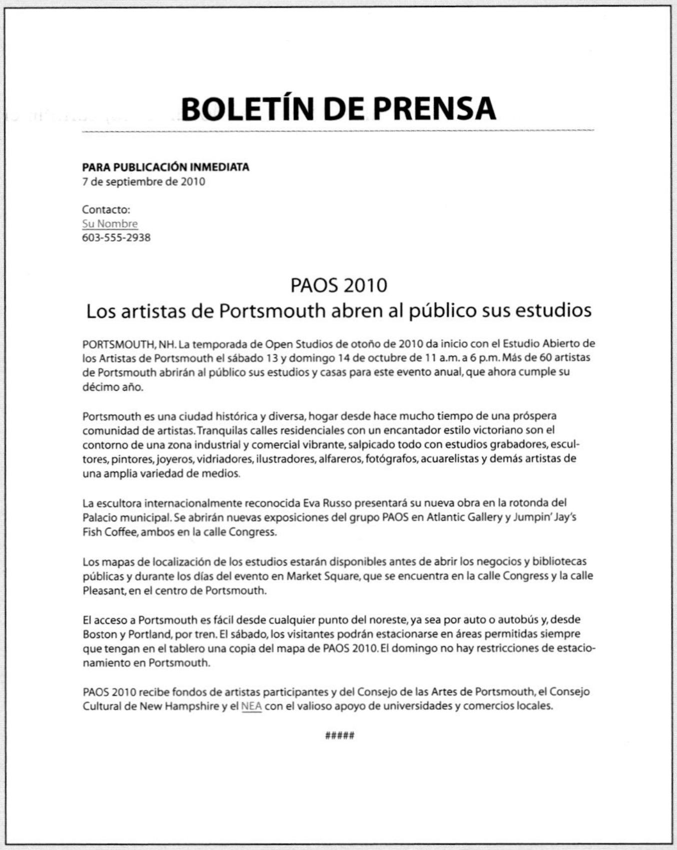

BOLETÍN DE PRENSA

PARA PUBLICACIÓN INMEDIATA
7 de septiembre de 2010

Contacto:
Su Nombre
603-555-2938

PAOS 2010
Los artistas de Portsmouth abren al público sus estudios

PORTSMOUTH, NH. La temporada de Open Studios de otoño de 2010 da inicio con el Estudio Abierto de los Artistas de Portsmouth el sábado 13 y domingo 14 de octubre de 11 a.m. a 6 p.m. Más de 60 artistas de Portsmouth abrirán al público sus estudios y casas para este evento anual, que ahora cumple su décimo año.

Portsmouth es una ciudad histórica y diversa, hogar desde hace mucho tiempo de una próspera comunidad de artistas. Tranquilas calles residenciales con un encantador estilo victoriano son el contorno de una zona industrial y comercial vibrante, salpicado todo con estudios grabadores, escultores, pintores, joyeros, vidriadores, ilustradores, alfareros, fotógrafos, acuarelistas y demás artistas de una amplia variedad de medios.

La escultora internacionalmente reconocida Eva Russo presentará su nueva obra en la rotonda del Palacio municipal. Se abrirán nuevas exposiciones del grupo PAOS en Atlantic Gallery y Jumpin' Jay's Fish Coffee, ambos en la calle Congress.

Los mapas de localización de los estudios estarán disponibles antes de abrir los negocios y bibliotecas públicas y durante los días del evento en Market Square, que se encuentra en la calle Congress y la calle Pleasant, en el centro de Portsmouth.

El acceso a Portsmouth es fácil desde cualquier punto del noreste, ya sea por auto o autobús y, desde Boston y Portland, por tren. El sábado, los visitantes podrán estacionarse en áreas permitidas siempre que tengan en el tablero una copia del mapa de PAOS 2010. El domingo no hay restricciones de estacionamiento en Portsmouth.

PAOS 2010 recibe fondos de artistas participantes y del Consejo de las Artes de Portsmouth, el Consejo Cultural de New Hampshire y el NEA con el valioso apoyo de universidades y comercios locales.

\#\#\#\#\#

▼ RETO INDEPENDIENTE 1

Debido al éxito que tuvo con la remodelación de un teatro histórico en Wellington, Nueva Zelanda, lo han contratado como director del Teatro Lírico de Hobart en Hobart, Tasmania, para dar vida a este teatro. Después de un año de trabajo, lanza su primera actividad importante para recaudar fondos. Con el objetivo de crear una carta para la recaudación de fondos en favor del Teatro Lírico, modificará la carta que escribió para el teatro en Wellington.

a. Abra Word, abra el archivo WD B-3.docx desde la unidad y la carpeta donde almacena sus archivos y guárdelo como **Carta de recaudación de fondos para Lírico**.

b. Reemplace el nombre y la dirección del teatro, la fecha, la dirección interna y el saludo, como se muestra en la figura B-19.

c. Con el comando Replace (Reemplazar), cambie todos los casos de **Wellington** por **Hobart**.

d. Con el comando Reemplazar, cambie todos los casos de **Teatro de la Ciudad** por **Lírico**.

e. Con el comando Reemplazar, cambie todos los casos de **neozelandeses** por **tasmanios**.

f. Con el comando Find (Buscar), localice la palabra **considerable** y, con el Diccionario, reemplace por un sinónimo.

El Teatro Lírico Hobart

60-62 Macquarie Street, Hobart, Tasmania 7001, Australia

10 de noviembre de 2010

Srita. Natasha Campbell
450 Elizabeth Street
North Hobart, TAS 7004

Estimada Srita. Campbell:

g. Mueva el cuerpo del cuarto párrafo para que sea el cuerpo del segundo párrafo.

h. Cree una entrada de autocorrección que inserte **Director ejecutivo** cada vez que escriba **exd**.

i. Reemplace Your Name con su nombre en el bloque de la firma, seleccione Title (Título) y escriba **exd** seguido de un espacio.

j. Con el comando Ortografía y gramática, revise y corrija los errores ortográficos y gramaticales.

Ejercicio de reto avanzado

■ Abra el panel de información del documento, cambie el título a **Teatro Lírico Hobart** y agregue la palabra clave **recaudación de fondos**.

■ Abra el cuadro de diálogo Propiedades, agregue en la pestaña del Resumen su nombre como autor, revise el conteo de párrafos, líneas, palabras y caracteres en la pestaña Estadísticas.

■ En la pestaña Personalizar, añada una propiedad llamada **Proyecto** con el valor **Campaña de capital**, luego cierre el cuadro de diálogo y el panel de información del documento.

k. Revise la carta, corrija cualquier error, guarde los cambios, imprima una copia, cierre el documento y salga de Word.

▼ RETO INDEPENDIENTE 2

Le llamó la atención un anuncio de oportunidades de trabajo en Toronto y decide presentar su solicitud. El anuncio, que aparece en la figura B-20, apareció impreso en la edición de la semana pasada del periódico local. En lugar de empezar de cero una carta de presentación, revise un borrador que escribió hace unos años para un puesto de trabajo de verano.

a. Lea el anuncio de la figura B-20 y elija el puesto que corresponda mejor a sus calificaciones.

b. Abra Word, abra WD B-4.docx desde la unidad y la carpeta donde almacena sus archivos de datos y guárdelo como **Carta de presentación**.

c. Reemplace el nombre, dirección, número telefónico y dirección de correo electrónico del encabezado con su información.

d. Quite el hipervínculo de la dirección de correo electrónico.

e. Reemplace la fecha con la actual, la dirección interna y el saludo con la información presentada en la figura B-20.

f. Lea el borrador de carta de presentación para tener una idea de su contenido.

g. Trabaje de nuevo en el cuerpo de la carta con sus calificaciones para el puesto que quiere solicitar:

- Elimine el tercer párrafo.
- Ajuste la primera oración del párrafo como sigue: especifique el puesto que solicita, incluyendo el código del puesto, e indique dónde lo vio anunciado.
- Mueva la primera oración del último párrafo en el que menciona sus calificaciones e interés en el puesto, hasta el final del primer párrafo y rehaga la oración con el propósito de describir sus calificaciones actuales.
- Ajuste el segundo párrafo como sigue: describa su experiencia laboral y habilidades. Asegúrese de relacionar su experiencia y calificaciones con los requisitos del puesto que se mencionan en el anuncio. Si sus aptitudes son extensas, agregue un tercer párrafo.
- Ajuste el último párrafo como sigue: solicite cortésmente una entrevista para el puesto y proporcione su número telefónico y dirección de correo electrónico.

h. Incluya su nombre en el bloque de firma.

i. Cuando termine de revisar la carta, corrija los errores ortográficos y gramaticales. Asegúrese de quitar cualquier hipervínculo.

j. Guarde los cambios de la carta, imprima una copia, cierre el documento y salga de Word.

FIGURE B-20

*Global*Dynamics

Oportunidades profesionales en Toronto

Global Dynamics, empresa establecida de desarrollo de software en América del Norte, Asia y Europa, busca candidatos para los siguientes puestos en sus instalaciones de Toronto:

Instructor
Responsable de dar capacitación de software a nuestra base de clientes canadienses en expansión. Las responsabilidades incluyen: impartir capacitación práctica, estar actualizado en el desarrollo de productos y trabajar con el director de Capacitación con la finalidad de garantizar materiales de curso de alta calidad. Los candidatos deberán tener excelente presentación, habilidades y conocimientos de Microsoft PowerPoint y Microsoft Word. **Puesto B12C6**

Asistente administrativo
Es imprescindible tener dominio de Microsoft Word. Las responsabilidades del puesto administrativo incluyen: hacer reservaciones de viaje, programar juntas, tomar notas y distribuir el orden del día de las juntas, manejar la correspondencia y llevar el inventario de suministros de oficina. Debe tener extraordinarias habilidades para desempeñar varias tareas, excelente comunicación, habilidades de organización e interpersonales y trabajar con correo electrónico e Internet. **Puesto B16F5**

Redactor
El candidato ideal deberá tener experiencia de redacción en mercadotecnia y publicidad en un ambiente de alta tecnología, boletines y correo directo. Experiencia en redacción de textos para sitios Web, broadcast (difusión masiva vía Internet) y multimedia. Se requiere fluidez en Microsoft Word. **Puesto C13D4**

Los puestos ofrecen salario, excelentes prestaciones, gastos de traslado y oportunidades de crecimiento profesional.

Envíe su CV y carta de presentación con el código de referencia del puesto a:

Thomas Finlay
Director de reclutamiento
Global Dynamics
330 University Avenue
Toronto, Ontario M5G 1R8
Canadá

▼ RETO INDEPENDIENTE 3

Como director administrativo de educación continua, redacta un borrador de un memorando para los instructores pidiéndoles que le ayuden a terminar el programa de cursos del próximo semestre. Hoy revisará el borrador antes de distribuirlo como anexo de correo electrónico.

a. Abra Word, abra el archivo WD B-5.docx desde la unidad y la carpeta donde almacena sus archivos y guárdelo como **Memo de cursos de negocios**.

b. Reemplace Su nombre en la línea From (De) con su nombre y desplace el documento hasta que el cuerpo del primer párrafo quede en la parte superior de la pantalla.

Ejercicio de reto avanzado

- Use el comando Split (Dividir) en la pestaña View (Vista) para dividir la ventana debajo del primer párrafo; luego, desplace el documento hasta que el último párrafo del memorando aparezca en el panel inferior.
- Con los botones Cut and Paste (Cortar y Pegar), mueva la oración **Si piensan enseñar...** del cuerpo del primer párrafo para que sea la primera oración del último párrafo del memorando.
- Haga doble clic en la barra de división para que la ventana sea de nuevo un solo panel.

c. Use la tecla [Supr] para unir los dos primeros párrafos en uno.

d. Emplee el portapapeles de Office para reorganizar la lista de cursos de doce semanas de modo que los cursos aparezcan en orden alfabético.

e. Utilice el método de arrastrar y dejar caer para reorganizar la lista de seminarios de un día de modo que los seminarios aparezcan en orden alfabético; después, limpie y cierre el portapapeles de Office.

f. Seleccione el sitio en Internet del primer párrafo y cree un hipervínculo a la URL **www.course.com** con la información en pantalla **Curso de negocios de primavera 2011**.

g. Seleccione Enviarme un correo electrónico del último párrafo y cree un hipervínculo a su dirección de correo electrónico con el asunto **Programa final del curso de negocios**.

h. Con el comando de Ortografía y gramática, revise y corrija los errores.

i. Emplee el Inspector del documento y quite toda la información que haya en las Propiedades del documento; ignore otros contenidos señalados por el Inspector del documento y cierre el Inspector.

j. Revise el memorando, corrija cualquier error, guarde los cambios, imprima una copia, cierre el documento y salga de Word.

▼ RETO INDEPENDIENTE DE LA VIDA REAL

Para este reto independiente requiere una conexión activa a Internet.

Las fuentes de referencia como diccionarios, enciclopedias, guías de estilo y gramática y guías de etiqueta y procedimientos en los negocios, son esenciales para el uso diario en el lugar de trabajo. Gran parte de estas referencias se hallan en la World Wide Web. En este reto independiente, localizará fuentes de referencia en Internet y usará algunas para buscar definiciones, sinónimos y antónimos de palabras. Su objetivo es familiarizarse con las fuentes de referencia en línea, de modo que pueda emplearlas posteriormente en su trabajo.

a. Abra Word, abra el archivo WD B-6.docx de la unidad y la carpeta donde almacena sus archivos y guárdelo como **Fuentes de referencia de Internet**. Este documento contiene las preguntas que contestará sobre las fuentes de referencia en Internet que encuentre. Escriba en el documento sus respuestas.

b. Reemplace el texto del espacio en blanco en la parte superior del documento Fuentes de referencia de Internet con su nombre y la fecha.

c. Use el motor de búsqueda de su preferencia para encontrar en Internet guías de gramática y estilo, diccionarios y enciclopedias. Utilice las palabras clave **gramática**, **uso**, **diccionario**, **glosario** y **enciclopedia** para realizar su búsqueda.

d. Complete el documento de Fuentes de referencia en Internet, revise y corrija los errores.

e. Guarde el documento, imprima una copia, cierre el documento y salga de Word.

▼ TALLER VISUAL

Abra el documento WD B-7.docx de la unidad y la carpeta donde almacena sus archivos de datos y guárdelo como **Carta de visa australiana**. Reemplace los marcadores de la fecha, el encabezado, dirección interna, saludo y cierre con la información de la figura B-21, luego, con el portapapeles de Office, reorganice las oraciones para que queden igual a las de la figura B-21. Corrija los errores ortográficos y gramáticos, borre del archivo la información que haya en las propiedades del documento, marque el documento como final e imprima una copia.

FIGURA B-21

Su Nombre

4637 Baker Street, Chicago, IL 60627; tel.: 630-555-2840

3 de enero de 2010

Embajada de Australia
1601 Massachusetts Avenue NW
Washington, DC 20036

Estimado(a) _____ :

Quisiera solicitar una visa de turista de larga estadía a Australia por cuatro años. Tengo programado viajar a Sydney el 13 de marzo de 2010 con regreso a Chicago el 8 de septiembre del mismo año.

Durante mi estadía en Australia, voy a entrevistar a músicos y hacer grabaciones de video preliminares para una película que estoy rodando con un músico australiano contemporáneo. Me gustaría tener una visa múltiple de cuatro años de modo que pueda regresar a Australia luego de este viaje para dar seguimiento a mi investigación inicial. Estaría básicamente en Sydney, pero con frecuencia viajaría para filmar presentaciones y reunirme con músicos y productores.

Adjunto a esta carta encontrará mi forma de solicitud de visa completa, mi pasaporte, una foto para el pasaporte, una copia de mi boleto de regreso y el costo de la visa. Estoy a sus órdenes si requiere más información.

Atentamente,

Su Nombre

Anexos: 5

Dar formato a textos y párrafos

Archivos que necesita:

WD C-1.docx

WD C-2.docx

WD C-3.docx

WD C-4.docx

WD C-5.docx

WD C-6.docx

El formato puede mejorar la apariencia de un documento, crear impacto visual y ayudar a ilustrar la estructura de un documento. Asimismo, puede establecer el tono del documento, permitiendo a los lectores saber a primera vista si éste es de negocios, serio, formal, informal o divertido. En esta unidad aprenderá a dar formato a un texto utilizando distintas fuentes y opciones de formato de fuentes. Además, sabrá cómo cambiar la alineación, las sangrías y el espacio entre párrafos, cómo mejorar sus documentos con bordes, sombras, viñetas y otros efectos de formato para los párrafos y cómo agregar notas al pie de página y notas finales a un documento. La característica de vista previa de Word simplifica el formato al permitir consultar con rapidez las distintas opciones de formato en su documento antes de aplicarlas. Ha terminado el borrador del texto para un folleto de dos páginas que anuncia los planes especiales de último momento para los viajes durante octubre. Ahora, usted necesita dar formato al folleto de tal forma que sea atractivo y resaltando la información importante. El folleto se distribuirá a los clientes con el boletín informativo trimestral.

OBJETIVOS

Dar formato con fuentes

Copiar formatos con Format Painter
   (botón Copiar formato)

Cambiar interlineado y espaciado de
   párrafo

Alinear párrafos

Trabajar con tabuladores

Trabajar con sangrías

Agregar viñetas y números

Agregar bordes y sombras

Agregar notas al pie y notas al final

Dar formato con fuentes

Dar formato a un texto con distintas fuentes es una manera rápida y eficiente de mejorar la apariencia de un documento. Una **fuente** es un grupo de caracteres con el mismo tipo o diseño. Arial, Times New Roman, Comic Sans, Courier, Tahoma y Calibri son algunas de las fuentes más comunes, pero hay cientos de fuentes más, cada una con un diseño diferente. Otro modo de modificar el efecto del texto consiste en aumentar o reducir el **tamaño de la fuente**, que se mide en puntos. Un **punto** es ¹/₇₂ de pulgada. ▓▓▓▓ Debe cambiar la fuente y el tamaño de la fuente del texto en el cuerpo, el título y los encabezados del folleto, seleccionando las fuentes y los tamaños de fuente que mejoran el tono de ventas del documento y ayudan a estructurar visualmente el informe para los lectores.

PASOS

CONSEJO

Hay dos tipos de fuentes: las fuentes serif o con patines tienen una pequeña pestaña, conocida como patín o serif, al final de los caracteres; resulta obvio que las fuentes sans serif o sin patines no lo tienen. La fuente Garamond es serif; la Trebuchet MS es sans serif.

1. **Abra Word, abra el archivo** WD C-1.docx **desde la unidad y la carpeta donde guarda sus archivos y guárdelo como** Ofertas de último momento

Observe que el nombre de la fuente empleada en el documento, Calibri, aparece en el cuadro de lista Font (Fuente) en el grupo Font (Fuente). La palabra "(Body)" (Cuerpo) en el cuadro de lista Fuente indica que Calibri es la fuente usada para el texto del cuerpo en el tema actual, el tema predeterminado. Un **tema** es un conjunto de fuentes, colores, estilos y efectos relacionados que se aplica a todo un documento para darle una apariencia atractiva. El tamaño de la fuente, 11, aparece junto a ésta en el cuadro de lista Font Size (Tamaño de fuente).

2. **Recorra el documento para darse una idea de su contenido, presione [Ctrl][Home] ([Ctrl][Inicio]), en seguida [Ctrl][A] o [Ctrl][E], si su versión está en castellano para seleccionar todo el documento y haga clic en la** flecha de la lista Font **en el grupo Font**

La lista Font, que muestra las fuentes disponibles en su computadora, se abre como se ilustra en la figura C-1. Los nombres de las fuentes se formatean en la fuente y pueden aparecer en más de un lugar de la lista.

3. **Arrastre el cursor lentamente hacia abajo sobre los nombres de las fuentes en la lista Font, utilice el cuadro de desplazamiento para desplazar la lista hacia abajo y haga clic en** Garamond

Al arrastrar el cursor hacia abajo sobre la lista de fuentes, podrá ver previamente cómo se verá el texto seleccionado al aplicar la fuente destacada. Al dar clic en el nombre de la fuente, ésta se aplicará. La fuente del folleto cambiará a Garamond.

CONSEJO

Al dar formato a un documento, seleccione las fuentes y los tamaños de fuente que destaquen el propósito del mismo.

4. **Haga clic en la** flecha de la lista Font Size (Tamaño de fuente) **en el grupo Font, arrastre el cursor lentamente hacia arriba y hacia abajo sobre la lista Font Size y haga clic en** 12

Al arrastrar el cursor sobre los tamaños de fuente podrá ver previamente la apariencia que tendrá el texto seleccionado al aplicar el tamaño de fuente destacado. El tamaño de la fuente del texto seleccionado aumenta a 12 puntos.

5. **Seleccione el título** Ofertas de viajes de último momento de Quest Specialty Travel, **en la flecha de la lista Fuente, en** Trebuchet MS, **en la flecha de la lista Font Size, en** 22 **y luego en el botón Bold (Negrita)** [B] **en el grupo Font**

El título quedará formateado con la fuente Trebuchet MS de 22 puntos en negritas.

CONSEJO

Para usar un conjunto diferente de colores de tema, haga clic en la pestaña Page Layout (Diseño de Página), en el botón Theme Colors (Colores) en el grupo Themes (Temas) y seleccione un grupo de colores distinto.

6. **Haga clic en la** flecha de la lista Font Color (Color de fuente) [A▾] **en el grupo Font (Fuente)**

Se abrirá una galería de colores, que incluye el conjunto de colores de temas en un rango de tonos y sombras, así como un conjunto de colores estándar. Puede señalar un color en la galería para verlo aplicado en el texto seleccionado.

7. **Haga clic en el color** Blue, Accent 1 (Azul, Énfasis 1) **como muestra la figura C-2 y, luego, quite la selección del texto**

El color del texto del título cambia a azul. El color activo en el botón Font Color también cambia a azul.

8. **Seleccione el encabezado** Safari por el desierto de Rajastán **y, después, utilizando la minibarra de herramientas, haga clic en la** flecha de la lista Font, **en** Trebuchet MS, **en la flecha de la lista Font Size, en** 14, **en** [A▾], **en** Dark Blue, Text 2 (Azul oscuro, Texto 2) **color,** [B] **y quite la selección del texto**

El encabezado queda formateado en Trebuchet MS de 14 puntos en negritas con un color azul oscuro. Observe que al utilizar los botones en la minibarra de herramientas para dar formato al texto no es posible ver previamente las opciones de formato en el documento.

CONSEJO

Para una apariencia sobria, limite a dos o tres el número de fuentes utilizadas en un documento.

9. **Presione [Ctrl][Home] y haga clic en el** botón Save [💾] **en la barra de herramientas de acceso rápido**

Compare su documento con la figura C-3.

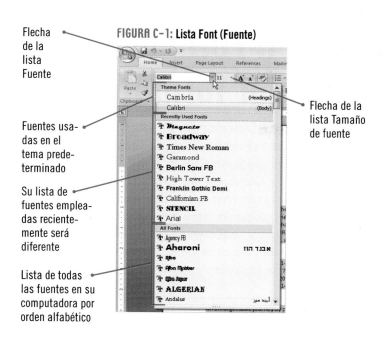

FIGURA C-1: Lista Font (Fuente)

Flecha de la lista Fuente

Fuentes usadas en el tema predeterminado

Su lista de fuentes empleadas recientemente será diferente

Lista de todas las fuentes en su computadora por orden alfabético

Flecha de la lista Tamaño de fuente

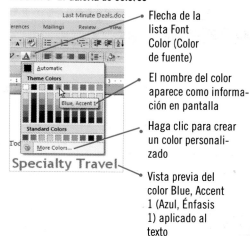

FIGURA C-2: Galería de colores

Flecha de la lista Font Color (Color de fuente)

El nombre del color aparece como información en pantalla

Haga clic para crear un color personalizado

Vista previa del color Blue, Accent 1 (Azul, Énfasis 1) aplicado al texto

Word 2007

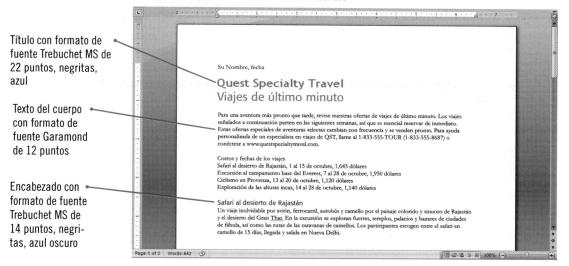

FIGURA C-3: Documento con formatos de fuentes

Título con formato de fuente Trebuchet MS de 22 puntos, negritas, azul

Texto del cuerpo con formato de fuente Garamond de 12 puntos

Encabezado con formato de fuente Trebuchet MS de 14 puntos, negritas, azul oscuro

Cómo agregar una letra capital

Una forma divertida de ilustrar un documento con fuentes consiste en agregar una letra capital a un párrafo. Una **letra capital** es una letra mayúscula inicial más grande, que con frecuencia se usa para iniciar el primer párrafo de un artículo. Para crear una letra capital, coloque el punto de inserción en el párrafo al que quiere dar formato, haga clic en la pestaña Insert (Insertar) y luego en el botón Drop Cap (Letra capital) en el grupo Text (Texto) para abrir un menú con Drop Cap Options (Opciones de letra capital). Observe la vista previa y seleccione una de las opciones en el menú, o haga clic en Drop Cap Options para abrir el cuadro de diálogo Letra capital, mostrado en la figura C-4. En este cuadro de diálogo, seleccione la posición, la fuente, el número de líneas que abarcará la letra capital y la distancia a la que desea que esté del texto del párrafo y luego haga clic en OK (Aceptar). La letra capital se va a agregar al párrafo como un objeto gráfico.

Una vez insertada una letra capital en un párrafo, es posible modificarla seleccionándola y cambiando los valores en el cuadro de diálogo Drop Cap. Para efectos aún más interesantes, mejore una letra capital con colores, estilos o efectos de fuente, rellene el objeto gráfico con sombras o agregue un borde. Para mejorar una letra capital, primero debe seleccionarla y, a continuación, experimentar con las opciones de formato disponibles en el cuadro de diálogo Font y en el cuadro de diálogo Borders and Shading (Bordes y sombreado).

FIGURA C-4: Cuadro de diálogo Drop Cap (Letra capital)

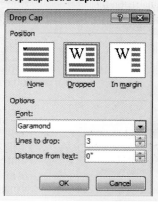

Copiar formatos con Format Painter (botón Copiar formato)

Es posible cambiar de manera significativa la apariencia del texto aplicando distintos estilos y efectos de fuente y efectos de espacio entre caracteres. Por ejemplo, puede utilizar los botones en el grupo Font para oscurecer el texto aplicando **negritas** o para inclinarlo con **cursivas**. Asimismo, puede usar el cuadro de diálogo Font (Fuente) para aplicar efectos de fuente y efectos de espacio entre caracteres. Cuando esté satisfecho con el formato de un texto determinado, podrá aplicar con rapidez los mismos formatos a otro texto empleando Format Painter (Copiar formato). **Format Painter** es una eficaz característica de Word que permite copiar todos los valores de formato aplicados al texto seleccionado en otra parte de texto a la que quiera dar el mismo formato. Va a mejorar la apariencia del texto en el documento aplicando distintos estilos y efectos de fuente. Después de dar formato a un encabezado principal y secundario, con Format Painter se aplican los valores en otros encabezados y subencabezados.

PASOS

1. **Seleccione "la reservación inmediata es esencial" en el primer párrafo del cuerpo, haga clic en el botón Bold (Negrita)** B **en la minibarra de herramientas, seleccione todo el** párrafo **y haga clic en el botón Italic (Cursiva)** I **en la minibarra de herramientas**

   "La reservación inmediata es esencial" está en negritas y todo el párrafo está formateado en cursiva.

2. **Seleccione** Ofertas de viaje de último momento **y haga clic en el lanzador** ▫ **del grupo Font**

   Se abre el cuadro de diálogo Font, como muestra la figura C-5. Puede usar las opciones en la pestaña Font para cambiar la fuente, el estilo, el tamaño y el color del texto, así como subrayar y aplicar efectos de fuente al texto.

3. **Desplácese hacia abajo sobre la lista Size (Tamaño), haga clic en 48, en la** flecha de la lista Font Color (Color de fuente), **en el color** Red, Accent 2 (Rojo, Énfasis 2) **en Theme Colors (Colores del tema), haga clic en el** cuadro de verificación Shadow (Sombra) **y luego en** OK (Aceptar); **por último, quite la selección del texto**

   El texto es más grande, rojo y tiene un efecto de sombra.

4. **Seleccione** Ofertas de viajes de último momento, **haga clic derecho, clic en Font en el menú Edit (Editar), en la** pestaña Character Spacing (Espacio entre caracteres), **en la flecha de la lista Scale (Escala), en** 80%, **en OK (Aceptar) y quite la selección del texto**

   Debe utilizar la pestaña Character Spacing en el cuadro de diálogo Font para cambiar la escala, o el ancho, de los caracteres seleccionados, para alterar el espacio entre caracteres o para elevar o disminuir la posición (en el eje vertical) de los caracteres. Al reducir la escala de los caracteres, los hará más angostos y dará al texto una apariencia más esbelta y alta, como muestra la figura C-6.

5. **Desplácese hacia abajo, seleccione el subencabezado** Safari en camello **y, luego, utilizando la minibarra de herramientas, haga clic en la** flecha de la lista Font, **en** Trebuchet MS, **en** B, **en** I, **clic en la flecha de la lista Font Color** A▾, **en el color** Red, Accent 2 **en Theme Colors y quite la selección del texto**

   El subencabezado queda con formato de fuente Trebuchet MS, negrita, cursiva y de color rojo.

6. **Seleccione** Safari en camello; **después, haga clic en el** botón de Format Painter (Copiar formato) ✎ **en el grupo Clipboard (Portapapeles)**

   El cursor cambia a ▪I.

7. **Desplácese hacia abajo, seleccione** Experiencia en Maharaja **con el cursor** ▪I **y quite la selección del texto**

   El subencabezado queda con formato de fuente Trebuchet MS, negrita, cursiva y roja, como muestra la figura C-7.

8. **Desplácese hacia arriba, según sea necesario, seleccione** Safari en el desierto de Rajastán **y haga doble clic en** ✎

   Al hacer doble clic en el botón Format Painter (Copiar formato) esta función permanecerá activa hasta que usted la desactive. Al tener habilitado Format Painter (Copiar formato), podrá aplicar el formato a varios elementos.

9. **Desplácese hacia abajo, seleccione** Viaje a un campamento base en el Everest, Ciclismo en Provenza y Explorador de las Tierras Altas de los incas **con el cursor** ▪I, **haga clic en** ✎ **para desactivar Format Painter (Copiar formato) y guarde sus cambios**

   Los encabezados quedan con formato de fuente Trebuchet MS de 14 puntos, negrita, con un Font Color (Color de fuente) azul oscuro.

FIGURA C-5: Pestaña Font (Fuente) en el cuadro de diálogo Font (Fuente)

Opciones de Font Color (Color de fuente) y estilo subrayado

Opciones de fuente, estilos de fuente y tamaños de fuente

Opciones de efectos de fuente

Vista previa de la fuente y los efectos de fuente seleccionados

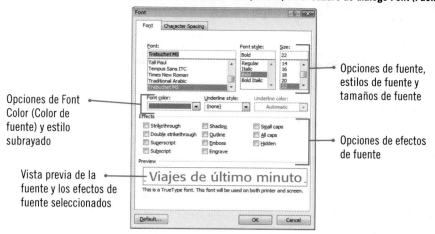

FIGURA C-6: Efectos de fuente y espacio entre caracteres aplicados al texto

Título formateado en 48 puntos, rojo, con efecto de sombra y una escala de caracteres de 80%

Párrafo formateado en cursiva

FIGURA C-7: Formatos copiados y aplicados usando Format Painter (Copiar formato)

Botón Format Painter (Copiar formato)

Subencabezado con formato de fuente Trebuchet MS, negrita, cursiva, de color rojo

Los mismos formatos copiados y aplicados al subencabezado empleando Format Painter (Copiar formato)

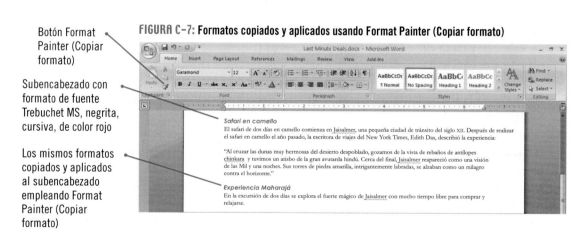

Cómo subrayar texto

Otra forma creativa de llamar la atención hacia el texto y mejorar la apariencia de un documento consiste en aplicar un estilo subrayado a las palabras que desea destacar. La flecha de la lista Underline (Subrayado) en el grupo Font (Fuente) muestra estilos de subrayado recto, punteado, ondulado, con guiones y combinado. Para aplicar subrayado a un texto, sólo debe seleccionarlo, dar clic en la flecha de la lista Underline y elegir un estilo de subrayado de la lista. Para mayor variedad de estilos de subra-

yado, haga clic en More Underlines (Más subrayados) en la lista y elija un estilo de subrayado en el cuadro de diálogo Font. Es posible cambiar el color del subrayado en cualquier momento seleccionando el texto subrayado, dando clic en la flecha de la lista Underline, colocando el cursor sobre Underline Color (Color de subrayado) y eligiendo una de las opciones en la galería de colores. Si desea eliminar el subrayado del texto, seleccione el texto subrayado y haga clic en el botón Underline.

Cambiar interlineado y espaciado de párrafo

Al aumentar el espacio entre líneas se incrementa el espacio en blanco en un documento y se facilita la lectura. Asimismo, el hecho de agregar espacio antes y después de cada párrafo hace que el documento se vea más amplio y mejora su apariencia. Utilice la flecha de la lista Line Spacing (Interlineado) en el grupo Paragraph (Párrafo) de la pestaña Home (Inicio) para cambiar con rapidez el espaciado entre líneas. Para cambiar el espaciado de párrafo utilice las opciones Spacing (Espaciado) del grupo Paragraph (Párrafo) en la pestaña Page Layout (Diseño de página). El espaciado entre líneas y párrafos se mide en puntos. Aumente el espaciado entre líneas de varios párrafos y agregue espacio adicional debajo de cada encabezado para dar al informe una sensación de mayor amplitud. Trabaje con las marcas de formato activadas para poder ver las marcas de párrafo (¶).

PASOS

1. **Presione [Ctrl][Home] ([Ctrl][Inicio]), haga clic en el botón Show/Hide (Mostrar todo) ¶ en el grupo Paragrah (Párrafo), coloque el punto de inserción en el párrafo en cursivas debajo del título y haga clic en la flecha de la lista Line Spacing (Interlineado) en el grupo Paragraph (Párrafo) de la pestaña Home (Inicio)**

   Se abre la lista Line Spacing (Interlineado), que incluye opciones para aumentar el espaciado entre líneas. La marca en la lista Line Spacing indica el espaciado actual entre líneas.

2. **Haga clic en 1.15**

   El espaciado entre las líneas del párrafo aumenta a 1.15 líneas. Observe que no es necesario seleccionar un párrafo completo para cambiar su formato; sólo debe colocar el punto de inserción en el párrafo al que quiere dar formato.

CONSEJO

Word reconoce como párrafo cualquier línea de texto que termine con una marca de párrafo, incluidos títulos, encabezados y renglones en una lista.

3. **Seleccione la lista de cinco líneas que empieza con Costo de las fechas de viajes, haga clic en y luego en 1.5**

   El espacio entre los párrafos seleccionados cambia a 1.5. Para cambiar las características de formato de más de un párrafo, es necesario seleccionarlos.

4. **Desplácese hacia abajo, coloque el punto de inserción en el encabezado Safari en el desierto de Rajastán y haga clic en la pestaña Page Layout (Diseño de página)**

   Los valores de espaciado entre párrafos para el párrafo activo aparecen en los cuadros de texto Before (Antes) y After (Después) en el grupo Paragraph (Párrafo) de la pestaña Page Layout (Diseño de página).

CONSEJO

Usar [F4] no es lo mismo que utilizar Format Painter (Copiar formato). Al presionar [F4] se repetirá sólo la última acción. Para copiar diversos valores de formato, puede usar Format Painter (Copiar formato) en cualquier momento.

5. **Haga clic en la flecha hacia arriba de After en la sección Spacing (Espaciado) del grupo Paragraph (Párrafo), de modo que aparezca el valor 6 puntos**

   Se agregan seis puntos de espacio después del párrafo del encabezado Safari en el desierto de Rajastán.

6. **Desplácese hacia abajo, coloque el punto de inserción en el encabezado Viaje a un campamento base en el Everest y presione [F4]**

   Al presionar [F4] se repite la última acción; en este caso, agregar seis puntos de espacio después del párrafo. Se añaden seis puntos de espacio debajo del encabezado Viaje a un campamento base en el Everest.

7. **Desplácese hacia abajo, seleccione Ciclismo en Provenza, presione y mantenga presionada la tecla [Ctrl], seleccione Explorador en las Tierras Altas de los Incas, suelte la tecla [Ctrl] y presione [F4]**

   Al presionar [Ctrl] mientras selecciona algunos elementos, podrá seleccionar y dar formato a varios elementos a la vez. Se agregan seis puntos de espacio después de cada encabezado.

CONSEJO

Ajustar el espaciado entre párrafos es una forma de agregar espacio en blanco a un documento con mayor precisión que insertando líneas en blanco.

8. **Presione [Ctrl][Home], coloque el punto de inserción en Ofertas de viajes de último momento, haga doble clic en la flecha hacia arriba de Before (Antes) en la sección Spacing (Espaciado) del grupo Paragraph (Párrafo) para que aparezca el valor 12 puntos**

   La segunda línea del título tiene 12 puntos de espacio antes de ésta. Compare su documento con la figura C-8.

9. **Haga clic en la pestaña Home (Inicio), clic en ¶ y guarde sus cambios**

FIGURA C-8: **Espaciado entre líneas y párrafos aplicado al documento**

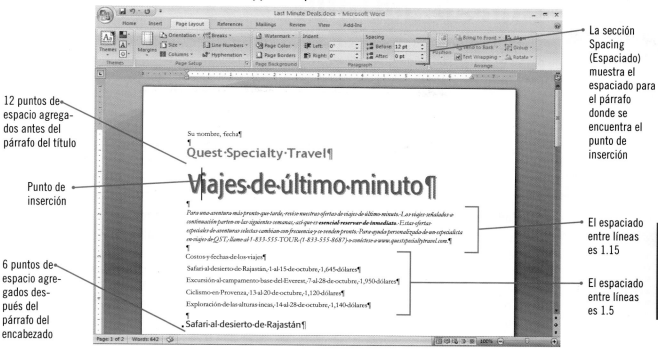

12 puntos de espacio agregados antes del párrafo del título

Punto de inserción

6 puntos de espacio agregados después del párrafo del encabezado

La sección Spacing (Espaciado) muestra el espaciado para el párrafo donde se encuentra el punto de inserción

El espaciado entre líneas es 1.15

El espaciado entre líneas es 1.5

Cómo dar formato con Estilo rápido

También es posible aplicar diversos valores de formato a un texto en un solo paso aplicando un estilo. Un **estilo** es un conjunto de formatos, como fuente, tamaño de fuente y alineación de párrafo, que reciben un nombre y se guardan juntos. Dar formato a un documento con estilos es una forma fácil y rápida de darle una apariencia profesional. Para facilitar la tarea todavía más, Word incluye grupos de estilos, llamados **Quick Styles (Estilos rápidos)**, diseñados para utilizarse juntos en un documento con el fin de hacer a éste atractivo y fácil de leer. Un grupo de Quick Style incluye estilos para un título, varios niveles de encabezados, texto del cuerpo, citas y listas. Los estilos en un grupo de Quick Style usan fuentes, colores y formatos comunes, de modo que al usarlos en un documento le dan a éste una apariencia uniforme.

Para ver el grupo activo de Quick Styles, haga clic en el botón More (Más) en el grupo Styles (Estilos) de la pestaña Home (Inicio) para ampliar la galería de Quick Styles, mostrada en la figura C-9. Al mover el cursor sobre cada uno de los estilos en la galería, se aplicará una vista previa del estilo al texto seleccionado. Para aplicar un estilo a este texto, sólo tiene que dar clic en el botón para ese estilo en la galería de Quick Style. Para quitar un estilo del texto seleccionado, haga clic en el botón Clear Formatting (Borrar formato) en el grupo Font (Fuente) o en la galería de Quick Styles.

Si desea cambiar el grupo activo de Quick Styles a un grupo Quick Style con un diseño diferente, haga clic en el botón Change Styles (Cambiar estilos) en el grupo Styles, mueva el cursor sobre Style Set (Conjunto de estilos) y seleccione el estilo rápido que se adapte mejor al contenido, tono y audiencia del documento. Distinctive (Distintivo), Traditional (Tradicional), Modern (Moderno), Fancy (Sofisticado) y Formal (Formal) son algunos de los ejemplos de los conjuntos de Quick Styles que usted puede aplicar.

Al cambiar el conjunto de Quick Style, se aplicará todo un grupo de fuentes y colores en todo el documento. Asimismo, puede modificar el esquema de colores o la fuente empleada en el conjunto de Quick Style activo dando clic en el botón Change Styles, moviendo el cursor sobre Colors (Colores) o Fonts (Fuentes) y seleccionando los esquemas de colores u opciones de fuentes disponibles.

FIGURA C-9: **Galería de Quick Styles**

AaBbCcDc	AaBbCcDc	AaBbC	AaBbCc
¶ Normal	No Spacing	Heading 1	Heading 2
AaBbCcI	AaB	AaBbCc.	AaBbCcDc
Heading 3	Title	Subtitle	Subtle Em...
AaBbCcL	AABBCCDE	AaBbCcDc	AaBbCcDc
Emphasis	Intense E...	Strong	Quote
AaBbCcDc	AABBCCDE	AABBCCDI	AABBCCDI
Intense Q...	Subtle Ref...	Intense R...	Book Title
AaBbCcDc			
¶ List Para...			

Save Selection as a New Quick Style...

Clear Formatting

Apply Styles...

Alinear párrafos

Cambiar la alineación de los párrafos es otra forma de mejorar la apariencia de un documento. Los párrafos están alineados en relación con los márgenes izquierdo y derecho de un documento. De manera predeterminada, el texto está **alineado a la izquierda**, lo que significa que el borde es uniforme en el margen izquierdo y desigual en el derecho. Utilizando los botones de alineación en el grupo Paragraph (Párrafo), es posible **alinear a la derecha** (que quede uniforme en el margen derecho) o **centrar** el párrafo de modo que quede a la misma distancia de los márgenes izquierdo y derecho. Asimismo, puede **justificar** un párrafo de manera que los bordes izquierdo y derecho queden uniformes en ambos márgenes. Cambie la alineación de varios párrafos al principio del informe para darle mayor atractivo visual.

PASOS

1. **Cambie** Su Nombre, Fecha de Hoy **con su nombre, una coma y la fecha**

¿PROBLEMAS?

Haga clic en el botón View Rule (Regla) 🖾 en la parte superior de la barra de desplazamiento vertical para desplegar las reglas, en caso de que no lo estén.

2. **Seleccione su nombre, la coma y la fecha y haga clic en el** botón Align Text Right (Alinear texto a la derecha) 🖾 **en el grupo** Paragraph (Párrafo)

El texto queda alineado con el margen derecho. En la vista Page Layout (Diseño de impresión) la unión de las secciones sombreada y en blanco de la regla horizontal indica la ubicación de los márgenes izquierdo y derecho.

3. **Coloque el punto de inserción entre su nombre y la coma, presione** [Delete] ([Supr]) **para borrar la coma y luego presione** [Enter] ([Intro])

El nuevo párrafo que contiene la fecha también queda alineado a la derecha. Al presionar [Enter] en el centro de un párrafo se crea un párrafo nuevo con el mismo formato de texto y párrafo que el original.

4. **Seleccione el** título de dos líneas **y haga clic en el** botón Center (Centrar) 🖾 **en el grupo** Paragraph (Párrafo)

Los dos párrafos que forman el título quedan centrados entre los márgenes izquierdo y derecho.

CONSEJO

Haga clic en el botón Align Text Left (Alinear texto a la izquierda) 🖾 en el grupo Paragraph (Párrafo) para alinear un párrafo a la izquierda.

5. **Desplácese hacia abajo según sea necesario, coloque el punto de inserción en el encabezado** Safari en el desierto de Rajastán **y haga clic en** 🖾

El encabezado Safari en el desierto de Rajastán queda centrado.

6. **Coloque el punto de inserción en el párrafo en cursivas debajo del título y haga clic en el** botón Justify (Justificar) 🖾 **en el grupo** Paragraph (Párrafo)

El párrafo queda alineado con los márgenes izquierdo y derecho, como lo ilustra la figura C-10. Al justificar un párrafo, Word ajusta el espacio entre las palabras de modo que todas las líneas del párrafo tengan bordes uniformes en los márgenes izquierdo y derecho.

7. **Coloque el punto de inserción en** Safari en el desierto de Rajastán **y haga clic en el** lanzador 🖾 **del grupo** Paragraph (Párrafo)

Se abre el cuadro de diálogo Paragraph (Párrafo), como se observa en la figura C-11. La pestaña Indents and Spacing (Sangría y espacio) presenta los valores de formato del párrafo donde se encuentra el punto de inserción. Puede marcar o cambiar los valores de formato empleando este cuadro de diálogo.

8. **Haga clic en la** flecha de la lista Alignment (Alineación), **haga clic en** Left (Izquierda) **y luego en** OK (Aceptar) **y guarde sus cambios**

El encabezado Safari en el desierto de Rajastán queda alineado a la izquierda.

FIGURA C-10: Alineación de párrafo modificada

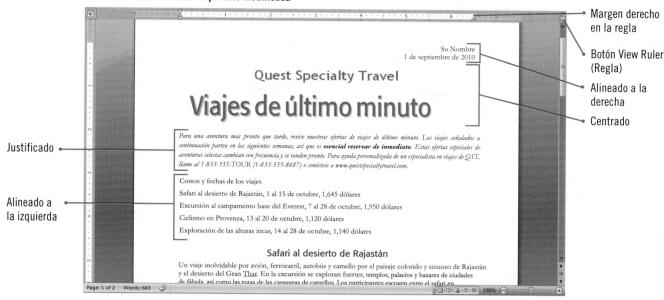

- Margen derecho en la regla
- Botón View Ruler (Regla)
- Alineado a la derecha
- Centrado
- Justificado
- Alineado a la izquierda

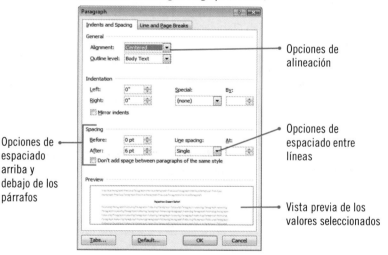

- Opciones de alineación
- Opciones de espaciado entre líneas
- Opciones de espaciado arriba y debajo de los párrafos
- Vista previa de los valores seleccionados

Cómo dar formato a un documento con el uso de temas

Cambiar el tema aplicado a un documento es otra forma eficiente de adaptar la apariencia de un documento, sobre todo cuando a éste se le da formato con un conjunto de Quick Style (Estilos rápidos). De manera predeterminada, todos los documentos creados en Word están formateados con el tema predeterminado de Office, que utiliza la fuente Calibri para el texto del cuerpo, pero es posible cambiar el tema en cualquier momento para adaptarlo al contenido, tono y propósito del documento. Al cambiar el tema para un documento, se aplica un conjunto completo de colores, fuentes y efectos.

Para ver previamente la apariencia de los distintos temas al aplicarlos al documento actual, haga clic en el botón Themes (Temas) del grupo Themes (Temas) en la pestaña Page Layout (Diseño de página), y luego mueva el cursor sobre cada uno de los temas en la galería y observe cómo cambia el documento. Al dar clic en el tema que le agrade, todo el contenido del documento que emplee colores, todo el texto formateado con un estilo, incluido el texto del cuerpo predeterminado, y todos los estilos de tablas y efectos de gráficas cambiarán a los colores, fuentes y efectos usados por el tema. Además, la galería de colores cambiará para mostrar el grupo de colores del tema, y el conjunto de Quick Style empleará los colores y fuentes del tema. Recuerde que el hecho de cambiar el tema no afecta el formato del texto pues ya tiene un formato de fuente, así como tampoco alguno de los colores estándar o personalizados utilizados en el documento.

Si quiere cambiar aún más el diseño del documento, puede modificarlo aplicando un grupo diferente de colores de tema, fuentes en encabezados y texto del cuerpo o efectos gráficos. Para hacerlo, sólo debe dar clic en los botones Colors (Colores), Fonts (Fuentes) y Effects (Efectos) del grupo Themes (Temas), mover el cursor sobre cada una de las opciones en la galería para verlas previamente en el documento y dar clic en la opción que más le agrade.

Trabajar con tabuladores

Los tabuladores le permiten alinear el texto en sentido vertical en un lugar específico del documento. Un **tab top (tope de tabulación)** es un punto en la regla horizontal que indica el lugar donde alinear el texto. De manera predeterminada, los topes de tabulación se localizan a media pulgada del margen izquierdo, pero también puede ajustarlos a su gusto. Utilizando los tabuladores, es posible alinear el texto a la izquierda, a la derecha o en el centro de un tope de tabulación, o bien, puede alinear el texto con un punto decimal o insertar una barra. En la tabla C-1 se describen los topes de tabulación. Puede ajustar las tabulaciones usando la regla horizontal o el cuadro de diálogo Tabs (Tabulaciones). ⬛⬛⬛ Use los tabuladores para dar formato a la información resumida sobre las ofertas de recorridos de último minuto, con el fin de facilitar su lectura.

PASOS

1. **Desplácese según sea necesario y seleccione la lista de cinco líneas que empieza con Costo de las fechas de viajes**

   Antes de ajustar los topes de tabulación para el texto existente, deberá seleccionar los párrafos para los que desea ajustar los tabuladores.

2. **Mueva el cursor sobre el indicador de tabulación 🔲 en el extremo izquierdo de la regla horizontal**

   El icono que aparece en el indicador de tabulación señala el tipo de tabulación activo; al colocar el cursor sobre el indicador de tabulación se abre un recuadro con Información en pantalla o ScreenTip con el nombre del tipo de tabulación activo. De manera predeterminada, el tabulador izquierdo es el tipo activo. Al dar clic en el indicador de tabulación éste se desplaza entre los tipos de tabuladores y sangrías.

3. **Haga clic en el indicador de tabulación para ver cada uno de los tipos de tabulación y sangrías disponibles, active Left Tab (Tabulación izquierda) 🔲, haga clic en la marca de 1 pulgada en la regla horizontal y, luego, en la marca de 3.5 pulgadas en la regla horizontal**

   Se inserta un tope de tabulación izquierdo en las marcas de 1 y 3.5 pulgadas de la regla horizontal. Al dar clic en la regla horizontal, se inserta un tope de tabulador del tipo activo para el párrafo o párrafos seleccionados.

4. **Haga doble clic en el indicador de tabulación, de modo que se active el icono Right Tab (Tabulación derecha) 🔲; después, haga clic en la marca de 5 pulgadas en la regla horizontal**

   Se inserta un tope de tabulación derecho en la marca de 5 pulgadas de la regla horizontal, como muestra la figura C-12.

5. **Coloque el punto de inserción antes de Viaje en la primera línea de la lista, presione [Tab], coloque el punto de inserción antes de Fechas, presione [Tab], coloque el punto de inserción antes de Costo y presione [Tab]**

   Al insertar una tabulación antes de Viaje el texto se alinea a la izquierda en la marca de una pulgada; si inserta una tabulación antes de Fechas, el texto se alinea a la izquierda en la marca de 3.5 pulgadas y al insertar una tabulación antes de Costo el texto se alinea a la derecha en la marca de 5 pulgadas.

6. **Inserte una tabulación al principio de cada una de las otras líneas en la lista**

   Los párrafos se alinean a la izquierda en la marca de una pulgada.

7. **Inserte una tabulación antes de cada Oct. de la lista; a continuación, inserte una tabulación antes de cada $ en la lista**

   Las fechas se alinean a la izquierda en la marca de 3.5 pulgadas. Los precios se alinean a la derecha en la marca de 5 pulgadas.

8. **Seleccione las cinco líneas del texto con tabulación, arrastre el tope de tabulación derecho hasta la marca de 5.5 pulgadas en la regla horizontal y quite la selección del texto**

   Al arrastrar el tope de tabulación éste cambia a una nueva ubicación. Los precios se alinean a la derecha en la marca de 5.5 pulgadas.

9. **Seleccione las cuatro últimas líneas del texto con tabulación, haga clic en el lanzador 🔲 en el grupo Paragraph y luego en Tabs (Tabulaciones) en el cuadro de diálogo Paragraph (Párrafo)**

   Se abre el cuadro de diálogo Tabs (Tabulaciones), como ilustra la figura C-13. Puede usar este cuadro de diálogo para ajustar los topes de tabulación, cambiar la posición o alineación de los topes de tabulación existentes, borrar los topes de tabulación y aplicar rellenos a las tabulaciones. Los **rellenos** son líneas que aparecen frente a un texto con tabulación.

10. **Haga clic en 3.5 pulgadas en el cuadro de lista Tab stop position (Posición), luego en el botón de opción 2 en la sección Leader (Relleno), haga clic en Set (Fijar), seleccione 5.5 pulgadas en el mismo cuadro de lista, haga clic en el botón de opción 2 en la sección Leader, después Set y en OK (Aceptar), quite la selección del texto y guarde sus cambios**

    Se agrega un relleno de línea punteada antes de cada tope de tabulación en 3.5 y 5.5 pulgadas en las últimas cuatro líneas del texto con tabulación, como muestra la figura C-14.

FIGURA C-12: Topes de tabulación izquierdo y derecho en la regla horizontal

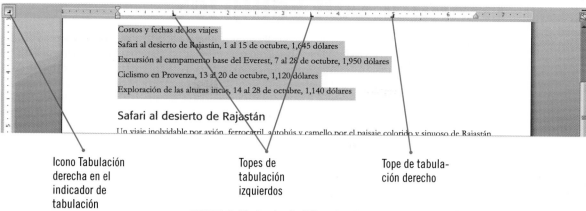

Icono Tabulación derecha en el indicador de tabulación

Topes de tabulación izquierdos

Tope de tabulación derecho

FIGURA C-13: Cuadro de diálogo Tabulaciones

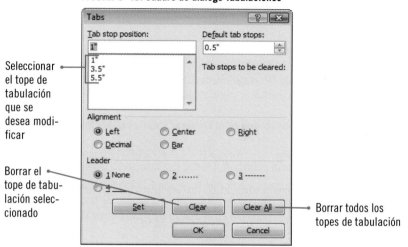

Seleccionar el tope de tabulación que se desea modificar

Borrar el tope de tabulación seleccionado

Borrar todos los topes de tabulación

FIGURA C-14: Rellenos

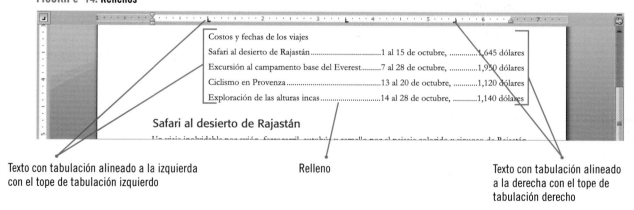

Texto con tabulación alineado a la izquierda con el tope de tabulación izquierdo

Relleno

Texto con tabulación alineado a la derecha con el tope de tabulación derecho

TABLA C-1: Tipos de tabulaciones

tabulación	usada para
Tabulación izquierda	Ajustar la posición donde inicia el texto de modo que éste quede hacia la derecha del tope de tabulación al escribir
Centrar tabulación	Ajustar la posición del texto en la alineación central de modo que éste quede centrado en el tope de tabulación al escribir
Tabulación derecha	Ajustar la posición derecha o final del texto de modo que éste se mueva a la izquierda del tope de tabulación al escribir
Tabulación decimal	Ajustar la posición del punto decimal de modo que los números queden alineados alrededor del punto decimal al escribir
Barra de tabulaciones	Insertar una barra vertical en la posición del tabulador

Trabajar con sangrías

Cuando se **inserta una sangría** en un párrafo, el borde se mueve hacia la izquierda o la derecha del margen. Es posible insertar una sangría en todo el borde izquierdo o derecho de un párrafo sólo en la primera línea o en todas las líneas excepto la primera. Los **marcadores de sangría** en la regla horizontal indican los valores de la sangría para el párrafo en el que se localiza el punto de inserción. Arrastrar un marcador de sangría a otro lugar en la regla es una forma de cambiar la sangría de un párrafo; cambiar los valores de sangría en el grupo Párrafo (Paragraph) en la pestaña Page Layout (Diseño de página) es otra; y emplear los botones de sangría en el grupo Paragraph de la pestaña Home (Inicio) es otra. La Tabla C-2 describe los distintos tipos de sangrías y algunos de los métodos para crear cada una. ▓▓▓▓▓ Aplique sangrías a varios párrafos en el informe.

PASOS

1. **Presione [Ctrl][Home] ([Ctrl][Inicio]), coloque el punto de inserción en el párrafo en cursivas debajo del título y haga clic en el** botón Increase Indent (Aumentar sangría) 🔲 **en el grupo Paragraph (Párrafo) de la pestaña Home (Inicio)**

   En todo el párrafo se aplica una sangría de media pulgada en relación con el margen izquierdo, como muestra la figura C-15. El marcador de sangría ▒ también se mueve hasta la marca de media pulgada en la regla horizontal. Cada vez que haga clic en el botón Aumentar sangría, el borde izquierdo del párrafo se mueve otra media pulgada a la derecha.

2. **Haga clic en el** botón Decrease Indent (Disminuir sangría) 🔲 **en el grupo Paragraph (Párrafo)**

   El borde izquierdo del párrafo se mueve media pulgada hacia la izquierda y el marcador de sangría se mueve para atrás hacia el margen izquierdo.

3. **Arrastre el** marcador Sangría en la Primera Línea ▽ **hacia la marca de tres cuartos de pulgada en la regla horizontal**

   La figura C-16 muestra el marcador First Line Indent (Sangría en la primera línea). La primera línea del párrafo queda con una sangría de tres cuartos de pulgada. Al arrastrar este marcador, la sangría se aplica sólo en la primera línea de un párrafo.

4. **Desplácese hasta la parte inferior de la página 1, coloque el punto de inserción en las comillas, haga clic en la pestaña Page Layout (Diseño de página) y en el** cuadro de texto Indent Left (Sangría izquierda) **en el grupo Paragraph, escriba .5, haga clic en el** cuadro de texto Indent Right (Sangría derecha), **escriba .5 y presione [Enter]**

   Los bordes izquierdo y derecho del párrafo quedan con una sangría de media pulgada de los márgenes, como muestra la figura C-17.

5. **Presione [Ctrl][Home] ([Ctrl][Inicio]), coloque el punto de inserción en el párrafo con cursivas y haga clic en el** lanzador 🔲 **en el grupo Paragraph (Párrafo)**

   Se abre el cuadro de diálogo Paragraph (Párrafo). Puede usar la pestaña Indents and Spacing (Sangría y espacio) para verificar o cambiar los valores de alineación, sangría y espaciado entre líneas y párrafos aplicados a un párrafo.

6. **Haga clic en la** flecha de la lista Special (Especial), clic en (none)(ninguna), clic en OK y guarde sus cambios

   Se elimina la sangría en la primera línea del párrafo.

TABLA C-2: Tipos de sangría

Descripción para crearla	
Izquierda: Separa del margen izquierdo el borde izquierdo de un párrafo	Escribir la posición en la que se desea que el borde izquierdo del párrafo se alinee en el cuadro de texto Indent Left (Sangría izquierda) en el grupo Paragraph (Párrafo) de la pestaña Page Layout (Diseño de página); o arrastrar el marcador Sangría izquierda ▭ en la regla hasta la posición en la que se desea que el borde izquierdo del párrafo quede alineado
Derecha: Separa del margen derecho el borde derecho de un párrafo	Escribir la posición en la que se desea que el borde derecho del párrafo se alinee en el cuadro de texto Indent Right (Sangría derecha) en el grupo Paragraph (Párrafo) de la pestaña Page Layout (Diseño de página); o arrastrar el marcador Sangría derecha △ en la regla hacia la izquierda hasta la posición donde se quiere que termine el borde derecho del párrafo
Primera línea: La primera línea del párrafo presenta una sangría mayor que la del resto de las líneas	Arrastrar ▽ en la regla hacia la derecha hasta la posición en la que se quiere que la primera línea del párrafo empiece; o activar el marcador First Line Indent (Sangría de primera línea) ▽ en el indicador de tabulación y hacer clic en la regla en la posición donde se pretende que inicien la segunda y el resto de las líneas del párrafo
Francesa: Las líneas subsecuentes de un párrafo presentan una sangría mayor a la de la primera línea	Arrastrar el marcador Hanging Indent (Sangría francesa) ⌂ en la regla hacia la derecha hasta la posición en la que se desea que empiece la sangría o activar el marcador Hanging Indent (Sangría francesa) ⌂ en el indicador de tabulación y hacer clic en la regla en la posición donde se quiere que inicien la segunda y el resto de las líneas del párrafo
Negativa: El borde izquierdo del párrafo se mueve hacia la izquierda del margen izquierdo	Escribir la posición negativa con la que se desea que se alinee el borde izquierdo del párrafo en el cuadro de texto Indent Left (Sangría izquierda) en el grupo Paragraph (Párrafo) de la pestaña Page Layout (Diseño de página) o arrastrar el marcador Left Indent (Sangría izquierda) ▭ en la regla hacia la izquierda hasta la posición en la que se quiere que inicie la sangría negativa

FIGURA C-15: Párrafo con sangría

Marcador First Line Indent (Sangría de primera línea)

Marcador Hanging Indent (Sangría francesa)

Marcador Left Indent (Sangría izquierda)

Párrafo con sangría

Marcador Right Indent (Sangría derecha)

Botón Increase Indent (Aumentar sangría)

Botón Decrease Indent (Disminuir sangría)

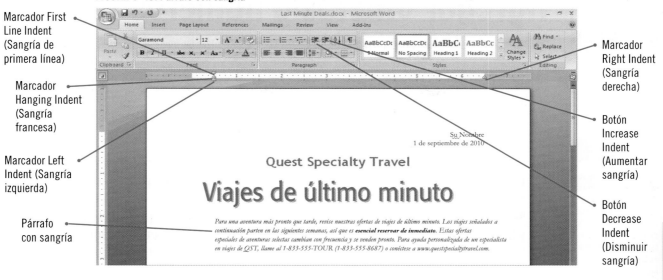

FIGURA C-16: Arrastre del marcador Sangría de primera línea

Marcador Sangría de primera línea al arrastrarlo

La línea punteada muestra la posición de la sangría en el documento

FIGURA C-17: Párrafo con sangría en los bordes izquierdo y derecho

Párrafo con sangría de media pulgada a partir del margen izquierdo

Párrafo con sangría de media pulgada a partir del margen derecho

Cómo borrar el formato

Si no le agrada el formato del texto, puede utilizar el comando Clear Formatting (Borrar formato) para devolver el texto a los valores de formato predeterminados. El formato predeterminado incluye el formato de fuente y párrafo: el texto está formateado en Calibri de 11 puntos y los párrafos están alineados a la izquierda con un espaciado entre líneas de 1.15 puntos, 10 puntos de espacio en la parte inferior y sin sangrías. Para borrar el formato del texto y regresarlo al formato predeterminado, seleccione el texto al que desea quitar el formato y haga clic en el botón Borrar Formato en el grupo Font (Fuente) de la pestaña Inicio. Si prefiere regresar el texto a la fuente predeterminada y quitar todo el formato de los párrafos, con el texto con formato de fuente Calibri de 11 puntos, alineado a la izquierda, a un solo espacio, sin espacios ni sangrías en los párrafos, seleccione el texto y haga clic en el botón No Spacing (Sin espacios) en el grupo Styles (Estilos) de la pestaña Inicio.

Agregar viñetas y números

Dar formato a una lista con viñetas o números puede ayudarle a organizar las ideas en un documento. Una **viñeta** es un carácter, a menudo un pequeño círculo, que aparece antes de los elementos en una lista para destacar alguna información. Dar formato a una lista con números ayuda a ilustrar secuencias y prioridades. Es posible dar formato a una lista con viñetas o números en poco tiempo usando los botones Bullets (Viñetas) y Numbering (Numeración) en el grupo Paragraph (Párrafo) de la pestaña Home (Inicio). Dé formato a las listas en su informe con números y viñetas.

PASOS

CONSEJO

Para cambiar el estilo, la fuente, el formato de números y la alineación de los números en una lista, haga clic derecho en la lista, señale el botón Numeración y haga clic en Define New Number Format (Definir nuevo formato de número).

1. **Desplácese hasta que el encabezado Viaje a un campamento base en el Everest se encuentre en la parte superior de la pantalla**

2. **Seleccione la lista de tres líneas con los complementos de 3 días, haga clic en la pestaña Home y luego en la flecha de la lista Numbering (Numeración) 🔲 en el grupo Paragraph (Párrafo)**

   Se abre la Biblioteca de Números, como muestra la figura C-18. Emplee esta lista para elegir o cambiar el estilo de numeración aplicado.

3. **Arrastre el cursor sobre los distintos estilos de numeración y haga clic en el estilo que muestra la figura C-18**

   Al arrastrar el cursor sobre los estilos de numeración, podrá ver previamente cómo se verá el texto seleccionado si aplica el estilo destacado. Después de dar clic, los párrafos presentarán el formato de una lista numerada.

CONSEJO

Para eliminar una viñeta o número, seleccione el(los) párrafo(s) y haga clic en 🔲 o 🔲.

4. **Coloque el punto de inserción después de Pokhara – Valle de Lagos, presione [Enter] ([Intro]) y escriba Templos de Janakpur**

   Al presionar [Enter] en el centro de la lista numerada se creará un nuevo párrafo numerado y automáticamente se volverá a numerar el resto de la lista. De modo similar, si borra un párrafo de una lista numerada, Word vuelve a numerar el resto de los párrafos en forma automática.

5. **Haga clic en el 1 de la lista**

   Al dar clic en un número de una lista seleccionará todos los números, como muestra la figura C-19.

6. **Haga clic en el botón Bold (Negrita) 🅱 en el grupo Font (Fuente)**

   Todos los números quedan formateados en negritas. Observe que el formato de los elementos en la lista no se altera al cambiar el de los números. También, puede emplear esta técnica para cambiar el formato de las viñetas en una lista.

CONSEJO

Para utilizar un símbolo o una imagen como viñeta, haga clic en Define New Bullet (Definir nueva viñeta) en la lista Viñetas y luego seleccione entre las opciones en el cuadro de diálogo Definir nueva viñeta.

7. **Seleccione la lista de elementos bajo el título Participantes de último momento en el viaje al campamento de base en el Everest..., haga clic en el botón Bullets (Viñetas) 🔲 en el grupo Paragraph (Párrafo)**

   Los cuatro párrafos quedan formateados como una lista con viñetas utilizando el estilo de viñetas que se usó más recientemente.

8. **Haga clic en una viñeta en la lista para seleccionar todas las viñetas. Haga clic en la flecha de la lista Viñetas 🔲 en el grupo Párrafo; después, en el estilo de viñetas de una palomilla y guarde sus cambios**

   El carácter de la viñeta cambia a una palomilla, como se ilustra en la figura C-20.

Cómo crear listas multinivel

Puede crear listas con estructuras jerárquicas aplicando un estilo de lista multinivel. Para crear una **lista multinivel**, conocida también como lista jerárquica, empiece por aplicar un estilo de lista multinivel con la flecha de la lista Multilevel (Multinivel) 🔲 en el grupo Paragraph (Párrafo) en la pestaña Home (Inicio); luego, escriba su lista jerárquica, presionando [Enter] ([Intro]) después de cada elemento. Para colocar los elementos en un nivel inferior de importancia en la lista jerárquica, coloque el punto de inserción en el elemento y haga clic en el botón Aumentar sangría 🔲 en el grupo Párrafo de la pestaña Inicio. Cada vez que aplique una sangría en un párrafo, el elemento pasará a un nivel más bajo en la lista jerárquica. De modo similar, puede usar el botón Disminuir sangría 🔲 para pasar un elemento a un nivel más alto en la lista. Asimismo, puede crear una estructura jerárquica en cualquier lista con viñetas o números utilizando 🔲 y 🔲 para bajar o subir los elementos en la lista. Para modificar el estilo de lista multinivel aplicado a una lista, selecciónela, haga clic en 🔲 y elija un estilo nuevo.

FIGURA C-18: Biblioteca de números

Flecha de la lista Numeración

Se aplicará el formato de numeración al texto seleccionado

Elegir este estilo de numeración

Hacer clic para cambiar el estilo, el formato y la alineación de los números en una lista

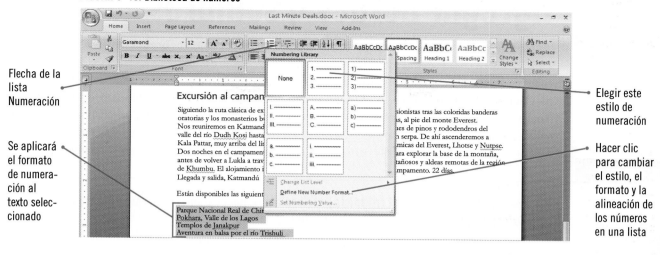

FIGURA C-19: Lista numerada

Botón Viñetas

Números seleccionados en la lista numerada

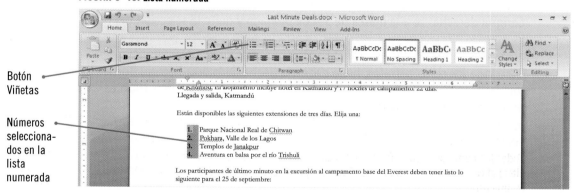

FIGURA C-20: Viñetas de palomilla aplicadas a una lista

Los números están en negritas

Viñetas de palomilla

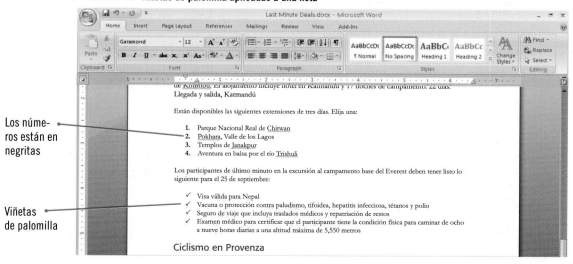

Agregar bordes y sombras

Los bordes y el sombreado pueden aportar color y atractivo a un documento. Los **bordes** son líneas que se agregan arriba, debajo, a un lado o alrededor de las palabras o párrafos. Puede dar formato a los bordes utilizando distintos estilos de líneas, colores y anchos. El **sombreado** es un color o patrón que se aplica detrás de las palabras o los párrafos para hacer que destaquen en una página. Puede aplicar los bordes y el sombreado usando el botón Borders (Bordes) y el botón Shading (Sombreado) en el grupo Paragraph (Párrafo) de la pestaña Home (Inicio). Mejore el texto con tabulación de los itinerarios de los recorridos de último minuto agregando un sombreado. Aplique, también, un borde alrededor del texto con tabulación para destacarlo del resto del documento.

PASOS

1. Presione [Ctrl][Home] ([Ctrl][Inicio]) y desplácese hacia abajo hasta que el texto con tabulación se encuentre en la parte superior de la pantalla

2. Seleccione los cinco párrafos de texto con tabulación, haga clic en la flecha de la lista Sombreado ⬛ en el grupo Párrafo de la pestaña Home (Inicio), haga clic en el color Azul, Énfasis 1, 60% más claro y quite la selección del texto

   Se aplica un sombreado azul claro a los cinco párrafos. Observe que el sombreado se aplica a todo lo ancho de los párrafos, a pesar de los valores de tabulación.

3. Seleccione los cinco párrafos, arrastre el marcador Left Indent (Sangría izquierda) ⬛ hasta la marca de tres cuartos de pulgada en la regla horizontal, arrastre el marcador Right Indent (Sangría derecha) ⬛ a la marca de 5¾ de pulgada y quite la selección del texto

   El sombreado para los párrafos queda con una sangría izquierda y derecha, por lo que se ve más atractivo, como muestra la figura C-21.

4. Seleccione los cinco párrafos, haga clic en la flecha de la lista Bottom Border (Borde inferior) ⬛ en el grupo Paragraph (Párrafo), clic en Outside Borders (Bordes externos) y quite la selección del texto

   Se agrega un borde exterior negro alrededor del texto seleccionado. Puede usar la flecha de la lista Bordes para agregar un borde arriba, debajo, al lado o alrededor del texto seleccionado, entre otras opciones. El estilo del borde agregado es el empleado más recientemente, en este caso el predeterminado, una línea delgada de color negro.

5. Seleccione los cinco párrafos, haga clic en la flecha de la lista Bordes externos ⬛, clic en No Border (Sin borde), clic en la flecha de la lista Sin Borde ⬛ y luego en Bordes y Sombreado

   Se abre el cuadro de diálogo Bordes y sombreado, como muestra la figura C-22. Use la pestaña Bordes para cambiar el estilo, color y ancho del borde, así como para agregar cuadros y líneas a las palabras o los párrafos.

CONSEJO
Al crear bordes personalizados, es importante seleccionar los valores de estilo, color y ancho antes de aplicar los bordes en la sección Preview (Vista previa).

6. Haga clic en el cuadro Box (Cuadro) en la sección Setting (Valor), desplácese hacia debajo de la lista Style (Estilo), haga clic en el estilo de línea doble, en la flecha de la lista Color, en el color Azul oscuro, Texto 2, clic en la flecha de la lista Ancho, en 1½ ptos, en Aceptar y luego quite la selección del texto

   Se agrega un borde de línea doble azul oscuro de 1½ puntos alrededor del texto con tabulación.

7. Seleccione los cinco párrafos, haga clic en el botón Negrita ⬛ en el grupo Font (Fuente), clic en la flecha de la lista Font Color (Color de fuente) ⬛ en el grupo Font, en el color Azul oscuro, Texto 2 y quite la selección del texto

   El texto cambia a negritas color azul oscuro.

8. Seleccione la primera línea del texto con tabulación, haga clic en el lanzador ⬛ en el grupo Font (Fuente), clic en la pestaña Fuente si no es la pestaña activa, clic en 14 en la lista Size (Tamaño), en la flecha de la lista Font Color, en el color Rojo, Énfasis 2, clic en el cuadro de verificación Small caps (Versales) en la sección Effects (Efectos), clic en Aceptar, quite la selección del texto y guarde sus cambios

   El texto en la primera línea se agranda y cambia a versales color rojo, como muestra la figura C-23. Al cambiar el texto a versales, las letras minúsculas cambian por mayúsculas en un tamaño de fuente más pequeño.

FIGURA C-21: Sombreado aplicado al texto con tabulación

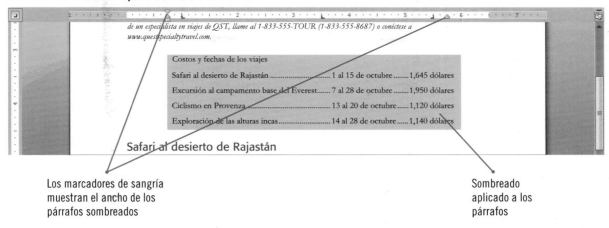

Los marcadores de sangría muestran el ancho de los párrafos sombreados

Sombreado aplicado a los párrafos

FIGURA C-22: Pestaña Bordes en el cuadro de diálogo Bordes y sombreado

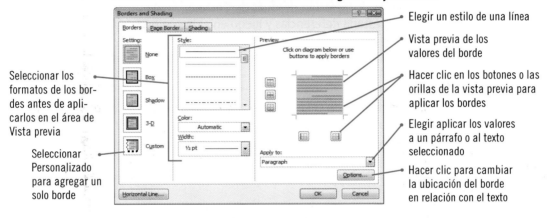

Seleccionar los formatos de los bordes antes de aplicarlos en el área de Vista previa

Seleccionar Personalizado para agregar un solo borde

Elegir un estilo de una línea

Vista previa de los valores del borde

Hacer clic en los botones o las orillas de la vista previa para aplicar los bordes

Elegir aplicar los valores a un párrafo o al texto seleccionado

Hacer clic para cambiar la ubicación del borde en relación con el texto

FIGURA C-23: Formato de bordes y fuentes aplicado al texto con tabulación

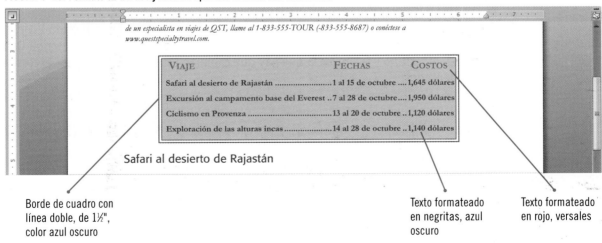

Borde de cuadro con línea doble, de 1½", color azul oscuro

Texto formateado en negritas, azul oscuro

Texto formateado en rojo, versales

Cómo resaltar texto en un documento

La herramienta Highlight (Resaltar) le permite marcar y encontrar texto importante en un documento. El **Resaltado** es un color transparente que se aplica a texto utilizando el cursor Resaltar. Para resaltar texto, haga clic en la flecha de la lista Highlight Color Text (Color de resaltado del texto) en el grupo Font (Fuente) en la pestaña Inicio, seleccione un color y use la parte en del cursor para seleccionar el texto. Haga clic en para desactivar el cursor Resaltar. Para borrar el resaltado, seleccione el texto resaltado, haga clic en y luego en Sin Color. El resaltado se imprime, pero se utiliza con mayor efectividad al ver un documento en pantalla.

Agregar notas al pie y notas al final

Las notas al pie y notas al final se utilizan en los documentos impresos para proporcionar más información, comentarios o referencias sobre el texto en el documento. Una **nota al pie** o **nota al final** es una explicación que consiste en dos partes relacionadas: la marca de referencia de nota que aparece junto al texto para indicar que se ofrece información adicional en una nota al final de la página, y el texto de la nota al pie de página correspondiente. Word coloca las notas al pie al término de cada página y las notas al final al término del documento. Inserte y maneje notas al pie y notas al final en un documento usando las herramientas en el grupo Footnotes (Notas al pie) en la pestaña References (Referencias). Antes de terminar el documento, agregue varias notas al pie para ampliar la información en el documento.

PASOS

¿PROBLEMAS?

Desplácese hacia arriba según sea necesario para ver la marca de referencia de nota; luego, desplácese hacia abajo para ver la nota al pie.

1. **Coloque el punto de inserción después de Costo en la fila superior del texto con tabulación, haga clic en la pestaña Referencias y luego en el botón Insert Footnote (Insertar nota al pie) del grupo Footnotes (Notas al pie)**

   Una marca de referencia de nota, en este caso un 1 superíndice, aparece después de Costo y el punto de inserción aparece debajo de una línea de separación en la parte inferior de la página. Una marca de referencia de nota puede ser un número, un símbolo, un carácter o una combinación de caracteres.

2. **Escriba El precio del recorrido no incluye vuelos internacionales, seguros de viaje ni impuestos.**

   El texto de la nota al pie aparece debajo de la línea de separación en la parte inferior de la página 1.

CONSEJO

Para cambiar el formato del número de la marca de referencia de nota o utilizar un símbolo en lugar de un carácter, haga clic en el lanzador en el grupo Notas al pie, seleccione entre las opciones en el cuadro de diálogo Footnote and Endnote (Notas al pie y Notas al final) y haga clic en Apply (Aplicar).

3. **Coloque el punto de inserción al final de la cita en la parte inferior de la página 1, haga clic en el botón Insertar nota al pie y escriba 12 de abril de 2009**

   El texto de la segunda nota al pie aparece debajo de la primera en la parte inferior de la página 1, como muestra la figura C-24.

4. **Desplácese hasta el centro de la página 2, coloque el punto de inserción al final de la segunda línea en la lista con viñetas, haga clic en el botón Insertar nota al pie y escriba Las vacunas requeridas están sujetas a cambio y es preciso confirmarlas antes de salir.**

   El texto para la tercera nota al pie aparece en la parte inferior de la página 2.

5. **Desplácese hacia arriba, coloque el punto de inserción después del encabezado Viaje a un campamento base en el Everest, haga clic en el botón Insertar nota al pie y escriba Debido a la altitud, el terreno y la distancia que hay que caminar, este viaje es sólo para excursionistas experimentados.**

   Observe que, al insertar una nueva nota al pie entre dos notas al pie existentes, Word vuelve a numerar automáticamente todas las notas. La nota nueva aparece sobre la última nota en la parte inferior de la página 2.

6. **Presione [Ctrl][Home] ([Ctrl][Inicio]), haga clic en el botón Next Footnote (Siguiente nota al pie) en el grupo Notas al pie**

   El punto de inserción pasa a la primera marca de referencia en el documento.

CONSEJO

Para convertir todas las notas al pie en notas al final, haga clic en el lanzador en el grupo Notas al Pie, clic en Convert (Convertir), en OK (Aceptar) y luego en Close (Cerrar).

7. **Haga clic en el botón Siguiente nota al pie, presione [Delete] ([Supr]) para seleccionar la marca de referencia número 2 y vuelva a presionar [Delete]**

   La marca de referencia y la nota al pie asociada se eliminan del documento y las notas al pie se vuelven a numerar de manera automática. Debe seleccionar una marca de referencia para borrar una nota al pie; no es posible borrar sólo el texto de la nota.

8. **Desplácese hasta la parte inferior de la página 2, observe que las demás notas al pie se volvieron a numerar, presione [Ctrl][Home] ([Ctrl][Inicio]) y guarde sus cambios**

   La figura C-25 presenta el documento terminado.

9. **Haga clic en el botón Office, coloque el cursor sobre Print (Imprimir), haga clic en Quick Print (Impresión rápida), cierre el documento y salga de Word**

   Se imprimirá una copia del folleto. Dependiendo de su impresora, es probable que los colores se vean diferentes en la impresión. Si usa una impresora blanco y negro, los colores se imprimirán en tonos de gris.

FIGURA C-24: Notas al pie en el documento

Línea de separación

"Al cruzar las dunas muy hermosas del desierto despoblado, gozamos de la vista de rebaños de antílopes chinkara y tuvimos un atisbo de la gran avutarda hindú. Cerca del final,
Jaisalmer reapareció como una visión de las Mil y una noches. Sus torres de piedra amarilla,
intrigantemente labradas, se alzaban como un milagro contra el horizonte."[2]

Experiencia Maharajá

[1] Vuelos internacionales, seguro de viaje, visas e impuestos no incluidos en el precio.
[2] 12 de abril de 2009.

Marca de refe-
rencia de nota

Texto de nota
al pie

FIGURA C-25: Documento terminado

Su Nombre
1 de septiembre de 2010

Quest Specialty Travel

Viajes de último minuto

Para una aventura más pronto que tarde, revise nuestras ofertas de viajes de último minuto. Los viajes señalados a continuación parten en las siguientes semanas, así que es esencial reservar de inmediato. Estas ofertas especiales de aventuras selectas cambian con frecuencia y se venden pronto. Para ayuda personalizada de un especialista en viajes de QST, llame al 1-833-555-TOUR (1-833-555-8687) o conéctese a www.questspecialtytravel.com.

VIAJE	FECHAS	COSTOS[1]
Safari al desierto de Rajastán..................	1° al 15 de octubre...	1,645 dólares
Excursión al campamento base del Everest.....	7 al 28 de octubre.........	1,950 dólares
Ciclismo en Provenza..................	13 al 20 de octubre	1,120 dólares
Exploración de las alturas incas	14 al 28 de octubre......	1,140 dólares

Safari al desierto de Rajastán

Un viaje inolvidable por avión, ferrocarril, auto y camello por el paisaje colorido y sinuoso de Rajastán y el desierto del Gran Thar. En la excursión se exploran fuertes, templos, palacios y bazares de ciudades de fábula, así como las rutas de las caravanas de camellos. Los participantes escogen entre el safari en camello de 15 días, llegada y salida en Nueva Delhi.

Safari en camello

El safari en camello de dos días comienza en Jaisalmer, una pequeña ciudad de tránsito del siglo XII. Después de realizar el safari en camello el año pasado, la escritora de viajes del New York Times, Edith Das, describió la experiencia:

"Al cruzar las dunas muy hermosas del desierto despoblado, gozamos de la vista de rebaños de antílopes chinkara y tuvimos un atisbo de la gran avutarda hindú. Cerca del final, Jaisalmer reapareció como una visión de las Mil y una noches. Sus torres de piedra amarilla, intrigantemente labradas, se alzaban como un milagro contra el horizonte."

Experiencia Maharajá

En la excursión de dos días se explora el fuerte mágico de Jaisalmer con mucho tiempo libre para comprar y relajarse.

[1]Vuelos internacionales, seguro de viaje, visas e impuestos no incluidos en el precio.

Excursión al campamento base del Everest[2]

Siguiendo la ruta clásica de expedición al Everest, este viaje lleva a los excursionistas tras las coloridas banderas oratorias y los monasterios budistas de las tradicionales aldeas de los serpas, al pie del monte Everest. Nos reuniremos en Katmandú, volaremos a Lukla y cruzaremos los bosques de pinos y rododendros del valle del río Dudh Kosi hasta Bazar Namche, el agitado centro de la región serpa. De ahí ascenderemos a Kala Pattar, muy arriba del límite de los pinos, para disfrutar vistas panorámicas del Everest, Lhotse y Nutpse. Dos noches en el campamento base del Everest serán tiempo suficiente para explorar la base de la montaña, antes de volver a Lukla a través de bosques perdidos, elevados pasos montañosos y aldeas remotas de la región de Khumbu. El alojamiento incluye hotel en Katmandú y 17 noches de campamento. 22 días. Llegada y salida, Katmandú

Están disponibles las siguientes extensiones de tres días. Elija una:

1. Parque Nacional Real de Chitwan
2. Pokhara, Valle de los Lagos
3. Templos de Janakpur
4. Aventura en balsa por el río Trishuli

Los participantes de último minuto en la excursión al campamento base del Everest deben tener listo lo siguiente para el 25 de septiembre:

✓ Visa válida para Nepal.
✓ Vacuna o protección contra paludismo, tifoidea, hepatitis infecciosa, tétanos y polio[3].
✓ Seguro de viaje que incluya traslados médicos y repatriación de restos.
✓ Examen médico para certificar que el participante tiene la condición física para caminar de ocho a nueve horas diarias a una altitud máxima de 5,550 metros.

Ciclismo en Provenza

El terreno fértil y accidentado de Provenza es el telón de fondo para este viaje ligero. Los días se pasan pedaleando entre agradables pueblos medievales y aldeas encantadoras, con mucho tiempo para demorarse en las vistas del camino. De noche, descansamos en la comodidad y calidez de pequeños hoteles locales. El viaje diario promedio es de 48 kilómetros, pero si prefiere, hay opciones de rutas más largas. Ocho días. Llegada y salida, Niza.

Explorador de las alturas incas

Esta épica aventura terrestre combina las alturas de la civilización inca con un sorprendente viaje de cinco días a los Andes a través de bosques brumosos y picos cubiertos de nieve al antiguo establecimiento inca de Machu Picchu. A continuación, viajaremos por tierra al magnífico Lago Titicaca, lugar de nacimiento de la leyenda inca, y a La Paz, Bolivia, la capital más alta del mundo. El alojamiento incluye campamentos y hoteles. Quince días. Llegada, Lima/ Salida, La Paz.

[2]Debido a la altitud, terreno y distancia caminada, este viaje es sólo para excursionistas de montaña experimentados.
[3]Los requisitos de vacunación están sujetos a cambios y deben confirmarse antes de la partida.

Word 2007

Cómo crear una bibliografía

Muchos documentos requieren de una **bibliografía**, una lista de las fuentes que consultó o citó al crear el documento. La característica de bibliografía de Word le permite crear fuentes con rapidez, agregar citas a un documento y generar automáticamente una bibliografía con base en la información sobre las fuentes que usted proporcione. Cada vez que cree una fuente nueva, la información de ésta se guardará en su computadora, de modo que estará disponible para usarla en cualquier documento.

Para agregar una cita o fuente a un documento, empiece por seleccionar el estilo que desea utilizar para éstas usando la flecha de la lista Style (Estilo) en el grupo Citations & Bibliography (Citas y Bibliografía) de la pestaña References (Referencias). APA, Chicago y MLA son estilos que se emplean con frecuencia. Luego, coloque el punto de inserción al final del enunciado en el que quiere agregar la cita, haga clic en el botón Insert Citation (Insertar cita) en el grupo Citas y bibliografía, en Add New Source (Agregar nueva fuente) y escriba la información relevante sobre la fuente de referencia en el cuadro de diálogo Create Source (Crear fuente). Al terminar de agregar las citas en un documento y cuando esté listo para crear una bibliografía, coloque el punto de inserción en el lugar donde quiere la bibliografía que, por lo regular, es al final del documento, haga clic en el botón Bibliography (Bibliografía) en el grupo Citas y Bibliografía y haga clic en un estilo de bibliografía integrado de la galería, o bien, en Insert Bibliography (Insertar bibliografía). La bibliografía se inserta en el documento como un campo y puede darle el formato que desee.

Práctica

Si cuenta con un perfil de usuario SAM, usted puede tener acceso a instructivos, prácticas y evaluación de las habilidades cubiertas en la unidad. Conéctese a su cuenta SAM (http://sam2007.course.com/) para iniciar actividades de capacitación o exámenes programados que se relacionan con las habilidades abordadas en esta unidad.

▼ REPASO DE CONCEPTOS

Anote los elementos de la ventana del programa Word que se muestra en la figura C-26.

FIGURA C-26

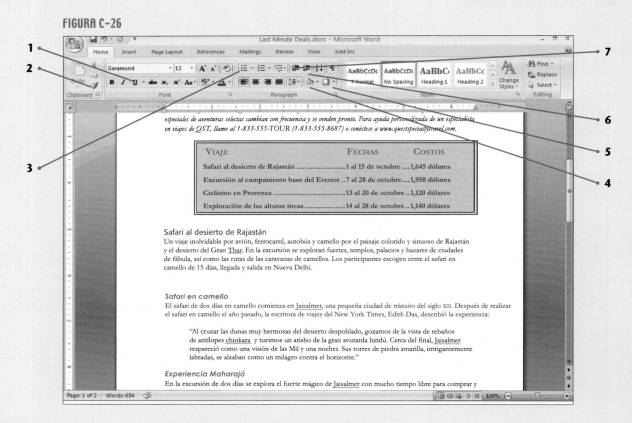

Relacione cada término con el enunciado que mejor lo describe.

8. **Nota al pie**

9. **Sombreado**

10. **Punto**

11. **Estilo**

12. **Bibliografía**

13. **Resaltado**

14. **Viñeta**

15. **Borde**

a. Color o patrón que se aplica detrás de un texto para darle una apariencia atractiva

b. Nota colocada en la parte inferior de una página que alude a una parte del texto en el documento

c. Lista de fuentes consultadas o citadas al crear un documento

d. Línea que se puede aplicar encima, debajo o a ambos lados de un párrafo

e. Color transparente que se aplica al texto para resaltarlo en un documento

f. Unidad de medida que equivale a ½ pulgada

g. Carácter que aparece al principio de un párrafo para hacer énfasis

h. Conjunto de valores de formato

Seleccione la mejor respuesta de las opciones.

16. **¿Qué es Garamond?**

   a. Un formato de caracteres   **c.** Una fuente

   b. Un estilo   **d.** Un efecto de texto

17. **¿Cuál es la forma más precisa de incrementar la cantidad de espacio blanco entre dos párrafos?**

   a. Cambiar el espacio del párrafo antes del segundo párrafo

   b. Insertar una sangría en los párrafos

   c. Cambiar el espacio entre las líneas de los párrafos

   d. Insertar una línea en blanco adicional entre los párrafos

18. **¿En qué tipo de sangría las líneas subsecuentes de un párrafo tienen más sangría que la primera?**

   a. Sangría francesa   **c.** Sangría en la primera línea

   b. Sangría negativa   **d.** Sangría derecha

19. **¿Qué cuadro de diálogo se utiliza para cambiar la escala de los caracteres?**

   a. Párrafo   **c.** Tabulaciones

   b. Bordes y sombreado   **d.** Fuente

20. **¿Qué botón se usa para alinear un párrafo con los márgenes izquierdo y derecho?**

   a. ▤   **c.** ▤

   b. ▤   **d.** ▤

▼ REPASO DE HABILIDADES

1. Dar formato con fuentes.

   a. Abra Word, abra el archivo WD C-2.docx desde el disco y la carpeta donde guarda sus archivos, guárdelo como **Franklin EDA Report** y desplácese por el documento para darse una idea de su contenido.

   b. Presione [Ctrl][A] ([Ctrl][E]) y dé formato al texto en California FB de 12 puntos. Si California FB no aparece en su lista, elija una fuente serif diferente.

   c. Presione [Ctrl][Home] ([Ctrl][Inicio]), dé formato al título **Pueblo de Franklin Informe de las Autoridades de Desarrollo Económico** en Berlin Sans FB de 26 puntos. Si Berlin Sans FB no está en su lista, seleccione una fuente sans serif distinta.

   d. Cambie el color de la fuente del título del informe a Púrpura, Énfasis 4, Oscuro 25% y presione [Enter] ([Intro]) después de Franklin en el título.

   e. Coloque el punto de inserción en el primer párrafo del cuerpo debajo del título y agregue una capital en el párrafo utilizando la posición En texto.

   f. Dé formato al encabezado **Declaración de la misión** en Berlin Sans FB de 14 puntos con Color Púrpura, Énfasis 4, Oscuro 25%.

   g. Presione [Ctrl][Home] ([Ctrl][Inicio]) y guarde sus cambios al informe.

2. Copiar formatos con Format Painter (botón Copiar formato).

   a. Utilice Format Painter para copiar el formato del encabezado Declaración de la misión en los encabezados siguientes: **Principios rectores, Problemas, Acciones propuestas.**

   b. Muestre las marcas de formato y, a continuación, dé formato al párrafo debajo del encabezado Declaración de la misión en cursivas.

   c. Dé formato a **Años Crecimiento demográfico**, la primera línea en la lista de cuatro líneas debajo del encabezado Problemas, en negritas, versalitas, con Color Púrpura, Énfasis 4, Oscuro 50%.

   d. Cambie el color de la fuente en las siguientes dos líneas debajo de Años Crecimiento Demográfico a Púrpura, Énfasis 4, Oscuro 50%.

   e. Dé formato a la línea **Fuente: Oficina de Planeación Estatal** en cursivas.

f. Desplácese hasta la parte superior del informe y cambie la escala de caracteres de **Informe de las autoridades de desarrollo económico** a 90%.

g. Cambie la escala de caracteres de **Resumen ejecutivo** a 150% y guarde sus cambios.

3. Cambiar interlineado y espaciado de párrafo.

a. Cambie el espacio entre líneas de la lista de tres líneas debajo del primer párrafo del cuerpo a 1.5 líneas.

b. Agregue 24 puntos de espacio antes y 6 puntos de espacio después de la línea Resumen ejecutivo en el título.

c. Agregue 12 puntos de espacio después del encabezado Declaración de la misión y, luego, use la tecla F4 para agregar 12 puntos de espacio después de cada encabezado adicional en el informe (Principios rectores, Problemas, Acciones propuestas).

d. Añada 6 puntos de espacio después de cada párrafo en la lista debajo del encabezado Principios rectores.

e. Cambie a 1.15 el espacio entre líneas de la lista de 4 líneas debajo del encabezado Problemas que empieza con Años Crecimiento Demográfico.

f. Agregue 6 puntos de espacio después de cada párrafo debajo del encabezado Acciones propuestas.

g. Presione [Ctrl][Home] ([Ctrl][Inicio]) y guarde sus cambios al informe.

4. Alinear párrafos.

a. Presione [Ctrl][A] ([Ctrl][E]) para seleccionar todo el documento y justifique todos los párrafos.

b. Centre el título del informe de tres líneas.

c. Presione [Ctrl][End] ([Ctrl][Fin]), escriba su nombre, presione [Enter] ([Intro]), escriba la fecha actual y alinee a la derecha su nombre y la fecha.

d. Guarde sus cambios al informe.

5. Trabajar con tabuladores.

a. Desplácese hacia arriba y seleccione la lista de cuatro líneas de información sobre la población debajo del encabezado Problemas.

b. Ajuste los topes de tabulación izquierdos en las marcas de 2 y 3¾ de pulgada.

c. Inserte una tabulación al principio de cada línea en la lista.

d. En la primera línea, inserte una tabulación antes de Población. En la segunda línea, inserte una tabulación antes de 4.5%. En la tercera línea, inserte una tabulación antes de 53%.

e. Seleccione las primeras tres líneas y arrastre el segundo tope de tabulación hasta la marca de 3 pulgadas en la regla horizontal.

f. Presione [Ctrl][Home] ([Ctrl][Inicio]) y guarde sus cambios al informe.

6. Trabajar con sangrías.

a. Inserte una sangría en el párrafo debajo del encabezado Declaración de la misión, a media pulgada del margen izquierdo y media pulgada del derecho.

b. Inserte una sangría en la primera línea del párrafo debajo del encabezado Principios rectores, a media pulgada.

c. Inserte una sangría en la primera línea de los tres párrafos del cuerpo debajo del encabezado Problemas, a media pulgada.

d. Presione [Ctrl][Home] ([Ctrl][Inicio]) y guarde sus cambios al informe.

7. Agregar viñetas y números.

a. Aplique viñetas a la lista de tres líneas debajo del primer párrafo del cuerpo. Si es necesario, cambie el estilo de las viñetas a pequeños círculos negros.

b. Cambie el color de las viñetas a Púrpura, Énfasis 4, Oscuro 25%.

c. Desplácese hacia abajo hasta que el encabezado Principios rectores quede en la parte superior de la pantalla.

d. Dé formato a la lista de seis párrafos debajo de Principios rectores para que quede numerada.

e. Dé formato a los números en Berlin Sans FB de 14 puntos y cambie el color a Púrpura, Énfasis 4, Oscuro 25%.

f. Desplácese hacia abajo hasta que el encabezado Acciones propuestas quede en la parte superior de la pantalla y dé formato a los párrafos debajo del encabezado como una lista con viñetas utilizando las palomillas como formato de las viñetas.

g. Cambie el color de las viñetas a Púrpura, Énfasis 4, Oscuro 25%, presione [Ctrl][Home] ([Ctrl][Inicio]) y guarde sus cambios al informe.

▼ REPASO DE HABILIDADES (CONTINUACIÓN)

8. Agregar bordes y sombras.

a. Cambie el color de texto **Informe de las Autoridades de Desarrollo Económico del pueblo de Franklin** a Blanco, Fondo 1 y aplique el sombreado Naranja, Énfasis 6.

b. Agregue un borde Naranja, Énfasis 6 de un punto debajo del encabezado Declaración de la misión.

c. Utilice la tecla F4 para agregar el mismo borde a los otros encabezados del informe (Principios rectores, Problemas, Acciones propuestas).

d. Debajo del encabezado Problemas, seleccione las tres primeras líneas del texto con tabulación, que tienen formato en púrpura y, luego, aplique un sombreado Púrpura, Énfasis 4, Claro 60% a los párrafos.

e. Si es necesario, seleccione otra vez las tres primeras líneas del texto con tabulación y añada un borde de cuadro de una sola línea de 1½ puntos en color Naranja, Énfasis 6 alrededor de los párrafos.

f. Inserte una sangría en el sombreado y el borde alrededor de los párrafos a 1¾ de pulgada del margen izquierdo y 1¾ de pulgada del derecho y guarde sus cambios.

9. Agregar notas al pie y notas al final.

a. Coloque el punto de inserción al final del elemento 5 debajo del encabezado Principios rectores, inserte una nota final y escriba **En 2009 se estableció un fondo de reserva de capital.**

b. Coloque el punto de inserción al final del elemento 3, inserte una nota al final y escriba **Véase el informe de las ADE del distrito del centro.**

c. Coloque el punto de inserción al final del tercer elemento en la lista debajo del encabezado Acciones propuestas, inserte una nota al final y escriba **Programado para febrero de 2010.**

d. Localice y borre la primera nota al final del documento. Desplácese hasta el final del documento y verifique que las notas al final sean las correctas.

e. Presione [Ctrl][Home] ([Ctrl][Inicio]), guarde sus cambios al informe, véalo en Print Preview (Vista preliminar) e imprima una copia. La figura C-27 muestra el informe con formato.

f. Desactive las marcas de formato, cierre el archivo y salga de Word.

FIGURA C-27

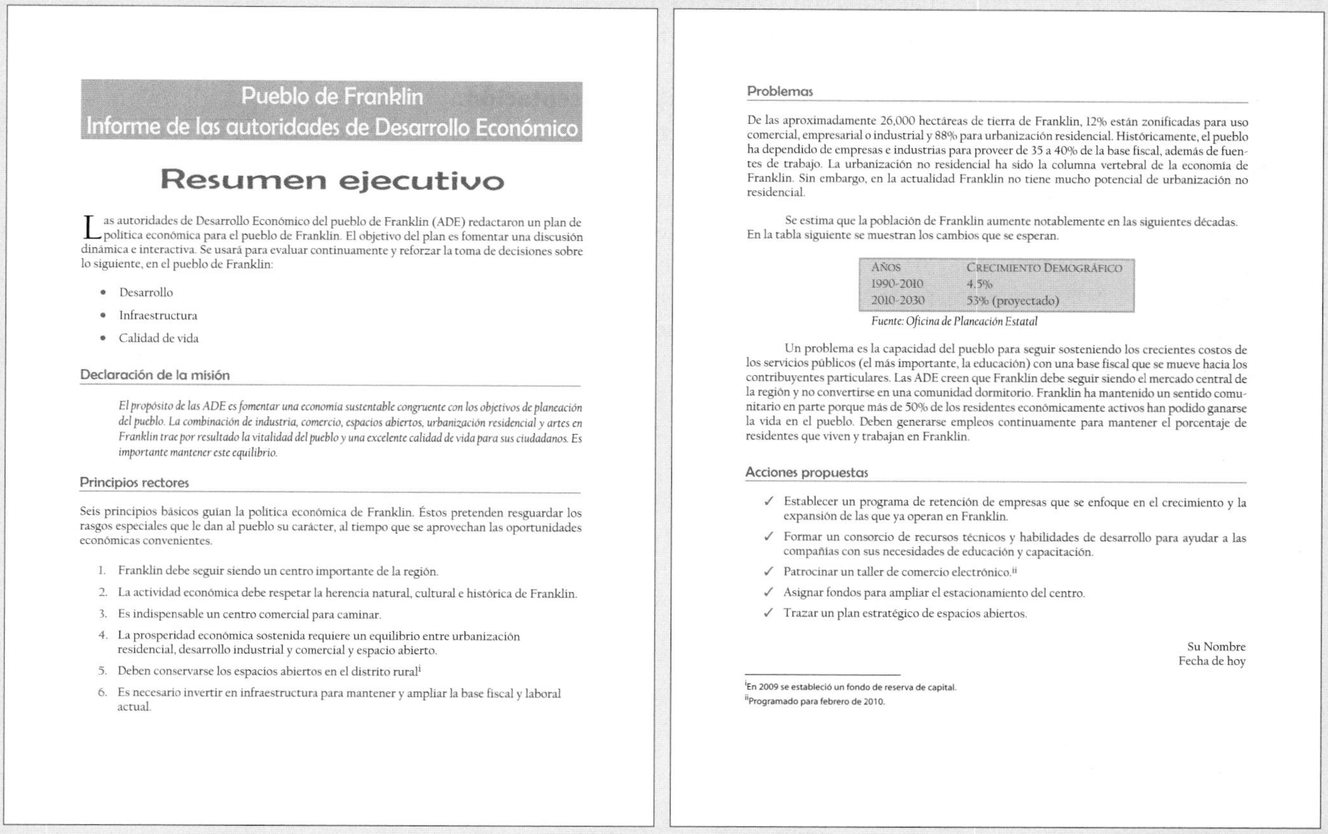

Pueblo de Franklin
Informe de las autoridades de Desarrollo Económico

Resumen ejecutivo

Las autoridades de Desarrollo Económico del pueblo de Franklin (ADE) redactaron un plan de política económica para el pueblo de Franklin. El objetivo del plan es fomentar una discusión dinámica e interactiva. Se usará para evaluar continuamente y reforzar la toma de decisiones sobre lo siguiente, en el pueblo de Franklin:

- Desarrollo
- Infraestructura
- Calidad de vida

Declaración de la misión

El propósito de las ADE es fomentar una economía sustentable congruente con los objetivos de planeación del pueblo. La combinación de industria, comercio, espacios abiertos, urbanización residencial y artes en Franklin trae por resultado la vitalidad del pueblo y una excelente calidad de vida para sus ciudadanos. Es importante mantener este equilibrio.

Principios rectores

Seis principios básicos guían la política económica de Franklin. Éstos pretenden resguardar los rasgos especiales que le dan al pueblo su carácter, al tiempo que se aprovechan las oportunidades económicas convenientes.

1. Franklin debe seguir siendo un centro importante de la región.
2. La actividad económica debe respetar la herencia natural, cultural e histórica de Franklin.
3. Es indispensable un centro comercial para caminar.
4. La prosperidad económica sostenida requiere un equilibrio entre urbanización residencial, desarrollo industrial y comercial y espacio abierto.
5. Deben conservarse los espacios abiertos en el distrito rural[i]
6. Es necesario invertir en infraestructura para mantener y ampliar la base fiscal y laboral actual.

Problemas

De las aproximadamente 26,000 hectáreas de tierra de Franklin, 12% están zonificadas para uso comercial, empresarial o industrial y 88% para urbanización residencial. Históricamente, el pueblo ha dependido de empresas e industrias para proveer de 35 a 40% de la base fiscal, además de fuentes de trabajo. La urbanización no residencial ha sido la columna vertebral de la economía de Franklin. Sin embargo, en la actualidad Franklin no tiene mucho potencial de urbanización no residencial.

Se estima que la población de Franklin aumente notablemente en las siguientes décadas. En la tabla siguiente se muestran los cambios que se esperan.

AÑOS	CRECIMIENTO DEMOGRÁFICO
1990-2010	4.5%
2010-2030	53% (proyectado)

Fuente: Oficina de Planeación Estatal

Un problema es la capacidad del pueblo para seguir sosteniendo los crecientes costos de los servicios públicos (el más importante, la educación) con una base fiscal que se mueve hacia los contribuyentes particulares. Las ADE creen que Franklin debe seguir siendo el mercado central de la región y no convertirse en una comunidad dormitorio. Franklin ha mantenido un sentido comunitario en parte porque más de 50% de los residentes económicamente activos han podido ganarse la vida en el pueblo. Deben generarse empleos continuamente para mantener el porcentaje de residentes que viven y trabajan en Franklin.

Acciones propuestas

- ✓ Establecer un programa de retención de empresas que se enfoque en el crecimiento y la expansión de las que ya operan en Franklin.
- ✓ Formar un consorcio de recursos técnicos y habilidades de desarrollo para ayudar a las compañías con sus necesidades de educación y capacitación.
- ✓ Patrocinar un taller de comercio electrónico.[ii]
- ✓ Asignar fondos para ampliar el estacionamiento del centro.
- ✓ Trazar un plan estratégico de espacios abiertos.

Su Nombre
Fecha de hoy

[i] En 2009 se estableció un fondo de reserva de capital.
[ii] Programado para febrero de 2010.

Word 2007

▼ RETO INDEPENDIENTE 1

Usted se dedica a elaborar cotizaciones en Jermanok Construction, en la ciudad australiana Wollongong, y elaboró una cotización para un trabajo de remodelación de una casa y debe darle formato. Es importante que la cotización tenga un diseño limpio e impactante, al tiempo que debe reflejar el profesionalismo de su compañía.

a. Abra Word, abra el archivo WD C-3.docx desde el disco y la carpeta donde guarda sus archivos, guárdelo como **Jermanok Construction** y lea el documento para darse una idea de su contenido. La figura C-28 le muestra cómo darle formato al membrete.

FIGURA C-28

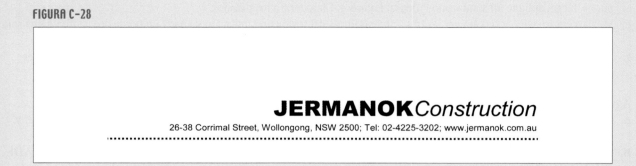

JERMANOK *Construction*

26-38 Corrimal Street, Wollongong, NSW 2500; Tel: 02-4225-3202; www.jermanok.com.au

b. Seleccione todo el documento, cambie el estilo a Sin espacios y la fuente a Times New Roman de 12 puntos.

c. En el primer párrafo, dé formato a **Jermanok** en Arial Black de 24 puntos y cambie las fuentes a Mayúsculas. Dé formato a **Construction** en Arial de 24 puntos, aplique cursivas y luego borre el espacio entre las dos palabras. (*Sugerencia:* si no tiene Arial Black, elija una fuente similar.)

d. Dé formato a la siguiente línea en Arial de 10 puntos y luego alinee a la derecha el membrete de dos líneas.

e. Agregue un borde negro punteado de 2¼ puntos debajo del párrafo de la línea con la dirección.

f. Con el punto de inserción en la línea de la dirección, abra el cuadro de diálogo Bordes y sombreado, haga clic en Opciones para abrir el cuadro de diálogo Opciones de bordes y sombreado, cambie el valor Inferior a 5 puntos y dé doble clic para ajustar la ubicación del borde en relación con la línea de texto.

g. Dé formato al título **Proposal of Renovation** en Arial Black de 14 puntos y centre el título.

h. Dé formato a los siguientes encabezados (incluidos los dos puntos) en Arial Black de 11 puntos: **Fecha**, **Trabajo realizado para**, **Extensión del trabajo**, **Esquema de pagos** y **Aceptación.**

i. Seleccione la lista de 14 líneas debajo de **Extensión del trabajo** que empieza con **Demostración de todos...**, cambie el espacio entre párrafos para agregar 4 puntos de espacio después de cada párrafo en la lista. (*Sugerencia:* seleccione 0 puntos en el cuadro de texto Después, escriba 4 y presione Enter (Intro).)

j. Con la lista seleccionada, ajuste un tope de tabulación derecho en la marca de seis pulgadas y un cuarto, inserte tabulaciones antes de cada precio en la lista y aplique rellenos con líneas punteadas.

k. Dé formato a la lista con numeración y aplique negritas a los números.

l. Aplique negritas a las dos líneas, **Costos totales estimados de trabajo** y **Tiempo aproximado del trabajo** debajo de la lista.

m. Cambie Su Nombre por su nombre en el bloque de firma, seleccione este bloque (entregado respetuosamente por medio de su nombre), ajuste un tope de tabulación izquierdo en la marca de tres cuartos de pulgada y aplique sangría al bloque de firma usando las tabulaciones.

n. Revise el documento con detenimiento para detectar los errores en el formato y efectúe los ajustes necesarios.

o. Guarde e imprima el documento; luego, cierre el archivo y salga de Word.

La compañía para la que trabaja, The Lange Center for Contemporary Arts en Halifax, Nova Scotia, va a lanzar un programa de membresías. Su jefe escribió el texto para un folleto anunciando las membresías de Lange y le pide que le dé el formato apropiado para que sea atractivo.

a. Abra el archivo WD C-4.docx desde el disco y la carpeta donde guarda sus archivos, guárdelo como **Campaña de membresía 2010** y lea el documento. La figura C-29 muestra cómo tiene que dar formato a los primeros párrafos del folleto.

FIGURA C-29

> ## CAMPAÑA DE MEMBRESÍAS
> # 2 0 1 0
>
> **Qué hacemos por los ARTISTAS**
>
> Desde 1982, el programa de residencias artísticas del Centro Lange de Artes Contemporáneas ha respaldado el trabajo de más de 1500 artistas de Canadá y de más de 40 países. La beca de residencia incluye estudio y estancia, un estipendio mensual para ayudar a los artistas con sus gastos y el uso de equipo especializado para todos los géneros de artes visuales y performance. Cada artista dicta una conferencia o da una performance en el Lange.

b. Seleccione todo el documento, cambie el estilo a Sin espacios y la fuente a Arial Narrow de 11 puntos.

c. Centre la primera línea, **Campaña de membresía,** y aplique sombreado al párrafo. Elija un color oscuro personalizado para el sombreado. (*Sugerencia:* haga clic en Más colores y seleccione un color de la pestaña Estándar o Personalizado.) Dé formato al texto en Arial Narrow de 26 puntos, negritas, con color blanco. Extienda 10 puntos el espacio entre caracteres.

d. Dé formato a la segunda línea, **2010**, en Arial Black de 36 puntos. Extienda 25 puntos el espacio entre caracteres y cambie la escala de caracteres a 250%. Centre la línea.

e. Dé formato a cada encabezado **Qué hacemos** en Arial de 12 puntos, negrita. Cambie el color de la fuente al mismo color personalizado que utilizó para el sombreado del título. (*Nota:* ahora el color aparece en la sección Colores Recientes de la galería Colores de Fuente.) Agregue un borde de una línea de ½ punto color negro debajo de cada encabezado.

f. Dé formato a cada subencabezado (**Galería**, **Conferencias**, **Biblioteca**, **Todos los miembros** y **Niveles de membresía**) en Arial de 10 puntos, negrita. Agregue 3 puntos antes de cada párrafo. (*Sugerencia:* Seleccione 0 en el cuadro de texto Antes, escriba 3 y presione Enter (Intro).)

g. Inserte una sangría de ¼" en cada párrafo del cuerpo, excepto en las líneas debajo del encabezado **Qué hacemos para USTED**.

h. Dé formato a las cuatro líneas debajo del subencabezado Todos los miembros para convertirlas en una lista con viñetas. Emplee el símbolo de viñeta de su preferencia y dé formato a las viñetas con un color personalizado.

i. Inserte una sangría de un cuarto de pulgada en las cinco líneas debajo del encabezado Niveles de membresía. Para estas cinco líneas, ajuste los topes de tabulación izquierdos en las marcas de una pulgada y un cuarto y dos pulgadas en la regla horizontal. Inserte las tabulaciones antes del precio y antes de la palabra Todos en cada una de las cinco líneas.

j. Dé formato al nombre en cada nivel de membresía (**Artístico**, **Conceptual**, etc.) en Arial de 10 puntos, negrita, cursiva, con un color personalizado.

k. Dé formato al encabezado **Para más información** en Arial de 14 puntos, negrita, con un color personalizado y centre el encabezado.

l. Dé formato a las dos últimas líneas en Arial Narrow de 11 puntos y céntrelas. En la información de contacto, cambie Su Nombre por su nombre y aplique negritas en éste.

Ejercicio de reto avanzado

- Cambie el color de la fuente de **2010** a gris oscuro y agregue un efecto de sombra.
- Agregue un efecto de sombra a cada encabezado **Qué hacemos por...**
- Añada un borde de línea punteada de 3 puntos sobre el encabezado **Para más información**.

m. Revise el documento con detenimiento para detectar los errores en el formato y realizar cualquier ajuste que sea necesario.

n. Guarde e imprima el folleto, cierre el archivo y salga de Word.

▼ RETO INDEPENDIENTE 3

Una de sus responsabilidades como coordinador de programas de Solstice Mountain Sports es desarrollar un programa de talleres de aventura y aprendizaje en exteriores durante el invierno. Ya elaboró el borrador de un memo para su jefe informándole sobre su progreso, pero ahora necesita darle formato de modo que tenga una apariencia profesional y resulte fácil de leer.

a. Abra Word, abra el archivo WD C-5.docx desde el disco y la carpeta donde guarda sus archivos y guárdelo como **Memorando de Solstice Winter**.

b. Seleccione el encabezado **Memorando de Solstice Mountain Sports**, aplique el estilo rápido Título y céntrelo. (*Sugerencia:* abra la galería Quick Style y haga clic en el botón Title.)

c. En el encabezado del memo, cambie la Fecha de hoy y Su Nombre con la fecha actual y su nombre.

d. Seleccione el encabezado del memo de cuatro líneas, ajuste uno de los topes de tabulación izquierdos en la marca de tres cuartos de pulgada y luego inserte tabulaciones antes de la fecha, el nombre del destinatario, su nombre y el asunto del memorando.

e. Aplique el estilo rápido Énfasis intenso a **Fecha:**, **Para:**, **De:** y **Asunto:**.

f. Aplique el estilo rápido Título 2 a los encabezados **Generalidades**, **Talleres**, **Alojamiento**, **Tarifas** y **Propuesta de programación invernal**.

g. Debajo del encabezado Tarifas, aplique el estilo rápido Énfasis a las palabras **Tarifas de talleres** y **Tarifas de alojamiento**.

h. En la segunda página del documento, dé formato a la lista debajo del encabezado **Propuesta de programación invernal** como lista multinivel. La figura C-30 muestra la estructura jerárquica de la lista. (*Sugerencia:* aplique un estilo de lista multinivel y luego utilice los botones Aumentar Sangría y Disminuir Sangría para cambiar el nivel de importancia de cada elemento.)

i. Si es necesario, cambie el estilo de numeración jerárquica al estilo con viñetas que muestra la figura C-30.

Ejercicio de reto avanzado

■ Realice un alejamiento del memo de manera que pueda ver dos páginas en la ventana del documento y luego, empleando el botón Cambiar estilos, cambie el conjunto de estilos a Moderno.

■ Usando el botón Cambiar mayúsculas y minúsculas, cambie el título Memorando de Solstice Mountain Sports de modo que sólo la primera letra de cada palabra quede en mayúscula.

■ Con el botón Themes (Temas), cambie el tema aplicado al documento.

■ Utilizando el botón Fuentes de Tema, cambie las fuentes al grupo de su elección. Elija fuentes que permitan que el documento ocupe dos páginas solamente.

■ Use el botón Colores de Tema y cambie los colores a la paleta de colores de su preferencia.

■ Aplique distintos estilos y ajuste los demás elementos de formato según sea necesario para hacer que el memo sea atractivo y fácil de leer.

j. Guarde e imprima el documento, en seguida cierre el archivo y salga de Word.

FIGURA C-30

Propuesta de programación invernal

❖ Esquí, trineo y palas de nieve
  ➢ Esquí y trineo
    ▪ Esquí a campo traviesa
      ● Esquí a campo traviesa para principiantes
      ● Esquí intermedio a campo traviesa
      ● Recorrido en esquí de hotel a hotel
      ● Esquí a campo traviesa bajo la luna
    ▪ Esquí de telemark
      ● Esquí de telemark básico
      ● Introducción al esquí de campo
      ● Exploración sobre esquís
    ▪ Trineo
      ● Trineo de campo
  ➢ Palas de nieve
    ▪ Principiantes
      ● Palas de nieve para principiantes
      ● Palas de nieve y ecología invernal
    ▪ Intermedios y avanzados
      ● Palas de nieve para intermedios
      ● Excursión guiada en palas de nieve
      ● Palas de nieve sobre el límite forestal
❖ Excursionismo, campismo y supervivencia invernal
  ➢ Excursionismo
    ▪ Principiantes
      ● Excursionismo de larga distancia
      ● Cumbres invernales
      ● Excursionismo para mujeres
  ➢ Campamento y supervivencia invernal
    ▪ Principiantes
      ● Introducción al campamento de invierno
      ● Habilidades básicas de montaña invernal
      ● Construcción de refugios de nieve
    ▪ Intermedios
      ● Habilidades básicas de montaña invernal II
      ● Escalamiento de hielo
      ● Conciencia y rescate de avalanchas

▼ RETO INDEPENDIENTE DE LA VIDA REAL

Las fuentes que elija para un documento pueden tener un efecto significativo en el tono del mismo. No todas las fuentes son apropiadas para usarse en un documento de negocios y, algunas, sobre todo las que tienen un tema definido, sólo son adecuadas para propósitos específicos. En este Reto independiente, va a usar el formato de fuentes y otras características de formato para diseñar un membrete y una forma de fax para usarlo usted mismo o en su negocio. El membrete y la forma de fax no sólo deben tener una apariencia profesional y captar el interés, sino que su diseño debe decir algo sobre el carácter de su negocio o su personalidad. La figura C-31 muestra un ejemplo de un membrete de negocios.

FIGURA C-31

jenniferweizenbaumcommunications

167 East 12ᵗʰ Street, 4ᵗʰ floor, New York, NY 10003   Tel: 212-555-9767   Fax: 212-555-2992   www.jweizenbaum.com

a. Abra Word y guarde un nuevo documento en blanco como **Membrete Personal** en el disco y carpeta donde guarda sus archivos de datos.

b. Escriba su nombre o el nombre de su negocio, su dirección, número telefónico, número de fax y su dirección de correo electrónico o la de su sitio web.

c. Dé formato a su nombre o el nombre de su negocio en una fuente que exprese su personalidad o transmita algo sobre la naturaleza de su compañía. Utilice fuentes, colores de fuente, efectos de fuente, bordes, sombreado, formato de párrafos y otras características de formato para diseñar un membrete atractivo y profesional.

d. Guarde sus cambios, imprima una copia y cierre el archivo.

e. Abra un nuevo documento en blanco y guárdelo como **Forma de Fax Personal.** Escriba FAX, su nombre o el nombre de su negocio, su dirección, número telefónico, número de fax y su dirección de correo electrónico o la de su sitio web en la parte superior del documento.

f. Escriba un encabezado de fax que incluya los siguientes datos: Fecha; Para; De; Asunto; Número de páginas, incluida la portada; y Comentarios.

g. Dé formato a la información en la forma de fax utilizando fuentes, efectos de fuente, bordes, sombreado, formato de párrafos y otras características de formato. Como la forma de fax está diseñada para enviarla por fax, todas las fuentes y otros elementos de formato deben ser en color negro. Dé formato al encabezado del fax usando las tabulaciones.

h. Guarde sus cambios, imprima una copia, cierre el archivo y salga de Word.

Abra el archivo WD C-6.docx desde el disco y la carpeta donde guarda sus archivos. Cree el menú que muestra la figura C-32. (*Sugerencia:* emplee las fuentes Harlow Solid Italic y Eras Light ITC, u otras similares. Cambie el tamaño de la fuente del encabezado a 48 puntos, el tamaño de fuente de Daily Specials es de 20 puntos, el tamaño de fuente de los días y platillos especiales es de 16 puntos y el tamaño de fuente de las descripciones es de 12 puntos. Dé formato a los precios utilizando tabulaciones. Use el interlineado entre párrafos para ajustar el espacio entre éstos, de modo que todo el texto sólo ocupe una página.) Guarde el menú como **Nina's Trackside** e imprima una copia.

FIGURA C-32

Nina's Trackside Café

Especiales del día

Lunes
> **Pollo Cajun Bleu:** Pollo cajún, queso azul en trozo, pepinos, hojas de lechuga y tomate en nuestro bollo de ajo al horno $6.50

Martes
> **Crema de almeja:** Clásica crema espesa y rica de almeja estilo Nueva Inglaterra en nuestro tazón de pan francés campesino. Servida con ensalada de huerto $5.95

Miércoles
> **Verduras picantes:** Apetitosas verduras picantes con queso cheddar derretido en nuestro tazón de pan francés campesino. Cubiertas con crema ácida y cebollines $5.95

Jueves
> **Aderezo a la francesa:** Carne de res magra asada cubierta de queso cheddar derretido en nuestro bollo de ajo al horno. Acompañado con guarnición de puré de papa $6.95

Viernes
> **Club de pavo con tocino:** Doble porción de pavo rostizado, tocino crujiente, lechuga, tomate y mayonesa de tomate deshidratado en pan de semilla triple tostado $6.50

Sábado
> **Ensalada griega:** Nuestra ensalada grande con aceitunas Kalamata, queso feta y vinagreta de ajo. Servida con una variedad de bollos $5.95

Domingo
> **Pollo con salsa gravy:** Delicioso pollo con salsa gravy sobre una rebanada gruesa de pan tostado blanco. Servido con ensalada de huerto $6.95

Chef: Su Nombre

Dar formato a documentos

Archivos que necesita:

WD D-1.docx

WD D-2.docx

WD D-3.docx

WD D-4.docx

WD D-5.docx

WD D-6.docx

WD D-7.docx

Las características de formato de páginas de Word permiten componer y diseñar creativamente las páginas de su documento. En esta unidad aprenderá a cambiar los márgenes de documentos, determinar la orientación de una página, agregar números de página e insertar encabezados y pies de página. También, aprenderá a formar texto en columnas y a ilustrar sus documentos con tablas y dibujos. ▨ Escribió y dio formato a un texto para el boletín trimestral para los clientes de QST. Ahora, está listo para componer y diseñar las páginas del boletín. Planea organizar los artículos en columnas y reforzar el atractivo visual del boletín con una tabla e imágenes.

OBJETIVOS

Poner márgenes en un documento

Dividir un documento en secciones

Insertar saltos de página

Dar formato de columnas

Insertar números de página

Agregar encabezados y pies de página

Editar encabezados y notas al pie

Insertar una tabla

Insertar imágenes prediseñadas

Poner márgenes en un documento

Cambiar los márgenes de un documento es una forma de modificar su apariencia y controlar cuánto texto cabe en una página. Los **márgenes** de un documento son los espacios en blanco entre el borde del texto y la orilla de la página. Cuando crea un documento en Word, los márgenes automáticos están a una pulgada de los lados superior, inferior, izquierdo y derecho de la página. Puede ajustar el tamaño de los márgenes de un documento con el comando Margins (Márgenes) en la pestaña Page Layout (Diseño de página) o usando las reglas. El boletín debe ser un documento de cuatro páginas cuando esté terminado. Comience a dar formato a las páginas reduciendo el tamaño de los márgenes para que entre más texto en cada página.

PASOS

1. **Inicie Word, abra al archivo WD D-1.docx en la unidad o carpeta donde guarde sus archivos de datos. Guárdelo como Footprints (Pisadas).**
   El boletín se abre en vista Print Layout (Diseño de impresión).

2. **Recorra el boletín para hacerse una idea de su contenido. Luego, oprima [Ctrl][Home] ([Ctrl][Inicio])**
   En estos momentos, el boletín tiene cinco páginas. Observe que la barra de estado indica la página en la que se encuentra el punto de inserción y el total de páginas del documento.

3. **Haga clic en la pestaña Page Layout (Diseño de página) y en el botón Margins (Márgenes) del grupo Page Setup (Configurar página)**
   Se abre el menú de márgenes. Puede elegir los parámetros predefinidos para los márgenes en este menú o hacer clic en Custom Margins (Márgenes personalizados) para cambiar los parámetros.

4. **Haga clic en Custom Margins**
   Se abre el cuadro de diálogo Page Setup (Configurar página) con la pestaña Margins (Márgenes) desplegada, como se muestra en la figura D-1. Puede usar la pestaña Margins para cambiar los márgenes superior, inferior, derecho e izquierdo del documento, cambiar la orientación de las páginas de sentido vertical a horizontal y modificar otros parámetros de la composición de las páginas. La **orientación vertical** significa que la página es más alta que ancha. La **orientación horizontal** implica que la página es más ancha que alta. Este boletín tiene una orientación vertical. Además, puede usar el botón Orientation (Orientación) del grupo Page Setup en la pestaña Page Layout para cambiar la orientación de un documento.

5. **Haga clic en la flecha del cuadro Top (Superior) que apunta abajo tres veces, hasta que aparezca 0.7 pulgadas. Haga clic en la flecha del cuadro Bottom (Inferior) que apunta abajo hasta que aparezca 0.7 pulgadas.**
   Los márgenes superior e inferior del boletín serán de 0.7 pulgadas. Observe que los márgenes de la sección Preview (Vista preliminar) del cuadro de diálogos cambia a medida que se ajustan los parámetros.

6. **Presione [Tab], escriba .7 en el cuadro de texto Left (Izquierdo). Oprima [Tab], escriba .7 en el cuadro de diálogo Right (Derecho).**
   Los márgenes derecho e izquierdo del boletín también serán de .7 pulgadas. Puede cambiar los parámetros de los márgenes empleando las flechas o anotando el valor en el cuadro de texto apropiado.

7. **Haga clic en OK (Aceptar)**
   Los márgenes del documento cambian a .7 pulgadas, como se muestra en la figura D-2. La ubicación de cada margen (derecha, izquierda, superior e inferior) se presenta en las reglas horizontal y vertical en la intersección de las regiones blanca y sombreada. Asimismo, puede cambiar el parámetro de un margen usando el cursor para arrastrar la intersección a un nuevo lugar de la regla.

8. **Haga clic en la pestaña View (Vista). Luego, haga clic en el botón Two Pages (Dos páginas) en el grupo Zoom**
   En la ventana del documento aparecen las dos primeras páginas.

9. **Baje para ver las cinco páginas del boletín. Oprima [Ctrl][Home] ([Ctrl][Inicio]). Haga clic en el botón Page Width (Ancho de página) del grupo Zoom. Después, guarde los cambios**

FIGURA D-1: Pestaña de márgenes en un cuadro de diálogo de Page Setup (Configurar página)

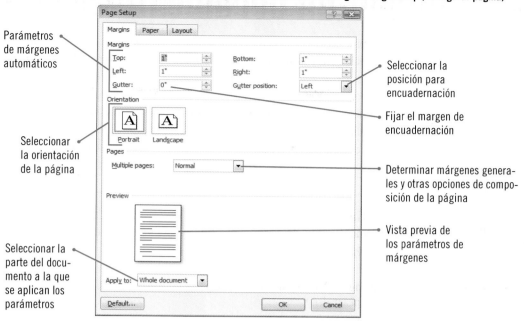

Parámetros de márgenes automáticos

Seleccionar la orientación de la página

Seleccionar la parte del documento a la que se aplican los parámetros

Seleccionar la posición para encuadernación

Fijar el margen de encuadernación

Determinar márgenes generales y otras opciones de composición de la página

Vista previa de los parámetros de márgenes

FIGURA D-2: Boletín con márgenes pequeños

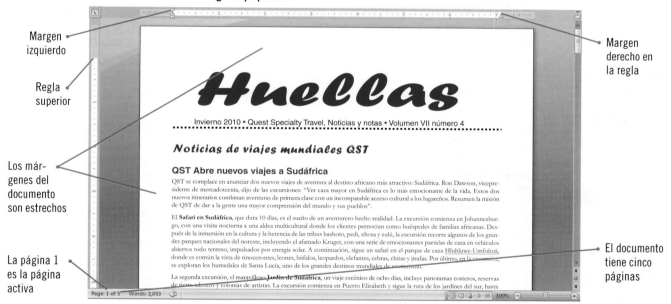

Margen izquierdo

Regla superior

Los márgenes del documento son estrechos

La página 1 es la página activa

Margen derecho en la regla

El documento tiene cinco páginas

Cambio de orientación, establecimiento de márgenes y tamaño del papel

Automáticamente, el documento que crea en Word usa papel de tamaño 8.5 × 11 pulgadas en orientación vertical con márgenes preestablecidos. Se puede cambiar la orientación, márgenes y tamaño del papel a otros parámetros comunes mediante los botones de orientación (Orientation), márgenes (Margins) y tamaño (Size) del grupo de Page Setup (Configurar página), de la pestaña Page Layout (Diseño de página). Asimismo, se puede ajustar estos parámetros y otros en el cuadro de diálogo Page Setup (Configurar página). Por ejemplo, para cambiar la configuración de varias páginas, use la flecha de lista Multiple Pages (Varias páginas) en la pestaña Margins para formar páginas que usen márgenes alternados, que comprendan dos páginas por hoja o que tengan un formato como de folleto plegado. Los **márgenes reflejados** se emplean en un documento con páginas enfrentadas, como una revista, en el que los márgenes de las páginas de la izquierda son una imagen especular de los de las páginas de la derecha. Los documentos con márgenes alternados tienen márgenes interno y externo, más que derecho e izquierdo. Otro tipo de margen es el de encuadernación, como libros. Un **margen de encuadernación** agrega más espacio en el margen izquierdo, superior o interior para permitir la encuadernación. Para agregar un margen de encuadernación a un documento, se ajusta el valor en el cuadro de texto Encuadernación de la pestaña Margins. Para cambiar el tamaño del papel, use la flecha de lista Paper size (Tamaño del papel) en la pestaña Paper (Papel) y elija un tamaño estándar de papel o anote las medidas personalizadas en los cuadros de texto de ancho y largo.

Dividir un documento en secciones

Dividir un documento en secciones permite dar formato a cada sección con distinta configuración de página. Una **sección** es una parte de un documento que se separa del resto del mismo por saltos de sección. Los **saltos de sección** son marcas de formato que se insertan en un documento para mostrar el final de una sección. Después de dividir un documento en secciones, puede darse formato a cada una con diferentes columnas, márgenes, orientación de página, encabezado y pie de página así como con otros parámetros de configuración. Automáticamente, un documento tiene formato de sección única, pero se puede dividir en muchas secciones, según se quiera. ▰▰▰▰▰ Inserte un salto de sección para dividir el documento en dos secciones y, a continuación, dé formato al texto de la segunda sección en dos columnas. Primero, personalice la barra de estado para desplegar la información de la sección.

PASOS

CONSEJO

Use el menú de la barra para personalizar estado (Customize Status) para activar y desactivar el despliegue de la información en la barra de estado.

1. Haga clic con el botón derecho en la barra de estado, **en la** sección **del menú de la barra Customize Status que se abre (si es que no está ya seleccionada) y en el documento para cerrar el menú.**

La barra de estado indica que el punto de inserción está en la sección 1 del documento.

2. Haga clic en la pestaña Home (Inicio) **y en el** botón Show/Hide (Mostrar todo) ¶ **del grupo Paragraph (Párrafo)**

Activar las marcas de formato le permite ver los saltos de sección que inserte en su documento.

CONSEJO

Cuando inserte un salto de sección al comienzo de un párrafo, Word inserta el salto al final del párrafo anterior. Un salto de sección guarda la información de formato de la sección anterior.

3. Coloque el punto de inserción antes del encabezado QST Abre nuevos viajes a Sudáfrica. Haga clic en la pestaña Page Layout (Diseño de página), **en el** botón Breaks (Saltos) **del grupo Page Setup (Configurar página)**

Se abre el menú Breaks. Use este menú para insertar tipos de saltos de sección. Véase la tabla D-1.

4. Haga clic en Continuous (Continua)

Word inserta un salto de sección continua, mostrada con una línea punteada sobre el encabezado. Ahora, el documento tiene dos secciones. Observe que la barra de estado indica que el punto de inserción está en la sección 2.

5. Haga clic en el botón Columns (Columnas) **del grupo Page Setup (Configurar página)**

Se abre el menú Columns. Con este menú, dé formato al texto en una, dos o tres columnas del mismo ancho o forme dos columnas de ancho diferente, una estrecha y otra más ancha. Para formar columnas con ancho y espaciado personalizados, haga clic en More Columns (Más columnas) del menú Columns (Columnas).

CONSEJO

Cuando suprime un salto de sección, elimina el formato de la sección de texto anterior al salto. Ese texto se convierte en parte de la siguiente sección y se adopta el formato de ésta.

6. Haga clic en el valor, Two (dos)

La sección 2 se forma en dos columnas del mismo ancho, como se ilustra en la figura D-3. El texto de la sección 1 sigue formado en una columna. Observe que la barra de estado indica que el documento tiene cuatro páginas. Dar formato de columnas a un texto es otra manera de aumentar el volumen de texto que cabe en una página.

7. Haga clic en la pestaña View (Vista), **en el** botón Two Pages (Dos páginas), **del grupo Zoom. Baje por la pantalla para examinar las cuatro páginas del documento, oprima [Ctrl][Home] ([Ctrl][Inicio]) y guarde el documento**

El texto de la sección 2 (todo el texto debajo del salto de sección continua) está formado en dos columnas. El texto de las columnas pasa automáticamente de la parte inferior de una columna a la superior de la siguiente.

TABLA D-1: Tipos de salto de sección

sección	función
Página siguiente	Comenzar una nueva sección y mover el texto que sigue al salto a la parte superior de la página siguiente
Continua	Empezar una nueva sección en la misma página
Página par	Iniciar una nueva sección y mover el texto que sigue al salto a la parte superior de la siguiente página par
Página impar	Principiar una nueva sección y mover el texto que sigue al salto a la parte superior de la siguiente página impar

Dar formato a documentos

FIGURA D-3: Salto de sección continua y columnas

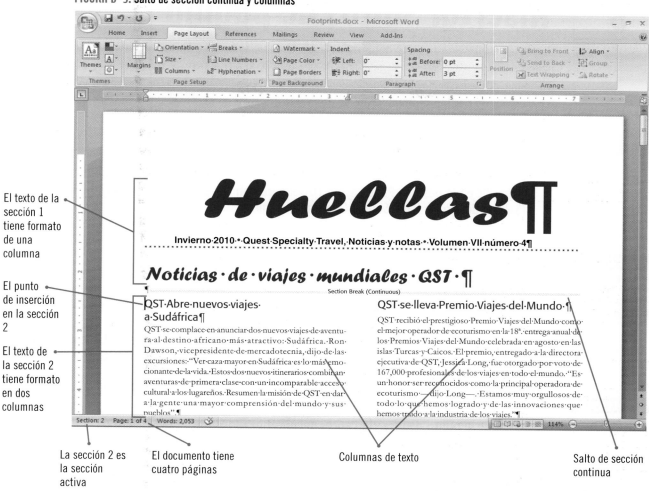

El texto de la sección 1 tiene formato de una columna

El punto de inserción en la sección 2

El texto de la sección 2 tiene formato en dos columnas

La sección 2 es la sección activa

El documento tiene cuatro páginas

Columnas de texto

Salto de sección continua

Cambio de los parámetros de configuración de página en una sección

Dividir el documento en secciones permite variar la configuración de un documento. Además de aplicar diferentes parámetros de columnas a las secciones, puede aplicar diversos márgenes, orientación de página, tamaño de papel, alineamiento vertical, encabezado y pie de página, notas al pie, notas finales y otros parámetros de configuración de páginas. Por ejemplo, si da formato a un informe que incluye una tabla con muchas columnas, quizá quiera cambiar la orientación de la página de la tabla al sentido horizontal, para que sea más fácil de leer. Para ello, deberá insertar un salto de sección antes y después de la tabla, a modo de crear una sección que contenga sólo la tabla y, luego, deberá cambiar la orientación de dicha sección para que contenga la tabla horizontal. Asimismo, podría formar una página de carátula para un informe o centrar el texto entre los márgenes superior e inferior. Para ello, deberá insertar un salto de sección de página siguiente después de la carátula; después, debe usar la flecha de lista de alineación vertical de la pestaña Layout del cuadro de diálogo Page Setup (Configurar

página) para cambiar la **alineación vertical** de la sección por Center (Centrar). Puede alinear el texto verticalmente en una página sólo si éste no llena la hoja; por ejemplo, si diseña un volante o una carátula.

Para revisar o cambiar los parámetros de configuración de página de una única sección, coloque el punto de inserción en la sección y abra el cuadro de diálogo Page Setup. Seleccione las opciones que quiera cambiar, haga clic en la flecha de la lista Apply to (Aplicar a), en This Section (Esta sección) y en OK (Aceptar). Cuando selecciona This section en el cuadro de lista Apply, los parámetros se aplican únicamente a la sección actual. Si selecciona Whole document (Todo el documento) en el cuadro de lista Apply to, los parámetros se aplican a todas las secciones del documento. Use la flecha de lista Apply to en el cuadro de diálogo Columns o el cuadro de diálogo Footnote and Endnote (Notas al pie o Notas finales) para cambiar estos parámetros en una sección.

Insertar saltos de página

Conforme escribe el texto de un documento, Word inserta un **salto de página automático** (también llamado salto de página suave) cuando llega al final de una página, lo que le permite continuar en la página siguiente. Asimismo, puede forzar el texto a la página siguiente de un documento usando el comando Break (Salto) para insertar un **salto de página manual** (conocido como salto de página duro). ▰▰▰▰▰ Inserte saltos de página manuales donde quiere empezar cada página nueva del boletín.

PASOS

1. **Coloque el punto de inserción antes del encabezado Reflectores sobre Japón de la página 2, haga clic en la** pestaña Page Layout (Diseño de página) **y haga clic en el** botón Breaks (Saltos) **del grupo Page Setup (Configurar página)**

   Se abre el menú Breaks. Use este menú también para insertar saltos de página, columna y texto en presentaciones. En la tabla D-2 se describen estos saltos.

2. **Haga clic en** Page (Página)

   Word inserta un salto de página manual antes de "Reflectores en Japón" y pasa todo el texto después del salto de página al principio de la siguiente. El salto de página aparece como una línea punteada en la vista de Print Layout (Diseño de impresión) cuando se despliegan las marcas del formato. Aunque las marcas del salto de página se ven en pantalla, no se imprimen.

3. **Desplácese hasta las páginas 3 y 4, coloque el punto de inserción antes del encabezado Inmersión de lenguaje y cultura: Antigua, Guatemala, oprima y sostenga [Ctrl] y oprima [Enter] ([Intro])**

   Oprimir [Ctrl][Enter] es una forma rápida de insertar un salto de página manual. El encabezado es forzado a la parte superior de la cuarta página, como se muestra en la figura D-4.

4. **Coloque el punto de inserción antes del encabezado El rincón del viajero de la página 4 y oprima [Ctrl][Enter] ([Ctrl][Intro])**

   El encabezado es forzado a la parte superior de la quinta página.

5. **Oprima [Ctrl][Home] ([Ctrl][Inicio]), haga clic a la izquierda del** salto de página **en la parte superior de la página 2 para seleccionarlo y oprima [Delete] [Supr]**

   Se elimina el salto de página manual y se une el texto de las páginas 2 y 3. También, puede hacer clic a la izquierda de un salto de sección o columna para seleccionarlo.

6. **Haga clic en el** botón Breaks (Saltos) **y en** Next Page (Página siguiente)

   En la parte superior de la página 2 se inserta un salto de sección a la siguiente página y el texto después del salto es forzado a la parte superior de la página 3, como se muestra en la figura D-5. El documento ahora contiene tres secciones.

7. **Coloque el punto de inserción en la sección 2 de la página 1 (el cuerpo del texto) y guarde el documento**

   La barra de estado indica que el punto de inserción está en la sección 2. En la siguiente sección dará formato a las columnas de la sección 2 para que toda la sección quepa en la primera página del boletín.

Control de paginación automática

Otra forma de controlar el flujo de texto entre páginas (o entre columnas) es aplicar los ajustes de paginación para especificar dónde puede Word colocar los saltos de página automáticos. Por ejemplo, quizá quiera asegurarse de que un artículo aparece en la misma página que el encabezado o quiera evitar que una página se salte a la mitad del último párrafo de un reporte. Para manipular la paginación automática, seleccione los párrafos o renglones que desea controlar, haga clic en el lanzador del grupo Paragraph (Párrafo) de la pestaña Home (Inicio) o Page Layout (Diseño de página), haga clic en la pestaña Line and Page Breaks (Línea y saltos de página) del cuadro de diálogo Paragraph, seleccione uno o más de los siguientes ajustes de la sección Pagination (Paginación) y haga clic en OK (Aceptar). Aplique el ajuste Keep with next (Conservar con el siguiente) a cualquier párrafo que quiere que aparezca en el siguiente párrafo en una sola página para evitar que la página salte entre párrafos. Para que una página no se salte a la mitad de un párrafo o entre ciertos renglones, seleccione el párrafo o las líneas y active el ajuste Keep lines together (Conservar líneas juntas). Por último, para especificar que cierto párrafo sigue un salto de página automático, aplique al párrafo el ajuste Page break before (Salto de página anterior). Observe que el ajuste de control Widow/Orphan (líneas viudas y huérfanas) se activa por predeterminación en la sección Pagination del cuadro de diálogo. Este ajuste garantiza que al menos dos líneas de un párrafo aparezcan en la parte superior e inferior de cada página. En otras palabras, evita que una página empiece con el último renglón de un párrafo (una **línea viuda**) y evita que una página termine con el primer renglón de un párrafo nuevo (una **línea huérfana**).

FIGURA D-4: Salto de página manual en un documento

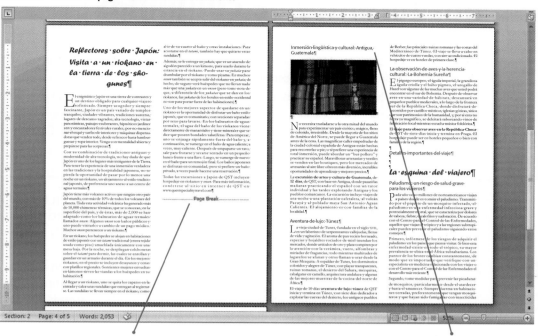

Salto de página manual

El texto después del salto es
forzado a la siguiente página

FIGURA D-5: Salto de sección de siguiente página en un documento

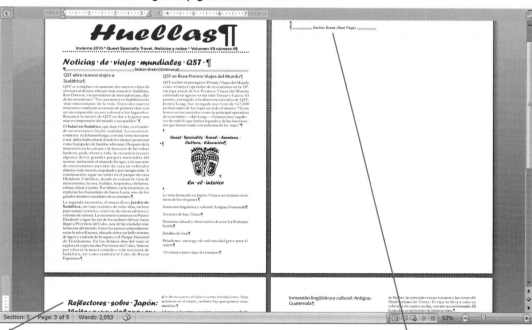

El texto después de un salto es forzado a la
siguiente página y aparece en una sección nueva

Salto de sección de
siguiente página

TABLA D-2: Tipos de saltos

salto	función
Página	Pasar el texto después del salto al principio de la siguiente página
Columna	Pasar el texto después del salto al principio de la siguiente columna
Ajuste del texto	Pasar el texto después del salto al principio de la siguiente línea

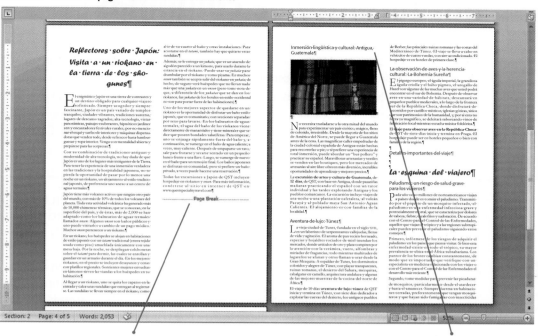

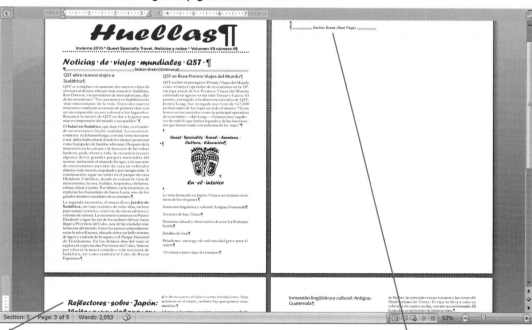

Dar formato de columnas

En ocasiones, dar formato de columnas al texto facilita la lectura. Puede aplicar el formato de una columna a todo un documento, una sección o texto seleccionado. El comando Columns (Columnas) de la pestaña Page Layout (Diseño de página) le permite crear rápidamente columnas del mismo ancho y espaciado y personalizarlos. Para controlar el flujo del texto entre columnas, puede insertar un **salto de columna**, que fuerza al texto después del salto al principio de la siguiente columna. También, puede equilibrar columnas de diferente longitud en una página insertando el salto de sección continuo al final de la última columna en la página. ████████ Continúe con el formato del boletín mediante el empleo de columnas.

PASOS

1. **Asegúrese de que el punto de inserción esté en la sección 2, haga clic en el botón Columns (Columnas) del grupo Page Setup (Configurar página) y en Right (Derecha).**
   El texto de la sección 2 tiene un nuevo formato de dos columnas de distinto ancho. El formato del texto de la sección 3 no cambia. Ahora, todo el texto cabe en cuatro páginas.

2. **Seleccione el encabezado Reflectores sobre Japón: Visita a un riokano en la tierra de los shogunes y la marca de párrafo debajo de éste, haga clic en el botón Columns y en One**
   Se agrega un salto de sección continuo debajo del encabezado. El formato del encabezado es de una sola columna en su propia sección nueva, la sección 3, donde se encuentra el punto de inserción. El boletín ahora contiene 4 secciones, cada una con distinto formato de columna.

3. **Desplácese hacia abajo, coloque el punto de inserción antes de Paludismo: Una grave… en la página 4, haga clic en el botón Zoom Level (Nivel de zoom) 52% en la barra de estado, haga clic en el botón de opción Page width (Ancho de página), en OK (Aceptar), en el botón Breaks (Saltos) del grupo Page Setup (Configurar página) y en Continuous (Continua)**
   Se inserta un salto de sección continuo antes del encabezado Paludismo y el punto de inserción se halla en la nueva sección, la sección 5.

4. **Haga clic en el botón Columns y en More Columns (Más columnas)**
   Se abre el cuadro de diálogo Columns, como se muestra en la figura D-6.

5. **Seleccione Three (Tres) en la sección Presets (Preestablecidas), haga clic dos veces en la flecha hacia abajo de Spacing (Espaciado) hasta que aparezca 0.3 pulgadas, seleccione el cuadro de verificación Line between (Línea entre) y haga clic en OK**
   Todo el texto de la sección 5 tiene formato de tres columnas del mismo ancho con una línea entre columnas, como se presenta en la figura D-7.

6. **Haga clic en el botón Zoom Level 114% de la barra estado, en el botón de opción Whole page (Toda la página) y en OK (Aceptar)**
   La página 4 debería verse mejor si las tres columnas están equilibradas, cada una con la misma longitud.

7. **Coloque el punto de inserción al final de la tercera columna (antes de la marca del último párrafo), haga clic en el botón Breaks (Saltos) y en Continuous (Continua)**
   Las columnas de la sección 5 se ajustan hasta tener casi la misma longitud.

8. **Desplácese hacia arriba a la página 3, coloque el punto de inserción antes del encabezado Aventura de lujo: Túnez, haga clic en el botón Breaks (Saltos) y en Column (Columna)**
   El texto después del salto de columna es forzado al principio de la siguiente columna. La página se ve más limpia si el artículo de Túnez no salta entre columnas.

9. **Haga clic en la pestaña View (Vista), en el botón Two Pages (Dos páginas) del grupo Zoom y guarde el documento**
   Las columnas de las páginas 3 y 4 tienen el formato que se ilustra en la figura D-8.

FIGURA D-6: Cuadro de diálogo de Columns (Columnas)

Seleccionar un formato reestablecido para columnas

Personalizar el ancho y espaciado de las columnas

Seleccionar para crear columnas del mismo ancho

Cambiar el número de columnas

Seleccionar para agregar una línea entre columnas

Ver en Preview (Vista previa) los ajustes actuales

Seleccionar parte del documento para aplicar el formato a

FIGURA D-7: Texto en formato de tres columnas

Salto de página al final de la sección 4

Sección 5 en formato de tres columnas

Los marcadores de columnas muestran el ancho y espaciado de columnas

Línea agregada entre columnas

FIGURA D-8: Columnas de las páginas 3 y 4 del boletín

El texto después del salto de columna forzado al principio de la siguiente columna

Salto de columna

Salto de sección continuo

Las columnas de la sección 5 están equilibradas

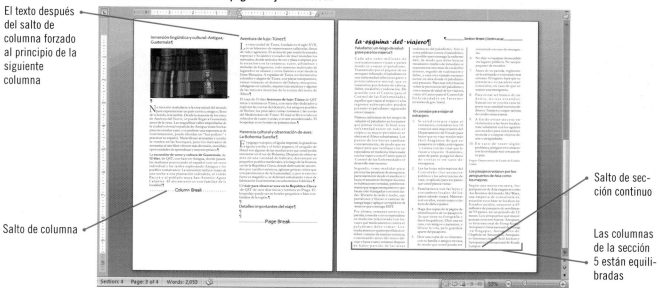

Dividir con guiones el texto de un documento

Dividir con guiones un documento es otra forma de controlar el flujo del texto en las columnas. Los guiones son pequeñas rayas horizontales que separan palabras al final de una línea. La división con guiones disminuye los espacios entre palabras de un texto justificado y disminuye las orillas cortas a la derecha de un texto alineado a la izquierda. Si un documento incluye columnas angostas, la división del texto con guiones ayuda a que las páginas se vean más limpias. Para dividir automáticamente con guiones un texto, haga clic en el botón Hyphenation (Guiones) del grupo Page Setup (Configurar página) en la pestaña Page Layout (Diseño de página) y haga clic en Automatic (Automático). Para ajustar la zona de división con guiones, la distancia entre el margen y el final de la última palabra en el renglón, haga clic en el botón Hyphenation y después en Hyphenation Options (Opciones de guiones) para abrir el cuadro de diálogo de Hyphenation. Una zona más reducida con división de guiones da como resultado un mayor número de palabras divididas.

Insertar números de página

Si quiere numerar las páginas de un documento con muchas páginas, puede insertar un campo de número de página arriba, abajo o en el margen lateral de cada página. Un **campo** es un código que sirve como espacio de datos que cambia en un documento, como un número de página o la fecha actual. Cuando usa el botón Page Number (Número de página) en la pestaña Insert (Insertar) para agregar números de página a un documento, inserta el campo de número de página arriba, abajo o a un lado de cualquier página y Word automáticamente numera todas las páginas del documento. 🎨🖌️ Inserte un campo de número de página para que los números aparezcan centrados entre los márgenes al final de cada página del documento.

PASOS

1. **Haga clic en el** botón Page Width (Ancho de página) **del grupo Zoom en la pestaña View, oprima** [Ctrl][Home] ([Ctrl][Inicio]), **haga clic en la** pestaña Insert (Insertar) **y en el** botón Page Number (Número de pagina) **del grupo Header & Footer (Encabezado y pie de página)**

   Se abre el menú Page Number. Use este menú para seleccionar la posición de los números de página. Si elige agregar un campo de número de página arriba, abajo o a un lado de un documento, aparecerá un número de página en cada página del documento. Si elige insertarlo en el documento donde se encuentra el punto de inserción, el campo sólo aparecerá en esa página.

2. **Señale** Bottom of Page (Final de página)

   Al final de una página se abre una galería de opciones de formato y alineado para los números de página, como se ilustra en la figura D-9.

3. **Arrastre hacia abajo en la galería el cuadro de desplazamiento hasta ver las opciones, desplace al principio de la galería y haga clic en** Plain Number 2 (Número sin formato 2) **de la sección Simple**

   El número de página 1 aparece centrado en el área de pie de página, al final de la primera página, como se muestra en la figura D-10. El texto del documento a aparece en gris o atenuado porque el área de Footer (Pie de página) está abierta. El texto insertado en el área de Footer aparece al final de cada página de un documento.

4. **Haga doble clic en el** texto del documento **y desplace hasta el final de la página 1**

   Al hacer doble clic en el texto del documento se cierra el área de Footer. Ahora, el número de página se ve atenuado porque se ubica en el área de Footer, que ya está desactivada. Al imprimir un documento, el número de página aparece como texto normal. Conocerá más acerca del área de Footer más adelante en esta sección.

5. **Desplace el documento hacia abajo para ver el número de página al final de cada página**

   Word numeró automáticamente cada página del boletín y cada número está centrado al final de la página. Si quiere cambiar el formato de la numeración o empezar con un número diferente, haga clic en el botón Page Number, haga clic en Format Page Numbers (Formato del número de página) y elija de las opciones del cuadro de diálogo Page Number Format (Formato de los números de página).

6. **Oprima** [Ctrl][Home] ([Ctrl][Inicio]) **y guarde el documento.**

Cómo moverse en un documento grande

En vez de desplazarse para llegar a otra parte de un documento grande, puede usar la característica Browse by Object (Buscar por objeto) para mover rápido el punto de inserción a un sitio específico. Browse by Object le permite buscar en la página, sección, línea, tabla, gráfico u otro elemento anterior o siguiente del mismo tipo en un documento. Para ello, primero haga clic en el botón Select Browse Object (Seleccionar objeto de búsqueda) 🔘 abajo de la barra de desplazamiento vertical para abrir una paleta de tipos de objetos. En esta paleta, haga clic en el botón del tipo de elemento en el que quiere la búsqueda y después haga clic en los botones Next (Siguiente) ⬇ o Previous (Anterior) ⬆ para desplazarse entre los elementos de ese tipo en el documento.

FIGURA D-9: Galería de opciones para los números de página al final de la página

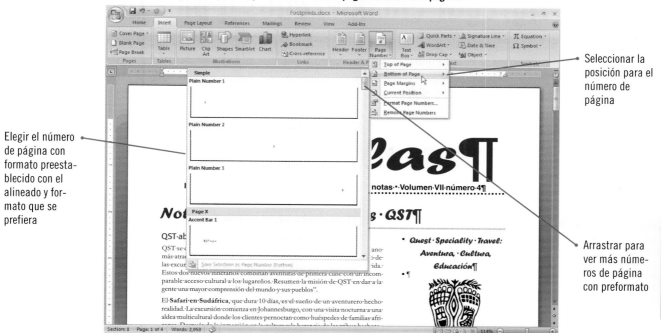

Elegir el número de página con formato preestablecido con el alineado y formato que se prefiera

Seleccionar la posición para el número de página

Arrastrar para ver más números de página con preformato

FIGURA D-10: Número de página en el documento

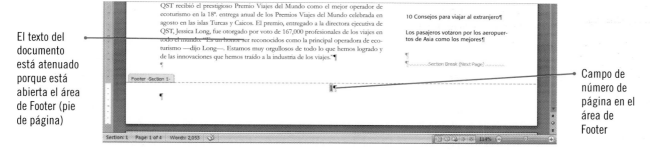

El texto del documento está atenuado porque está abierta el área de Footer (pie de página)

Campo de número de página en el área de Footer

Insertar elementos rápidos

La característica Quick Parts (Elementos rápidos) de Word facilita insertar de modo rápido contenido reutilizable en un documento. Los **Quick Parts** que puede insertar incluyen campos como la fecha actual o el número total de páginas de un documento; información sobre las propiedades del documento, como autor y título de un documento; y bloques que son contenido personalizado que crea, da formato y guarda para uso futuro.

Para insertar un elemento rápido en un documento en el sitio del punto de inserción, haga clic en el botón Quick Parts del grupo Text (Texto) en la pestaña Insertar (o, si están abiertos los encabezados y pies de página, haga clic en el botón Quick Parts en el grupo Insert de la pestaña Header and Footer Tools Design) y seleccione el tipo de elemento rápido que quiere insertar. Para insertar un campo en un documento, haga clic en Field (Campo) del menú Quick Parts que se abre, haga clic en el nombre del campo que desea insertar en el cuadro de diálogo Field y en OK (Aceptar). La información de Field se actualiza automáticamente cada vez que abre o guarda el documento.

Para insertar una propiedad del documento, señale Document Property (Propiedades del documento) en el menú Quick Parts y haga clic en la propiedad que quiere insertar. La propiedad se agrega al documento como control del contenido y posee la información de propiedad del documento que introdujo en la sección Document Information (Información del documento). Si no asignó una propiedad del documento, el control del contenido tiene un espacio que puede sustituir con su texto. En cuanto reemplace el texto del espacio o edite la información de propiedad del documento que aparece en el control del contenido, este texto reemplaza la información de propiedad del documento en la sección Document Information.

Para insertar un bloque, haga clic en Building Blocks Organizer (Organizador de bloques de creación) del menú Quick Parts, seleccione el bloque que desea y haga clic en Insert. Aprenderá más acerca de cómo trabajar con bloques en lecciones posteriores.

Agregar encabezados y pies de página

Un **encabezado** es el texto o gráfico que aparece en la parte superior de cada página de un documento. Un **pie de página** es el texto o gráfico que aparece en la parte inferior de cada página. En documentos más largos, los encabezados y pies de página con frecuencia contienen información como el título de la publicación, el título del capítulo, el nombre del autor, la fecha o un número de página. Para agregar encabezados y pies de página en un documento, puede hacer doble clic en el margen superior o inferior de un documento para abrir las áreas de Header and Footer (Encabezado y pie de página) e insertar el texto o los gráficos. Asimismo, puede usar el comando Header (Encabezado) o Footer (Pie de página) en la pestaña Insert (Insertar) para insertar los encabezados y pies de página prediseñados que puede modificar con su información. ▓▓▓▓ Cree un encabezado que incluya el nombre del boletín y la fecha actual y agregue en el pie de página la palabra "Página".

PASOS

CONSEJO

A menos que haya fijado encabezados y pies de página para diferentes secciones, la información que inserte en cualquier área de Header (Encabezado) o Footer (Pie de página) aparece en cada página del documento.

CONSEJO

Para insertar en un documento la fecha y hora, puede usar el botón Date & Time (Fecha y hora) del grupo Text (Texto) en la pestaña Insert.

¿PROBLEMAS?

Para cambiar el formato de la fecha, puede hacer clic con el botón derecho en el campo, hacer clic en Edit Field (Editar campo) en el menú de acceso directo y seleccionar un formato de fecha nueva de la lista de propiedades de Field (Campo) del cuadro de diálogo Field.

CONSEJO

Para cambiar la distancia entre el encabezado y pie de página y la orilla de la página, cambie los ajustes de Header from Top (Encabezado desde arriba) y Footer from Bottom (Pie de página desde abajo) del grupo Position (Posición) en la pestaña Header & Footer Tools Design (Diseño de herramientas para encabezado y pie de página).

1. **Haga clic en la pestaña Insert (Insertar) y en el botón Header (Encabezado) del grupo Header & Footer (Encabezado y pie de página)**
   Se abre una galería con diseños de encabezados integrados.

2. **Desplace hacia abajo la galería para ver los diseños de encabezados, desplácese al principio de la galería y haga clic en Blank (Blanco)**
   Se abren las áreas de Header y Footer y se atenúa el texto del documento. Éste no se puede editar. También, se abre la pestaña Header & Footer Tools Design (Diseño de herramientas para encabezado y pie de página) y la pestaña queda activa, como se muestra en la figura D-11. Esta pestaña está disponible cuando se abren las áreas de Header y Footer. Las áreas de Header y Footer son independientes del documento mismo y se les debe dar formato por separado. Por ejemplo, si selecciona todo el texto de un documento y cambia la fuente, la fuente del encabezado y la del pie de página no cambian.

3. **Escriba Footprints (Huellas) en el control de contenido del área Header, oprima dos veces [barra espaciadora] y haga clic en el botón Date & Time (Fecha y hora) del grupo Insert**
   Se abre el cuadro de diálogo Date and Time. Use este cuadro para seleccionar el formato de la fecha y la hora e indicar si desea insertar la fecha y la hora en el documento como un campo que se actualice automáticamente o como texto estático. Word utiliza el reloj de su computadora para calcular la fecha y la hora.

4. **Verifique que esté seleccionado el cuadro de diálogo Update Automatically (Actualizar automáticamente) y haga clic en OK (Aceptar)**
   Se inserta un campo de fecha en el encabezado con el formato predeterminado mes/día/año (M/d/aaaa). La palabra "Huellas" y la fecha actual aparecerán al principio de cada página del documento.

5. **Seleccione Huellas y la fecha, haga clic en la flecha de lista Font (Fuente) de la minibarra de herramientas, haga clic en Forte, en el botón Center (Centrar) ▤ de la minibarra de herramientas y en el área de Header (Encabezado) para eliminar la selección del texto**
   El texto en el área de Header queda con el formato de fuente Forte y centrado. Además de los botones de alineado, puede usar el botón Insert Alignment Tab (Insertar tabulación de alineado) del grupo Position (Posición) en la pestaña Header and Footer Tools Design para alinear el texto en las áreas de Header y Footer a la izquierda, el centro o a la derecha de los márgenes del documento.

6. **Haga clic en el botón Go to Footer (Ir a pie de página) del grupo Navigation (Exploración)**
   El punto de inserción se mueve al área de Footer, donde se centra un campo de pie de página. Puede emplear los botones del grupo Navigation para pasar rápidamente entre las áreas de Header y Footer de la página actual o a un encabezado o pie de página de la sección anterior o siguiente del documento.

7. **Verifique que el punto de inserción esté antes del campo de número de página, escriba Página, oprima [barra espaciadora], seleccione el texto y el campo del pie de página, haga clic en la flecha de lista Font de la minibarra de herramientas y haga clic en el área de Forte para eliminar la selección en el texto y el campo**
   El texto del pie de página queda con el formato de Forte.

8. **Haga clic en el botón Close Header and Footer (Cerrar encabezado y pie de página) del grupo Close (Cerrar), guarde el documento y desplace hacia abajo hasta que aparezcan en la ventana del documento el final de la página 1 y el principio de la página 2**
   Se cierran las áreas de Header y Footer y se atenúa el texto de las mismas, como se ilustra en la figura D-12.

FIGURA D-11: Área de Header (Encabezado) abierta

Pestaña Header & Footer Tools Design (Diseño de herramientas para Encabezado y Pie de página)

Área de Header (Encabezado) abierta

Control de contenido

Altos de tabuladores del encabezado están ajustados para los márgenes predeterminados del documento

Texto del documento atenuado

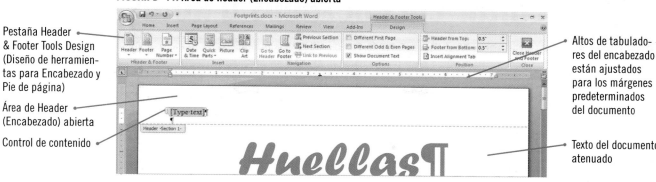

FIGURA D-12: Encabezado y pie de página de un documento

El número de página aparece en el pie de página de cada página

El texto del encabezado aparece centrado en el encabezado de cada página (su fecha será diferente)

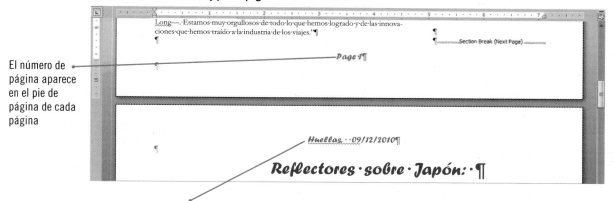

Agregar a la galería un encabezado o pie de página personalizado

Cuando diseñe un encabezado que quiera usar de nuevo en otros documentos, puede agregarlo en la galería de Header si lo guarda como un bloque. Los **bloques** son partes reusables de contenido con formato o secciones de un documento, incluyendo encabezados y pies de página, números de página y cuadros de texto que se almacenan en galerías. Los bloques incluyen el contenido prediseñado incluido en Word, así como el contenido que crea y guarda para uso futuro. Por ejemplo, podría crear un encabezado personalizado que contenga el nombre y logo de su compañía y tener formato con las fuentes, bordes y colores que emplea en todos los documentos de la compañía.

Para agregar un encabezado personalizado a la galería de Header, seleccione el texto del encabezado, incluyendo la marca del último párrafo, haga clic en el botón Header y haga clic en Save Selection to Header Gallery (Guardar selección en galería de encabezados). En el cuadro de diálogo Create New Building Block (Crear nuevo bloque de creación) que se abre,

introduzca un nombre único para el encabezado en el cuadro de texto Name (Nombre), haga clic en la flecha de lista Gallery (Galería) y seleccione la galería correcta, verifique que Category (Categoría) esté en General y, en el cuadro de texto Description (Descripción), introduzca una breve descripción del nuevo diseño del encabezado. Esta descripción aparece en un ScreenTip (Información en pantalla) cuando señala el encabezado personalizado en la galería. Cuando termine, haga clic en OK (Aceptar). El nuevo encabezado aparece en la galería Header bajo la categoría General.

Para eliminar el encabezado personalizado de la galería Header, haga clic en el botón derecho, haga clic en Organize y Delete (Organizar y eliminar), asegúrese de que esté seleccionado el bloque correcto en el Building Blocks Organizer (Organizador de bloques) que se abra, haga clic en Delete (Eliminar), en Yes (Sí) y en Close (Cerrar). Puede seguir el mismo proceso para agregar o quitar de la galería Footer un pie de página personalizado.

Editar encabezados y notas al pie

Para cambiar el texto del encabezado y el pie de página o modificar su formato, primero debe abrir las áreas de Header (Encabezado) y Footer (Pie de página). Abra los encabezados y pies de página con el comando Edit Header or Footer (Editar encabezado o pie de página) de las galerías Header y Footer o haga doble clic para ver en Print Layout (Diseño de impresión) un encabezado o pie de página. ▨▨▨▨▨ Para modificar el encabezado, agregue un pequeño círculo entre "Huellas" y la fecha. También, añada un borde debajo del texto del encabezado para ajustarlo independientemente del resto de la página. Por último, borre el texto del encabezado y pie de página de la primera página del documento.

PASOS

1. **Desplácese hacia abajo, coloque el punto de inserción en la parte superior de la página 2, coloque el cursor sobre el texto del encabezado en la parte superior de la página 2 y haga doble clic**

   Se abren las áreas de Header y Footer. El punto de inserción se encuentra en el área del encabezado, en la parte superior de la página 2.

2. **Coloque el punto de inserción entre los dos espacios después de Huellas, haga clic en la pestaña Insert (Insertar), haga clic en el botón Symbol (Símbolo) del grupo Symbol (Símbolos) y en More Symbols (Más símbolos) en la galería de los símbolos recientemente utilizados**

   Se abre el cuadro de diálogo Symbol, que es semejante al de la figura D-13. Los **símbolos** son caracteres especiales, como gráficos, formas y caracteres de otros idiomas que puede insertar en un documento. Los símbolos que aparecen en la figura D-13 son los que se incluyen en la fuente (texto normal). Para ver los símbolos incluidos en cada fuente de su computadora, use la flecha de lista de Font (Fuente) en la pestaña de Symbols.

3. **De ser necesario, desplace la lista de símbolos hasta localizar el símbolo de viñeta que se muestra en la figura D-13, seleccione el símbolo de viñeta, haga clic en Insert (Insertar) y en Close (Cerrar)**

   Se agrega un símbolo de viñeta en el sitio del punto de inserción.

4. **Con el punto de inserción en el texto del encabezado, haga clic en la pestaña Home (Inicio), en la flecha de lista Bottom Border (Borde inferior) ▦▾ del grupo Paragraph (Párrafo) y en Borders and Shading (Bordes y sombreado)**

   Se abre el cuadro de diálogo de Borders and Shading.

5. **Si no está seleccionada, haga clic en la pestaña Borders (Bordes), en Custom (Personalizado) de la sección Setting (Valor), en la línea punteada del cuadro de lista de Style (Estilo) (el segundo estilo de línea), en la flecha de lista Width (Ancho), en 2¼ pts y en el botón de borde inferior de la sección Preview (Vista previa), verifique que esté seleccionado Paragraph (Párrafo) del cuadro de lista Apply to (Aplicar a), haga clic en OK (Aceptar), haga doble clic en el texto del documento para cerrar las áreas de Header y Footer y haga clic en el botón Show/Hide (Mostrar todo) ¶ del grupo Paragraph**

   Un borde punteado se agrega debajo del texto del encabezado, como se muestra en la figura D-14.

6. **Oprima [Ctrl][Home] ([Ctrl][Inicio]) para mover el punto de inserción al principio del documento**

   El boletín ya incluye el nombre del documento en la parte superior de la primera página y la información del encabezado se repite. Puede modificar los encabezados y pies de página para que el texto de los mismos no aparezca en la primera página de un documento o una sección.

7. **Coloque el cursor sobre el texto del encabezado en la parte superior de la página 1 y haga doble clic**

   Se abren las áreas de Header y Footer. El grupo Options (Opciones) de la pestaña Header and Footer Tools Design (Diseño de herramientas para encabezados y pie de página) incluye opciones para crear un encabezado y un pie de página distintos para la primera página de un documento o una sección y crear diferentes encabezados y pies de página de páginas numeradas pares e impares. Por ejemplo, es posible que en un documento con páginas enfrentadas, como las de una revista, quiera que el título de la publicación aparezca en el encabezado de la página izquierda y la fecha de la publicación en el encabezado de la página derecha.

8. **Haga clic en el cuadro de verificación Different First Page (Primera página diferente) para seleccionarlo y haga clic en el botón Close Header and Footer (Cerrar encabezado y pie de página)**

   El texto del encabezado y pie de página se borra de las áreas de Header y Footer de la primera página.

9. **Desplace para ver el encabezado y el pie de página de las páginas 2, 3 y 4 y guarde el documento**

FIGURA D-13: Cuadro de diálogo Symbol (Símbolo)

Pestaña de Special Characters (Caracteres especiales)

Símbolo de viñeta

Nombre del símbolo seleccionado

Utilizar la flecha de lista para seleccionar el subconjunto; el subconjunto cambia conforme se desplaza la lista de símbolos

Símbolos disponibles (los suyos pueden ser diferentes)

Código del carácter para el símbolo seleccionado

Insertar el símbolo seleccionado en el sitio del punto de inserción

FIGURA D-14: Símbolo y borde agregado al encabezado

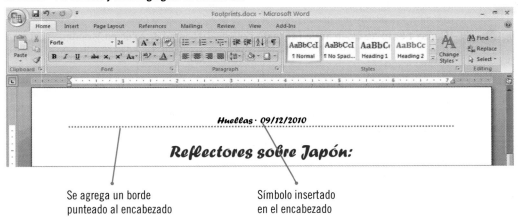

Se agrega un borde punteado al encabezado

Símbolo insertado en el encabezado

Creación de un bloque de AutoText (Autotexto)

AutoText es un tipo de bloque que le permite almacenar texto y gráficos que usa con frecuencia de modo que pueda insertarlos fácilmente en un documento. Las entradas de AutoText se almacenan en el Building Blocks Organizer (Organizador de bloques de creación) y cada entrada de AutoText tiene un nombre único para que pueda encontrarla cuando la necesite. Por ejemplo, tal vez quiera almacenar el membrete o una lista de nombres y puestos del personal de su compañía que pueda insertar fácilmente en un documento sin tener que escribir o dar formato de nuevo a la información.

Para crear una entrada personalizada de AutoText, introduzca el texto o gráfico que quiere almacenar, como el membrete o la lista del personal de una compañía, en un documento, selecciónela, haga clic en el botón Quick Parts (Elementos rápidos) del grupo Text (Texto) en la pestaña Insert

(Insertar) y haga clic en Save Selection to Quick Part Gallery (Guardar selección en una galería de elementos rápidos). En el cuadro de diálogo Create New Building Block (Crear nuevo bloque de creación) que se abre, introduzca un nombre único para el bloque nuevo, seleccione AutoText for the Gallery (Autotexto para la galería), introduzca cualquier otra información relevante, como una descripción y haga clic en OK (Aceptar) para guardar el texto o gráfico como entrada de AutoText en el Building Blocks Organizer.

Para insertar una entrada de AutoText o cualquier otro bloque en un documento en el sitio del punto de inserción, haga clic en el botón Quick Parts, haga clic en Building Blocks Organizer, recorra la lista de bloques hasta encontrar el que quiere, selecciónelo y haga clic en Insert.

Insertar una tabla

Agregar una tabla en un documento es una forma útil de ilustrar la información para referencia rápida y análisis. Una **tabla** es una cuadrícula de columnas y filas de celda que puede llenar con texto y gráficas. Una **celda** es el cuadro que se forma en la intersección de una columna y una fila. Las líneas que dividen las columnas y las filas de una tabla y le ayudan a ver la estructura tipo cuadrícula de la tabla se llaman **márgenes**. Una forma sencilla de insertar una tabla en un documento es emplear el comando Insert Table (Insertar tabla o simplemente Tabla) en la pestaña Insert (Insertar). Este comando le permite determinar las dimensiones y el formato de una tabla antes de insertarla. Agregue una tabla para mostrar los detalles de los recorridos de QST mencionados por nombre en el boletín.

PASOS

1. Haga clic en el botón Show/Hide (Mostrar todo) ¶ del grupo Paragraph (Párrafo); luego, desplácese hasta que el encabezado Principales detalles del recorrido en la página aparezca en la parte superior de la ventana del documento

2. Coloque el punto de inserción antes del encabezado Principales detalles del recorrido, haga clic en la pestaña Page Layout (Diseño de la página), haga clic en el botón Breaks (Saltos) del grupo Page Setup (Configurar página) y haga clic en Continuous (Continua)
    Se inserta una separación de sección continua antes del encabezado. El documento ahora incluye seis secciones, con el encabezado Principales detalles del recorrido en la quinta sección.

3. Haga clic en el botón Columns (Columnas) del grupo Page Setup (Configurar página) y haga clic en One (Una)
    La sección 5 tiene el formato de una sola columna.

4. Coloque el punto se inserción antes de la marca del segundo párrafo debajo del encabezado, haga clic en la pestaña Insert (Insertar), en el botón Table (Tabla) del grupo Tables (Tablas) y en Insert Table (Insertar tabla)
    Se abre el cuadro de diálogo Insert Table. Use este cuadro de diálogo para crear una tabla en blanco con un número fijo de columnas y filas y elija una opción para el ancho de las columnas en la tabla.

5. Escriba 4 en el cuadro de texto Number of columns (Número de columnas), oprima [Tab], introduzca 6 en el cuadro de texto Number of rows (Número de filas), verifique que está seleccionado el botón de opción Fixed column width (Ancho de columna fijo) y haga clic en OK (Aceptar)
    Se inserta en el documento una tabla en blanco de cuatro columnas y seis filas donde aparece el punto de inserción, que se encuentra en la celda superior izquierda de la tabla, la primera celda de la fila del encabezado. Cuando el punto de inserción está en una tabla, la pestaña Table Tools Design (Diseño de herramientas de tabla) se convierte en un tabulador activo.

6. Escriba Recorrido en la primera celda de la primera fila, oprima [Tab], escriba Temporada, oprima [Tab], escriba Duración, oprima [Tab], escriba Costo y oprima [Tab]
    Cuando oprime [Tab], el punto de inserción pasa a la siguiente celda en la fila. Si oprime [Tab] al final de una fila, mueve el punto de inserción a la primera celda de la siguiente fila. También, puede hacer clic en una celda para pasar ahí el punto de inserción.

7. Introduzca el texto que aparece en la figura D-15 de las celdas en la tabla, oprima [Tab] para pasar de celda en celda
    No se preocupe si el texto queda en la siguiente línea de una celda mientras escribe: ajustará el ancho de la columna cuando termine de escribir.

8. Haga clic en la pestaña Table Tools Layout (Presentación de herramientas de tabla), en el botón AutoFit (Autoajustar) del grupo Cell Size (Tamaño de celda), en AutoFit Contents (Autoajustar al contenido), haga clic de nuevo en AutoFit y en AutoFit Window (Autoajustar a la ventana)
    El ancho de las columnas en la tabla se ajusta al texto y, después, a la ventana. Modifique la estructura de una tabla usando los comandos en la pestaña Table Tools Layout. Para editar el texto en una tabla, sólo coloque el punto de inserción en una celda y escriba.

9. Haga clic en la pestaña Table Tools Design (Diseño de herramientas de tabla), en el botón More (Más) ▼ del grupo Table Styles (Estilos de tabla) para expandir la galería de Table Styles, haga clic en el estilo Light List – Accent 2 style (Lista clara, Énfasis 2) y elimine la marca en el cuadro de verificación de First Column (Primera columna) del grupo Table Style Options (Opciones de estilo de tabla)
    Como se presenta en la figura D-16, el estilo de la tabla Light List – Accent 2 style se aplica en la tabla. Un **table style (estilo de tabla)** incluye configuraciones de formato para el texto, márgenes y sombreado de una tabla.

10. Haga clic en la pestaña View (Vista), haga clic en el botón Two Pages (Dos páginas) y guarde el documento
    En la figura D-17 se presentan las páginas 3 y 4 completas.

FIGURA D-15: Texto en una tabla

Fila del encabezado

Fila

Celda

Columna

La sección 5 es una columna

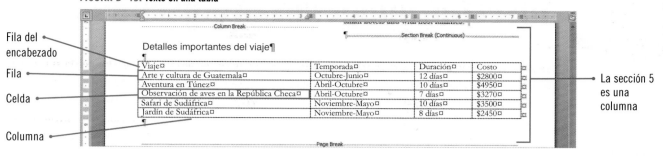

Detalles importantes del viaje¶

Viaje¤	Temporada¤	Duración¤	Costo¤
Arte y cultura de Guatemala¤	Octubre-Junio¤	12 días¤	$2800¤
Aventura en Túnez¤	Abril-Octubre¤	10 días¤	$4950¤
Observación de aves en la República Checa¤	Abril-Octubre¤	7 días¤	$3270¤
Safari de Sudáfrica¤	Noviembre-Mayo¤	10 días¤	$3500¤
Jardín de Sudáfrica¤	Noviembre-Mayo¤	8 días¤	$2450¤

FIGURA D-16: Tabla terminada

Estilo de tabla Light List – Accent 2

Cuadro de verificación de la primera columna

Fila del encabezado

Cuadrículas verticales sin imprimir que posiblemente no aparezcan en su pantalla

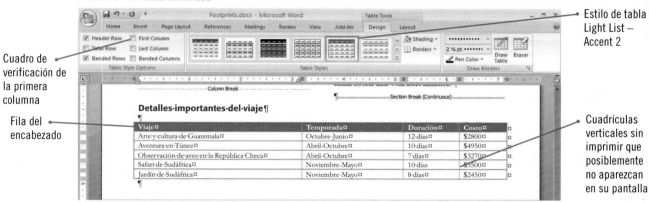

Detalles·importantes·del·viaje¶

Viaje¤	Temporada¤	Duración¤	Costo¤
Arte·y·cultura·de·Guatemala¤	Octubre-Junio¤	12·días¤	$2800¤
Aventura·en·Túnez¤	Abril-Octubre¤	10·días¤	$4950¤
Observación·de·aves·en·la·República·Checa¤	Abril-Octubre¤	7·días¤	$3270¤
Safari·de·Sudáfrica¤	Noviembre-Mayo¤	10·días¤	$3500¤
Jardín·de·Sudáfrica¤	Noviembre-Mayo¤	8·días¤	$2450¤

FIGURA D-17: Páginas 3 y 4 completas

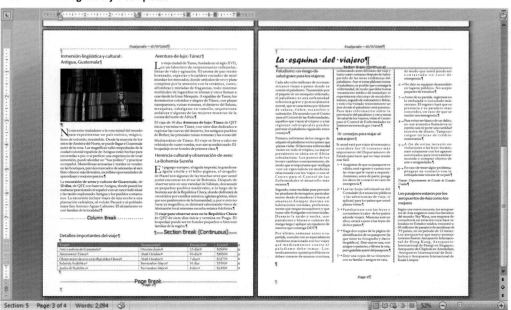

Insertar imágenes prediseñadas

Clip art es una serie de imágenes gráficas que puede insertar en un documento. Las imágenes de Clip art se almacenan en el **Clip Organizer (Organizador de imágenes prediseñadas)**, una biblioteca de **clips (imágenes)**, archivos de medios como gráficos, fotografías, sonidos, películas y animaciones, que se incluyen en Word. Puede agregar un recorte a un documento con el comando Clip Art (Imágenes prediseñadas) en la pestaña Insert (Insertar). En cuanto inserte una imagen prediseñada, puede rodearla con texto, ajustar su tamaño, mejorarla o moverla a otro sitio. █████ Ilustre la segunda página del boletín con una imagen prediseñada.

PASOS

CONSEJO

Si tiene una conexión activa a Internet, los resultados de su búsqueda incluirán recortes del sitio en Internet Microsoft Office Online.

1. **Haga clic en el** botón Page Width (Ancho de página) **del grupo Zoom, desplácese a la parte superior de la página 2, coloque el punto de inserción antes del cuerpo del segundo párrafo, que empieza** Con su mezcla..., **haga clic en la** pestaña Insert (Insertar) **y en el** botón Clip Art (Imágenes prediseñadas) **del grupo Illustrations (Ilustraciones)**

   Se abre la sección de tareas de Clip Art. Puede usar esta sección de tareas para buscar los recortes relacionados con una palabra clave.

2. **De ser necesario, seleccione el texto en el cuadro** Search for text (Buscar), **introduzca** pagoda, **haga clic en la flecha de lista de** Search (Buscar en), **verifique que** Everywhere (En todo) **tiene la marca de verificación, haga clic en la** flecha de lista Results should be (Los resultados deben ser), **verifique que** All media types (Todos los tipos de elementos) **tiene una marca de verificación y haga clic en** Go (Buscar)

   Los recortes que incluyen la palabra clave "pagoda" aparecen en la sección de tareas Clip Art, como se ilustra en la figura D-18.

¿PROBLEMAS?

Si no tiene acceso al recorte que se muestra en la figura D-18, seleccione otro. Si no tiene conexión activa a Internet, emplee la palabra clave "Asia".

3. **Señale el** recorte referenciado **en la figura D-18, haga clic en la** flecha de lista **que aparece en seguida del recorte, haga clic en** Insert (Insertar) **y cierre la sección de tareas de** Clip Art (Imágenes prediseñadas)

   El recorte se inserta en el sitio donde se encuentra el punto de inserción. Cuando se selecciona un gráfico, la pestaña activa cambia a la pestaña Picture Tools Format (Formato de herramientas de imagen). Esta pestaña contiene comandos que se utilizan para ajustar, mejorar, acomodar y ajustar el tamaño de gráficos. Hasta que aplique el texto alrededor de una imagen, forma parte de la línea de texto en el que se insertó (**una imagen en línea con el texto**). Para mover un gráfico independientemente del texto, debe rodearlo con texto para que sea un **gráfico flotante**, que pueda mover a cualquier parte de una página.

4. **Haga clic en el** botón Position (Posición) **del grupo** Arrange (Organizar); **a continuación, haga clic en** Position in Middle Right with Square Text Wrapping (Posición en el medio de la parte derecha con ajuste de texto cuadrado)

   La foto pasa a la parte derecha media de la página y el texto lo rodea. Los círculos en blanco que aparecen en las orillas cuadradas del gráfico son los **controles para ajustar el tamaño**. Aplicar el texto alrededor de la fotografía la convierte en una imagen flotante.

5. **Haga clic en la** flecha hacia arriba de Shape Width (Ancho de forma) **del grupo** Size (Tamaño) **hasta que aparezca 3.8 pulgadas**

   La fotografía se agranda. Observe que, cuando aumentó el ancho de la fotografía, la altura se incrementó de manera proporcional. También, puede reajustar proporcionalmente el tamaño de un gráfico arrastrando un estribo para ajustar el tamaño.

CONSEJO

Para recortar una imagen o cambiar su escala con medidas precisas, haga clic en el lanzador del grupo Size (Tamaño); luego, ajuste las configuraciones de la pestaña Size del cuadro de diálogo Size.

6. **Arrastre hasta la parte superior de la página 2, coloque el puntero sobre el gráfico y, cuando el puntero cambie para arrastrar** ⟨𝄐⟩ **la imagen hacia arriba y a la izquierda a modo de que quede centrado en la página y la parte superior esté justo debajo de la segunda línea del texto como se muestra en la figura D-19, libere el botón del ratón**

   La imagen sube y se centra entre los márgenes.

7. **Haga clic en el** botón Position (Posición), **en** More Layout Options (Más opciones de diseño), **en la pestaña** Picture Position (Posición de la imagen) **de ser necesario, haga clic en el** botón de opción Alignment (Alineación) **de la sección** Horizontal, **en la** flecha de lista Alignment, **en** Centered (Centrada) **y en** OK (Aceptar)

   El cuadro de diálogo Advanced Layout (Diseño avanzado) le permite colocar un gráfico con medidas precisas.

8. **Haga clic en el** botón More ⬇ **del grupo** Picture Styles (Estilos de imagen), **seleccione el** estilo de imagen Soft Edge Oval (Óvalo de bordes suaves), **haga clic en el** botón Text Wrapping (Ajuste del texto) **del grupo** Arrange (Organizar), **haga clic en** Tight (Estrecho) **y, después, elimine la selección de la imagen**

   Se aplica un estilo de imagen en la fotografía y el texto se ajusta alrededor de la forma ovalada.

¿PROBLEMAS?

Si la página 3 está en blanco o contiene texto continuo de la página 2, reduzca el tamaño de la imagen de la página 2.

9. **Haga clic en la** pestaña View (Vista) **y, luego, en el** botón Two Pages (Dos páginas)

   En la figura D-20 aparecen las páginas 1 y 2 completas.

10. **Haga clic en el** botón Page Width (Ancho de página), **oprima** [Ctrl][End] ([Ctrl][Fin]), **oprima** [Enter] ([Intro]), **escriba su nombre, guarde los cambios, imprima el documento, cierre el documento y salga de Word**

FIGURA D-18: Sección de tareas de Clip Art (Imágenes prediseñadas)

Escribir la palabra clave de búsqueda

Seleccionar las colecciones en las cuales buscar los recortes

Elegir el tipo de recortes

Seleccionar este recorte

Recortes con la palabra clave "pagoda"

Abrir Clip Organizer (Organizador de clips)

Buscar recortes en línea

FIGURA D-19: Gráfico movido a otra ubicación

Imagen desvanecida muestra que se arrastra el gráfico; colocar el gráfico como se muestra

Controles para ajustar tamaño

FIGURA D-20: Páginas 1 y 2 completas del boletín

El gráfico está centrado en la página

El texto rodea al gráfico

Práctica

Si cuenta con un perfil de usuario SAM, usted puede tener acceso a instructivos, prácticas y evaluación de las habilidades cubiertas en la unidad. Conéctese a su cuenta SAM (http://sam2007.course.com/) para iniciar actividades de capacitación o exámenes programados que se relacionan con las habilidades abordadas en esta unidad.

▼ REPASO DE CONCEPTOS

Anote los elementos de la ventana del programa Word que se muestra en la figura D-21.

FIGURA D-21

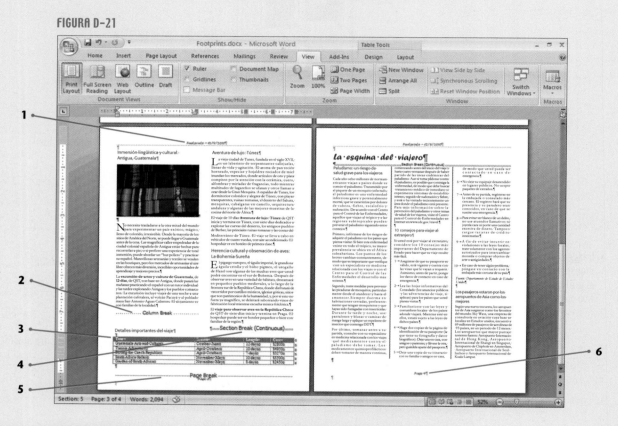

Relacione cada término con el enunciado que mejor lo describe.

7. **Pie de página**

8. **Encabezado**

9. **Separación de página manual**

10. **Salto de sección**

11. **Campo**

12. **Gráfico alineado**

13. **Gráfico flotante**

14. **Margen**

a. Imagen que se inserta como parte de un renglón de texto

b. Espacio en blanco entre el borde del texto y la orilla de la hoja

c. Marca de formato que divide un documento en partes a las que se puede dar formato diferente

d. Texto de gráficas que aparece al final de cada página en un documento

e. Espacio para información que cambia

f. Marca de formato que hace que el texto siguiente comience en la parte superior de la página siguiente

g. Texto o gráfico que aparece en la parte superior de cada página del documento

h. Imagen a la que se ha aplicado salto de renglón

Seleccione la respuesta más adecuada de la lista de opciones.

15. **¿Qué tipo de salto insertaría si quisiera hacer que el texto comenzara en la página siguiente?**

a. Salto de página automático

b. Salto de sección continua

c. Salto de renglón

d. Salto de sección en página siguiente

16. **¿Qué salto insertaría si quisiera equilibrar las columnas de una sección?**

a. Salto de columnas

b. Salto de sección continua

c. Salto de página manual

d. Salto de renglón

17. **¿Cuál de lo siguiente no puede insertarse con el comando Quick Parts (Elementos rápidos)?**

a. Bloque de AutoText (Autotexto)

b. Propiedades del documento

c. Campo de número de página

d. Salto de página

18. **¿Qué de lo siguiente tienen los documentos con márgenes encontrados?**

a. Encuadernado

b. Orientación horizontal

c. Márgenes interno y externo

d. Encabezado y pie de página diferentes en la primera hoja

19. **¿Qué nombre describe las secciones de texto con formato que se guardan en galerías?**

a. Encabezado

b. Campo

c. Elemento

d. Propiedad

20. **¿Qué debe hacerse para cambiar un gráfico interno por uno flotante?**

a. Aplicar salto de renglón al texto

b. Cambiar el tamaño del gráfico

c. Anclar la gráfica

d. Mover el gráfico

▼ REPASO DE HABILIDADES

1. Poner márgenes en un documento.

a. Inicie Word, abra el archivo WD D-2.docx de la unidad y carpeta donde guarda sus Archivos de datos y guárdelo como **Greenwood Fitness**.

b. Cambie los márgenes superior e inferior a Moderate: 1 pulgada arriba y abajo y .75 pulgadas a izquierda y derecha.

c. Guarde sus cambios en el documento.

2. Dividir un documento en secciones.

a. Para ocultar el espacio en blanco del documento, mueva el cursor a la parte superior de la página y haga doble clic con el cursor Hide White Space (Ocultar espacio en blanco) que aparece.

b. Active las marcas de formato y, si es necesario, personalice la barra de estado para que muestre las secciones.

c. Baje por la página e inserte un salto de sección continua antes del encabezado **Instalaciones**.

d. Dé formato al texto de la sección 2 en dos columnas y guarde los cambios del documento.

3. Insertar saltos de página.

a. Inserte un salto manual antes del encabezado **Bienvenidos al Greenwood Fitness Center**.

b. Baje por la página e inserte un salto manual antes del encabezado **Servicios**.

c. Baje por la página e inserte un salto manual antes del encabezado **Membresías**.

d. Para mostrar el espacio en blanco del documento, mueva el cursor sobre la línea gruesa negra que separa las páginas y haga doble clic en Show White Space que aparece.

e. Oprima [Ctrl][Home] ([Ctrl][Inicio]) para guardar los cambios del documento.

4. Dar formato de columnas.

a. En la página 2, seleccione **Instalaciones** y la marca de párrafo que sigue. Use el botón Columns (Columnas) para dar formato al texto seleccionado como una columna. Luego, centre **Instalaciones** en el texto.

b. Para equilibrar las columnas de la página 2, inserte un salto de sección continua en la parte inferior de la segunda columna.

c. En la página 3, seleccione **Servicios** y la marca de párrafo que sigue. Dé formato al texto seleccionado como una columna y centre el texto.

d. Equilibre las columnas de la página 3.

e. En la página 4, seleccione **Membresías** y la marca de párrafo que sigue. Dé formato al texto seleccionado como una columna y centre el texto.

f. Inserte un salto de columna antes del encabezado **Tarjetas de membresía**. Oprima [Ctrl][Home] ([Ctrl][Inicio]) para guardar sus cambios del documento.

5. Insertar números de página.

    a. Inserte los números de página en la parte inferior de la página del documento. Seleccione de la galería el estilo de número de página Plain Number 2 (Número sin formato 2).

    b. Desplace el documento para ver los números de página de cada página y guarde los cambios en el documento.

6. Agregar encabezados y pies de página.

    a. Haga doble clic en el margen en la parte superior de una página para abrir las áreas de Header y Footer (Encabezado y Pie de página).

    b. Con el punto de inserción en el área Header, haga clic en el botón Quick Parts (Elementos rápidos) del grupo Insert (Insertar) en la pestaña Header & Footer Tools Design (Diseño de herramientas para encabezado y pie de página), señale Document Property (Propiedad del documento) y haga clic en Author (Autor).

    c. Reemplace el texto en el control del contenido Author (Autor) con su nombre, oprima [End] [Fin] para sacar el punto de inserción del control de contenido y oprima [barra espaciadora].

    d. Haga clic en el botón Insert Alignment Tab (Insertar tabulación de alineación) del grupo Position (Posición), seleccione el botón de opción Right (Derecha) y mantenga el alineado en relación con el borde, luego haga clic en OK (Aceptar) del cuadro de diálogo para mover el punto de inserción al margen derecho.

    e. Use el comando Date and Time (Fecha y hora) del grupo Insert (Insertar) para insertar la fecha actual como texto estático.

    f. Mueva el punto de inserción al área de Footer.

    g. Haga doble clic en el número de página para seleccionarlo; después, dé el formato de itálica negrita al número de página.

    h. Cierre los encabezados y pies de página, vea el encabezado y pie de página de cada página y guarde los cambios al documento.

7. Editar encabezados y notas al pie.

    a. Abra los encabezados y pies de página; a continuación, aplique cursivas al texto del encabezado.

    b. Mueva el punto de inserción al área de Footer y cambie el estilo del pie de página a Plain Number 3 (Número sin formato 3). (*Sugerencia:* haga clic en el botón Page Number, señale Bottom of Page (Final de página) y haga clic en el nuevo estilo.)

    c. Utilice el comando Symbol (Símbolo) en la pestaña Insert para abrir el cuadro de diálogo Symbol, inserte un símbolo de triángulo negro señalando a la derecha (código de caracter: 25BA) y cierre el cuadro de diálogo Symbol. (*Nota:* si no tiene el código 25BA, seleccione un símbolo distinto.)

    d. Use la pestaña Header & Footer Tools Design para crear un encabezado y pie de página diferentes para la primera página del documento.

    e. Desplácese hasta el principio del documento, escriba su nombre en el área de First Page Header (Encabezado en primera página) y aplique itálicas a su nombre.

    f. Cierre los encabezados y pies de página, en Print Preview (Vista preliminar) vea el encabezado y pie de página de cada página, cierre Print Preview y guarde los cambios de su documento.

8. Insertar una tabla.

    a. En la página 4, seleccione la palabra Table al final de la sección Membership Rates (Tarifas de membresía), oprima [Delete] ([Supr]), abra el cuadro de diálogo Insert Table y cree una tabla de dos columnas y cinco filas.

    b. Aplique en la tabla el estilo Light List – Accent 3 (Lista clara – Énfasis 3).

    c. Oprima [Tab] para dejar en blanco la primera celda de la fila del encabezado y escriba **Rate (Tarifa)**.

    d. Oprima [Tab] y escriba el siguiente texto en la tabla, oprimiendo [Tab] para pasar de una celda a otra.

Inscripción/individual	**$100**
Inscripción/doble	**$150**
Inscripción mensual/individual	**$35**
Inscripción mensual/doble	**$60**

    e. Con el punto de inserción en la tabla, haga clic en la tabla con el botón derecho, use el comando AutoFit to Contents (Autoajustar al contenido) y, luego, AutoFit to Window (Autoajustar a la ventana).

    f. Guarde los cambios en el documento.

▼ REPASO DE HABILIDADES (CONTINUACIÓN)

9. Insertar imágenes prediseñadas.

a. En la página 1, coloque el punto de inserción en el segundo párrafo en blanco bajo **Centro de rehabilitación y ejercicio**. (*Sugerencia:* coloque el punto de inserción a la izquierda de la marca del párrafo.)

b. Abra la sección de tareas de Clip Art. Busque los recortes relacionados con la palabra clave **acondicionamiento físico**.

c. Inserte el recorte que se muestra en la figura D-22. (*Nota:* necesita una conexión activa a Internet para seleccionar el recorte que se muestra en la figura. Si no tiene este recorte, seleccione otro. Si no está en línea, tal vez necesite buscar usando una palabra clave como deportes.)

d. Seleccione el gráfico, arrastre hacia abajo y a la derecha el estribo de ajuste de tamaño inferior derecho de modo que el gráfico sea de 3.75 pulgadas de ancho y 3.1 pulgadas de alto. Ajuste el tamaño del gráfico para que el texto y la separación de página manual quepa en la página 1. Puede emplear los cuadros de texto Shape Height (Altura de la forma) y Shape Width (Ancho de la forma) del grupo Size (Tamaño) en la pestaña Format para ajustar exactamente el tamaño del gráfico.

e. Aplique en el gráfico un estilo de imagen Drop Shadow Rectangle (Rectángulo sombreado).

f. Mueva el punto de inserción a la página 3, busque los recortes relacionados con la palabra clave masaje e inserte un recorte adecuado. Seleccione un recorte que vaya acorde al diseño del documento.

g. Use el comando Position para colocar el recorte en el centro inferior del documento con el texto alrededor en forma de cuadro.

h. Guarde los cambios en el documento. Vea previamente el documento, imprima una copia, cierre el documento y salga de Word.

FIGURA D-22

Centro de acondicionamiento físico Greenwood

Centro de rehabilitación y ejercicio

Servicios a miembros

Horario

Lunes a viernes:
6:00 a.m. a 10:00 p.m.

Sábados:
7:00 a.m. a 10:00 p.m.

Domingos:
1:00 p.m. a 5:00 p.m.

▼ RETO INDEPENDIENTE 1

Es propietario de un pequeño negocio en White Horse, Territorio de Yukon, llamado Servicio de Alimentación Blue Chair. Empezó a trabajar en el texto para un folleto publicitario de su negocio y ahora está por diseñar las páginas y preparar la copia final. El folleto estará impreso de ambos lados de una hoja de 8½ × 11 pulgadas y doblado en tres.

a. Abra Word, abra el archivo WD D-3.docx de la unidad y la carpeta donde almacena los archivos de datos y guárdelo como **Blue Chair**. Lea el documento para conocer el contenido.

b. Cambie la orientación de la página a horizontal y cambie todos los márgenes a .6 pulgadas.

c. Aplique un formato de tres columnas del mismo ancho al documento.

d. Antes del encabezado **Servicios de Alimentación**, inserte la separación de la siguiente sección de página.

e. En la página 1, inserte las separaciones de columnas antes de los encabezados **Muestra de menú de banquete toscano** y **Muestra de menú de banquete indio**.

f. Cambie el espaciado de la columna de la primera página a .4 pulgadas, agregue líneas entre las columnas de la primera página y centre el texto de las columnas.

g. Haga doble clic en el margen inferior para abrir el área del pie de página, cree otro encabezado y pie de página para la primera página, escriba **Pida los menús diseñados a su gusto y presupuesto** del pie de página de la primera página.

h. Centre el texto del pie de página, dé formato usando Papyrus de 20 puntos, color de fuente Azul, Énfasis 1 y cierre los encabezados y pies de página.

i. En la página 2, inserte una separación de columna antes de Your Name (Su Nombre). Oprima [Enter] ([Intro]) cuantas veces sean necesarias para mover la información de contacto a la parte inferior de la segunda columna. Asegúrese de que las cinco líneas de la información de contacto están en la columna 2 y no se pasan a la siguiente columna.

j. Reemplace Your Name con su nombre y centre la información de contacto de la columna.

k. Inserte una separación de columna en la parte inferior de la segunda columna. Luego, escriba el texto que aparece en la tercera columna de la figura D-23 y aplique el estilo No Spacing (Sin espaciado). Consulte la figura mientras sigue las instrucciones para dar formato al texto de la tercera columna.

l. Dé formato a Servicio de Alimentación Blue Chair con Papyrus, 30 puntos, negritas.

m. Dé formato al resto del texto con Papyrus de 12 puntos. Centre el texto de la tercera columna.

n. Inserte el gráfico prediseñado que se muestra en la figura D-23 u otro gráfico apropiado. No rodee el gráfico con el texto.

o. Reajuste el tamaño del gráfico y agregue o borre párrafos en blanco de la tercera columna de su folleto para que el espaciado entre elementos corresponda aproximadamente con el espaciado que se muestra en la figura D-23.

Ejercicio de reto avanzado

- Inserte en la parte inferior de la primera columna de la página 2 un gráfico prediseñado apropiado diferente.
- Coloque el texto alrededor del gráfico; después, reajuste el tamaño del gráfico y ubíquelo de modo que mejore el diseño del folleto.
- Aplique un estilo de imagen adecuado al gráfico.

p. Guarde los cambios, vea el folleto en Print Preview (Vista preliminar) e imprima una copia. De ser posible, imprima dos páginas del folleto por los dos lados para que pueda doblar el folleto en tres.

q. Cierre el documento y salga de Word.

FIGURA D-23

Servicio
de Alimentación
Blue Chair

Servicios de alimentación completos
para todo tipo de eventos.
Menús y presupuestos a solicitud.

▼ RETO INDEPENDIENTE 2

Trabaja en el Departamento de seguridad del campus de Pacific State College. Escribió el texto de un folleto informativo sobre reglamentos para estacionarse en el campus y ahora tiene que hacer el formato del folleto para que sea atractivo y legible.

a. Abra Word, abra el archivo WD D-4.docx de la unidad y la carpeta donde almacena los archivos de datos y guárdelo como **Preguntas frecuentes de estacionamiento Pacífico**. Lea el documento para tener una idea del contenido.

b. Cambie todos los márgenes a .7 pulgadas.

c. Inserte antes una separación de sección continua. **1. ¿Puedo traer el coche a la escuela?** (*Sugerencia:* coloque el punto de inserción antes de mayo.)

d. Desplace e inserte una separación de sección de siguiente página antes de **Muestra de permiso de estacionamiento**.

e. Dé formato al texto en la sección 2 con tres columnas iguales y un espacio de .3 pulgadas entre columnas.

f. Aplique los guiones en el documento con la característica de guiones automáticos. (*Sugerencia:* si no tiene esta característica instalada en su computadora, ignore este paso.)

g. Agregue un borde punteado inferior de 3 puntos en el párrafo en blanco debajo de Pacific State College. (*Sugerencia:* coloque el punto de inserción antes de la marca del párrafo debajo de Pacific State College.)

h. Abra el área Header e inserte su nombre en el encabezado. Alinee a la derecha su nombre y déle formato con Arial 10 puntos.

i. Agregue el siguiente texto al pie de página, insertando los símbolos entre las palabras, como se indica:
Oficina de servicio de estacionamiento y transporte • 54 Buckley Street • Pacific State College • 942-555-2227.

j. Dé formato al texto en el pie de página con Arial Black 9 puntos y céntrelo en el pie de página. Si no tiene Arial Black, use otra fuente. De ser necesario, ajuste la fuente y el tamaño para que la dirección completa quede en una línea.

k. Aplique un borde punteado de 3 puntos arriba del texto de pie de página. Asegúrese de aplicar el borde al párrafo.

FIGURA D-24

l. Equilibre las columnas de la sección 2.

m. Agregue el gráfico de clip art en la figura D-24 (u otro gráfico de clip art adecuado) en la esquina superior derecha del documento, arriba del borde. Asegúrese de que el gráfico no oscurezca el borde. (*Sugerencia:* rodee el gráfico con texto antes de colocarlo.)

n. Coloque el punto de inserción en la página 2 (que es la sección 4). Cambie los márgenes izquierdo y derecho de la sección 4 a 1 pulgada. Cambie también la orientación de la página de la sección 4 a horizontal.

o. Modifique el alineado vertical de la sección a central. (*Sugerencia:* utilice la pestaña Layout en el cuadro de diálogo Page Setup.)

p. Aplique un estilo a la tabla que sea semejante al estilo de la tabla que aparece en la figura D-25.

q. Guarde los cambios, vea el folleto en Print Preview (Vista preliminar) e imprima una copia. De ser posible, imprima dos páginas del folleto por los dos lados.

r. Cierre el documento y salga de Word.

FIGURA D-25

Muestra del permiso de estacionamiento

Pacific State College
Oficina de servicios de estacionamiento y transporte

Permiso de estacionamiento para estudiantes 2010-11

Número de licencia:	VA 498 359
Marca:	Subaru
Modelo:	Forester
Año:	2004
Color:	Rojo
Fecha de expedición del permiso:	8 de septiembre de 2010
Fecha de vencimiento del permiso:	4 de junio de 2011

Restricciones:
Permiso de estacionamiento en la zona de Greene Street de Pacific State College, las 24 horas del día, los 7 días de la semana. El servicio de transporte es del lote de Greene Street al campus de 7 a.m. a 7 p.m. de lunes a viernes. También se permite estacionarse en cualquier zona del campus a partir de las 4:30 p.m. del viernes a la medianoche del domingo.

▼ RETO INDEPENDIENTE 3

A una editorial le gustaría publicar un artículo que usted escribió sobre la contaminación de aguas pluviales en Australia como un capítulo del próximo libro titulado *Problemas ambientales del nuevo milenio*. La editorial le ha solicitado que dé formato a su artículo como capítulo del libro antes de enviarlo para su publicación y le proporciona una hoja con el estilo.

a. Abra Word, abra el archivo WD D-5.docx de la unidad y la carpeta donde guarda sus archivos de datos y guárdelo como **Capítulo 9**.

b. Cambie la fuente de todo el documento a High Tower Text de 11 puntos. Si no tiene esa fuente, seleccione una que sea acorde a las páginas de un libro. Justifique el texto.

c. Cambie el tamaño del papel a 6 × 9 pulgadas.

d. Cree márgenes encontrados. (*Sugerencia:* emplee la flecha de lista Multiple Pages (Páginas múltiples).) Cambie los márgenes superior e inferior a .8 pulgadas, el margen interior a .4 pulgadas, el margen exterior a .6 pulgadas y cree un margen de encuadernación de .3 pulgadas para el libro.

e. Modifique el nivel de Zoom a Page Width (Ancho de página), abra las áreas de Header y Footer y ajuste para crear diferentes encabezados y pies de página para las páginas numeradas con pares y nones.

f. En el encabezado de la página non, escriba **Capítulo 9**, inserte un símbolo de su elección y escriba **Contaminación de aguas pluviales en la cuenca de Fairy Creek**.

g. Dé formato al texto del encabezado con High Tower Text itálica de 9 puntos y alinee el texto a la derecha.

h. En el encabezado de la página par, escriba su nombre, inserte un símbolo de su elección y un campo de fecha que se actualice automáticamente. (*Sugerencia:* desplace hacia abajo o utilice el botón Next Section (Siguiente sección) para mover el punto de inserción al encabezado de la página par.)

FIGURA D-26

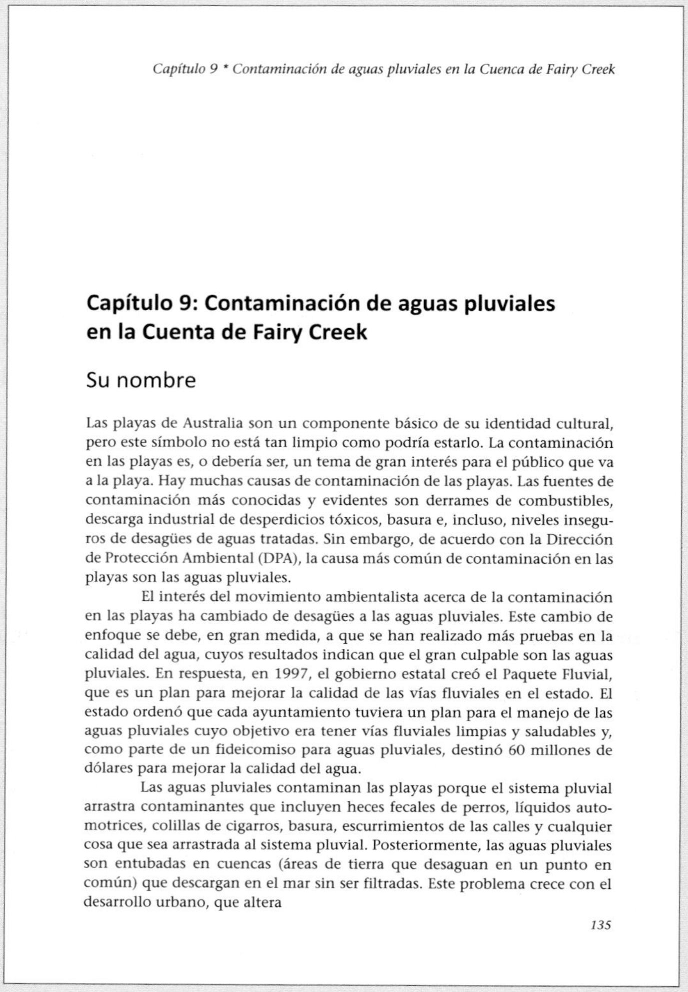

Capítulo 9 • Contaminación de aguas pluviales en la Cuenca de Fairy Creek

Capítulo 9: Contaminación de aguas pluviales en la Cuenta de Fairy Creek

Su nombre

Las playas de Australia son un componente básico de su identidad cultural, pero este símbolo no está tan limpio como podría estarlo. La contaminación en las playas es, o debería ser, un tema de gran interés para el público que va a la playa. Hay muchas causas de contaminación de las playas. Las fuentes de contaminación más conocidas y evidentes son derrames de combustibles, descarga industrial de desperdicios tóxicos, basura e, incluso, niveles inseguros de desagües de aguas tratadas. Sin embargo, de acuerdo con la Dirección de Protección Ambiental (DPA), la causa más común de contaminación en las playas son las aguas pluviales.

El interés del movimiento ambientalista acerca de la contaminación en las playas ha cambiado de desagües a las aguas pluviales. Este cambio de enfoque se debe, en gran medida, a que se han realizado más pruebas en la calidad del agua, cuyos resultados indican que el gran culpable son las aguas pluviales. En respuesta, en 1997, el gobierno estatal creó el Paquete Fluvial, que es un plan para mejorar la calidad de las vías fluviales en el estado. El estado ordenó que cada ayuntamiento tuviera un plan para el manejo de las aguas pluviales cuyo objetivo era tener vías fluviales limpias y saludables y, como parte de un fideicomiso para aguas pluviales, destinó 60 millones de dólares para mejorar la calidad del agua.

Las aguas pluviales contaminan las playas porque el sistema pluvial arrastra contaminantes que incluyen heces fecales de perros, líquidos automotrices, colillas de cigarros, basura, escurrimientos de las calles y cualquier cosa que sea arrastrada al sistema pluvial. Posteriormente, las aguas pluviales son entubadas en cuencas (áreas de tierra que desaguan en un punto en común) que descargan en el mar sin ser filtradas. Este problema crece con el desarrollo urbano, que altera

135

i. Cambie el formato de la fecha para que sólo incluya el mes y año. (*Sugerencia*: haga clic con el botón derecho en el campo de la fecha, haga clic en Edit Field (Editar campo) y escriba MMMM aaaa en el cuadro de texto de Date Formats (Formatos de fecha).)

j. Dé formato al texto del encabezado con High Tower Text itálica de 9 puntos. El encabezado de la página par debe estar alineado a la izquierda.

k. Inserte en el área del pie de página de la página par un campo para número de página alineado a la izquierda, déle formato con High Tower Text de 10 puntos, inserte en el área del pie de página de la página non un campo para número de página alineado a la derecha y déle formato con High Tower Text de 10 puntos.

l. Dé formato a los números de página de modo que la primera página del capítulo, que es el capítulo 9 del libro, empiece en la página 135. (*Sugerencia*: seleccione un campo para número de página, haga clic en el botón Page Number (Número de página) y haga clic en Format Page Numbers (Formato del número de páginas).)

m. Vaya al principio del documento, oprima 10 veces [Enter] ([Intro]), escriba: **Capítulo 9: Contaminación de aguas pluviales en la Cuenca de Fairy Creek**, oprima dos veces [Enter] ([Intro]), escriba su nombre y oprima dos veces [Enter].

n. Dé formato al título del capítulo con Calibri negritas de 16 puntos, dé formato a su nombre con Calibri de 14 puntos y alinee a la izquierda el texto del título y su nombre, como se muestra en la figura D-26.

▼ RETO INDEPENDIENTE 3 (CONTINUACIÓN)

Ejercicio de reto avanzado

- Recorra el documento hasta la página 4, coloque el punto de inserción al final del párrafo, arriba del encabezado Efectos potenciales en la salud…, oprima dos veces [Enter], escriba **Tabla 1: Total de cargas contaminantes al año en la cuenca de Fairy Creek**, déle formato al texto con negritas y oprima dos veces [Enter] ([Intro]).
- Inserte una tabla con cuatro columnas y cuatro filas.
- Escriba el texto que se muestra en la tabla de la figura D-27. No se preocupe si el texto se pasa a la siguiente línea de una celda.
- Aplique el estilo de tabla Light List (Lista clara). Asegúrese de que el texto en la fila del encabezado esté en negritas y elimine el formato en negritas del texto de las demás filas.
- Autoajuste la tabla para que quepa el contenido y autoajuste la tabla al tamaño de la ventana.

FIGURA D-27

Área	Nitrógeno	Fósforo	Sólidos suspendidos
Cuenca de Fairy	9.3 toneladas	1.2 toneladas	756.4 toneladas
Durras Arm	6.2 toneladas	.9 toneladas	348.2 toneladas
Cuenca de Cabbage	9.8 toneladas	2.3 toneladas	485.7 toneladas

o. Guarde los cambios, vea el capítulo en Print Preview (Vista preliminar), imprima las primeras cuatro páginas del capítulo, cierre el documento y salga de Word.

▼ RETO INDEPENDIENTE DE LA VIDA REAL

Una de las oportunidades más comunes para aplicar las características de diseño de la página de Word es cuando da formato a un artículo de investigación. El formato que recomienda el *Manual MLA para autores de artículos de investigación*, una guía de estilo que incluye información sobre cómo preparar, redactar y dar formato a los artículos de investigación, es el formato estándar que usan muchas escuelas y universidades. En este reto, investigará los lineamientos de la MLA (en inglés, *Modern Language Association*, Asociación de lenguas modernas) para dar formato a un artículo de investigación y los utilizará para preparar un ejemplo de informe de investigación.

a. Use el motor de búsqueda de su preferencia para encontrar información en Internet acerca de los lineamientos de la MLA para el formato de un informe de investigación. Para su búsqueda, emplee las palabras clave **Estilo de la MLA y formato de artículo de investigación**.

b. Busque información sobre el formato correcto para los siguientes aspectos de un artículo de investigación: tamaño del papel, márgenes, página del título o primera página del informe, interlineado, sangría de párrafos y números de páginas. Imprima la información que encontró.

c. Abra Word, abra el archivo WD D-6.docx de la unidad y la carpeta donde guarda los archivos de datos y guárdelo como **Artículo de investigación**. Con la información que aprendió, dé formato a este documento como informe de investigación.

d. Ajuste los márgenes, fije el interlineado y agregue los números de página al documento en el formato que recomienda la MLA. Titule su informe de muestra **La historia maori de Nueva Zelanda**, use su nombre como nombre del autor y, de ser necesario, invente información sobre el curso y el instructor. Asegúrese de dar formato a la página del título como lo indica el estilo de la MLA.

e. Dé formato al texto restante como el cuerpo del informe de investigación. Dé sangría a la primera línea de cada párrafo en vez de emplear un espaciado cuádruple entre párrafos.

f. Guarde el documento, imprima una copia, cierre el documento y salga de Word.

Abra el archivo WD D-7.docx de la unidad y la carpeta donde guarda los archivos de datos y modifíquelo para crear el artículo que se presenta en la figura D-28. (*Sugerencia:* cambie los cuatro márgenes a .6 pulgadas. Para localizar la imagen de clip art de la flor, utilice en la búsqueda la palabra clave **dalias** y verifique que sólo esté marcado el cuadro de verificación Photographs (Fotografías) en Results should be (Los resultados deben ser) del cuadro de lista de la sección de tareas Clip Art. Si no puede usar la figura que aparece en el recorte, elija otra.) Guarde el documento con el nombre de archivo **El rincón del jardinero** e imprima una copia.

FIGURA D-28

El rincón del jardinero

Cómo dejar descansar un jardín perenne

Su Nombre

Cuando se deja descansar un jardín perenne para la temporada, se percibe cierta sensación de paz. Las plantas se ponen a resguardo de los elementos y el jardín se prepara para recibir los primeros signos de vida. Una vez que termine el trabajo, podrá relajarse y esperar que florezcan en primavera. Muchos jardineros no saben cómo cerrar un jardín perenne. La columna de esta semana desmitifica el proceso.

Limpieza

La limpieza del jardín puede ser un proceso gradual porque las plantas se deterioran a diferente ritmo, lo que le permite ir poco a poco cada semana.

- Delinee los arriates y bordes y quite los postes y demás apoyos de las plantas.
- Escarbe y divida los lirios, las azucenas y las plantas que florecen primero.
- Corte las plantas cuando el follaje empiece a deteriorarse, recoja toda la basura del jardín y saque cualquier hierba mala que quede.

Plantas perennes

El otoño es la época perfecta para las plantas perennes. Los días cálidos y soleados y las noches frescas ofrecen las condiciones óptimas para el crecimiento de nuevas raíces.

- Escarbe profundo y mejore la tierra con materia orgánica.
- Use un buen fertilizante para acelerar el crecimiento de nuevas raíces.
- Desenrede las raíces de las plantas nuevas antes de sembrarlas.
- Riegue abundantemente después de sembrar según lo establezca el clima y mantenga las plantas húmedas durante varios días.

Agregue composta

El ingrediente principal para una tierra de jardín saludable es la materia orgánica. La composta da nutrientes a la tierra, ayuda a que ésta retenga agua y nutrientes y la mantiene con suficiente aire. Si cuida de la tierra, las plantas crecerán fuertes y serán resistentes a las plagas. Antes de agregar la composta, use un rastrillo metálico para aflojar unas pulgadas la superficie de la tierra. Extienda una o dos pulgadas de composta sobre todo el jardín. La mejor composta es de desechos del jardín y la cocina. Evite pisar el área y compactar la tierra.

¿Cubrir o no cubrir?

Proteger los arriates perennes ayuda a que las plantas sobrevivan al invierno. La cubierta protectora invernal evita los ciclos de congelación y descongelación, que ocasionan que las plantas se inclinen y, eventualmente, mueran. Lo que funciona y lo que no funciona:

- Siempre aplique una cubierta protectora después de que se congele el suelo.
- Nunca aplique heno genérico porque contiene millones de semillas de mala hierba. Tampoco use hojas completas y una cubierta de corteza porque guardan demasiada humedad.
- Use material flojo para permitir que filtre el aire. El heno de paja y ciénega son excelentes opciones de protección. Si usa hojas, sólo emplee hojas rígidas como de roble o haya. Las hojas suaves, como las de arce, dificultan que se filtre el aire y agua.
- Retire la cubierta de invierno en primavera, en cuanto empiecen los nuevos brotes.

Si desea copias de columnas anteriores de El rincón del jardinero, llame al 1-800-555-3827.

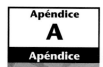
Restaurar la configuración predeterminada en Windows Vista. Deshabilitar y habilitar Windows Aero

Archivos que necesita:

Ninguno.

Windows Vista es la versión más reciente del sistema operativo Windows. Un sistema operativo controla la manera en que usted trabaja con su computadora, supervisa los programas que se están ejecutando y proporciona las herramientas para llevar a cabo las tareas de computación. Después de encuestar a millones de usuarios, Microsoft incorporó sus sugerencias de que Windows Vista fuera seguro, confiable y fácil de utilizar. De hecho, Windows Vista se considera la versión más segura de Windows hasta ahora. Otras mejoras incluyen una nueva característica de búsqueda que le permite encontrar rápidamente archivos y programas desde el menú Inicio y desde las ventanas, herramientas que simplifican el acceso a Internet —especialmente con una conexión inalámbrica— y programas de multimedios que le permiten disfrutar, compartir y organizar música, fotos y grabaciones de TV. Por último, Windows Vista ofrece cientos de atractivos visuales con su diseño transparente de tres dimensiones en la experiencia Aero. ▰▰▰ Este apéndice explica cómo asegurarse de utilizar la configuración predeterminada de Windows Vista de apariencia, personalización, seguridad, hardware y sonido, y habilitar y deshabilitar Windows Aero. Para más información sobre Windows Aero, visite *www.microsoft.com/windowsvista/experiences/aero.mspx*.

OBJETIVOS

Restaurar la configuración predeterminada en la sección de Apariencia y personalización

Restaurar la configuración predeterminada en la sección Seguridad

Restaurar la configuración predeterminada en la sección Hardware y Sonido

Deshabilitar y habilitar Windows Aero

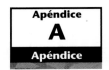
Restaurar la configuración predeterminada en la sección de Apariencia y personalización

Las siguientes instrucciones requieren la instalación predeterminada de Windows Vista y que el estudiante inicie sesión con una cuenta de administrador. Todas las configuraciones siguientes pueden cambiarse mediante el Control Panel (Panel de control).

PASOS

- Para restaurar la configuración predeterminada en la sección Personalization (Personalización)

  1. Haga clic en Start (Inicio) y luego en Control Panel (Panel de control). Haga clic en Appearance and Personalization (Apariencia y personalización), seleccione Personalization (Personalización) y luego compare su pantalla con la figura A-1

  2. En la ventana Personalization, haga clic en Windows Color and Appearance (Color y apariencia de las ventanas), seleccione el color Default (Estándar) y luego haga clic en OK (Aceptar)

  3. En la ventana Personalization, haga clic en Mouse Pointers (Punteros del mouse). En el cuadro de diálogo Mouse Properties (Propiedades del Mouse), en la pestaña Pointers (Punteros), seleccione Windows Aero (system scheme) —o Aero de Windows (esquema del sistema)— en la lista desplegable y haga clic en OK (Aceptar)

  4. En la ventana Personalization (Personalización), haga clic en Theme (Tema). Seleccione Windows Vista. Seleccione Windows Vista en la lista desplegable de Theme, y luego haga clic en OK (Aceptar)

  5. En la ventana Personalization, haga clic en Display Settings (Configuración de pantalla). En el cuadro de diálogo de Display Settings, arrastre la barra de resolución a 1024 por 768 pixeles, y luego haga clic en OK (Aceptar)

FIGURA A-1

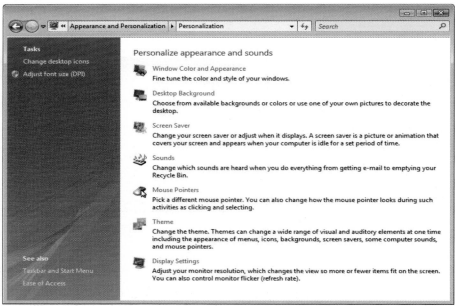

- Para restaurar la configuración predeterminada en la sección Taskbar and Start Menu (Barra de tareas y menú inicio)
    1. Haga clic en Inicio y luego en Control Panel (Panel de control). Haga clic en Appearance and Personalization (Apariencia y personalización). Haga clic en el Taskbar and Start Menu (Barra de tareas y menú Inicio) y luego compare su pantalla con la figura A-2
    2. En el cuadro de diálogo Taskbar and Start Menu Properties (Propiedades de la barra de tareas y menú Inicio), en la pestaña Taskbar (Barra de tareas), haga clic para seleccionar todos los cuadros de verificación excepto "Auto-hide the taskbar" ("Ocultar automáticamente la barra de tareas")
    3. En la pestaña Start Menu (Menú Inicio), haga clic en el botón de selección Start menu (Menú Inicio) y verifique todos los cuadros en la sección Privacy (Privacidad)
    4. En la sección iconos del sistema en la pestaña Notification Area (Área de notificación), haga clic para seleccionar todos los cuadros de verificación excepto el de "Power" ("Energía")
    5. En la pestaña Toolbars (Barra de herramientas), haga clic para seleccionar Quick Launch (Inicio rápido), ninguno de los otros conceptos debe estar activado
    6. Haga clic en OK (Aceptar) para cerrar el cuadro de diálogo de Taskbar and Start Menu Properties (Propiedades de la barra de tareas y del menú Inicio)
- Para restaurar la configuración predeterminada en la sección Folder Option (Opciones de carpeta)
    1. Haga clic en Start y luego en Control Panel. Haga clic en Apariencia y Personalización, haga clic en Opciones de carpeta y luego compare su pantalla con la figura A.3
    2. En el cuadro de diálogo Folder Options (Opciones de carpeta), en la pestaña General (General), haga clic para seleccionar Show preview and filters (Mostrar vista previa y filtros) en la sección Tasks (Tareas), haga clic para seleccionar Open each folder in the same window (Abrir todas las carpetas en la misma ventana), en la sección Browse folder (Examinar carpetas), y haga clic para elegir Double-click to open an item (single-click to select) o Doble clic para abrirlo (un clic para seleccionarlo) en la sección Clic items as follows (Acciones al hacer clic en un elemento)
    3. En la pestaña View (Ver), haga clic en el botón Reset Folders (Restablecer carpetas) y elija Yes (Sí) en el cuadro de diálogo Folder views (Vistas de carpeta). Luego haga clic en el botón Restore Defaults (Restaurar valores predeterminados)
    4. En la pestaña Search (Buscar) haga clic en el botón Restore Defaults (Restaurar valores predeterminados)
    5. Haga clic en OK (Aceptar) para cerrar el cuadro de diálogo de las opciones de carpeta, Folder Options
- Para restaurar la configuración predeterminada en la sección Windows Sidebar Properties (Propiedades de Windows Sidebar)
    1. Haga clic en Start, luego en Control Panel. Haga clic en Appearance and Personalization (Apariencia y personalización), haga clic en Windows Sidebar Properties (Propiedades de Windows Sidebar) y luego compare su pantalla con la figura A-4
    2. En el cuadro de diálogo de Windows Sidebar Properties, en la pestaña Sidebar (Windows Sidebar), haga clic para seleccionar Start Sidebar when Windows Start (Iniciar Windows Sidebar cuando Windows se inicie). En la sección Arrangement (Colocación), haga clic para seleccionar Right (Derecho), y luego seleccione 1 en Display Sidebar on monitor (Mostrar Windows Sidebar en este monitor) en la lista desplegable del monitor
    3. Haga clic en OK (Aceptar) para cerrar el cuadro de diálogo de las propiedades de la barra lateral de Windows

FIGURA A-3

FIGURA A-4

FIGURA A-2

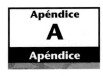

Restaurar la configuración predeterminada en la sección Seguridad

Las siguientes instrucciones requieren la instalación predeterminada de Windows Vista y que el estudiante inicie sesión con una cuenta de administrador. Todas las configuraciones siguientes pueden cambiarse mediante el Control Panel (Panel de Control).

PASOS

- Para restaurar la configuración predeterminada en la sección de Windows Firewall (Firewall de Windows)

  1. Haga clic en Start (Inicio) y luego en Control Panel (Panel de control). Haga clic en Security (Seguridad) y después en Windows Firewall; luego compare su pantalla con la figura A-5

  2. En el cuadro de diálogo de Windows Firewall, haga clic en Change Settings (Cambiar la configuración). Si aparece el cuadro de diálogo User Account Control (Control de cuentas de usuario), haga clic en Continue (Continuar)

  3. En el cuadro de diálogo Windows Firewall Settings (Configuración de Firewall de Windows), haga clic en la pestaña Advanced (Opciones avanzadas). Haga clic en Restore Defaults (Restaurar predeterminados), luego en Yes (Sí) en el cuadro de diálogo del mismo nombre

  4. Haga clic en OK (Aceptar) para cerrar el cuadro de diálogo de Windows Firewall Settings y luego cierre la ventana

- Para restaurar la configuración predeterminada de la sección Internet Options (Opciones de Internet)

  1. Haga clic en Start (Inicio) y luego en Control Panel (Panel de control). Haga clic en Security (Seguridad) y en Opciones de Internet; luego compare su pantalla con la figura A-6

  2. En el cuadro de diálogo de Internet Properties (Propiedades de Internet), en la pestaña General, haga clic en el botón Use Default (Usar predeterminada). Haga clic en el botón Settings (Configuración) en la sección Tabs (Pestañas) y luego haga clic en el botón Restore defaults (Restaurar valores predeterminados) del cuadro de diálogo Tabbed Browsing Settings (Configuración de exploración por pestañas). Haga clic en OK (Aceptar) para cerrar este cuadro de diálogo

  3. En la pestaña Security (Seguridad) del cuadro de diálogo Internet Properties (Propiedades de Internet), haga clic para quitar la selección Enable Protected Mode (Habilitar Modo protegido), de ser necesario. Haga clic en el botón Default level (Nivel predeterminado) del nivel de seguridad para esta zona. Si es posible, haga clic en el botón Reset all zones to default level (Restablecer todas las zonas al nivel predeterminado)

  4. En la pestaña Programs (Programas), haga clic en el botón Make default (Predeterminar) de la sección Default web browser (Explorador web predeterminado), si es posible. Si Office está instalado, Microsoft Office Word debería estar seleccionado en la lista desplegable del editor HTML

  5. En la pestaña Advanced (Opciones avanzadas), haga clic en el botón Restore advanced settings (Restaurar configuración avanzada) en la sección Settings (Configuración). Haga clic en el botón Reset (Restablecer) en la sección Reset Internet Explorer Settings (Restablecer configuración de Internet Explorer) y en Reset del cuadro de diálogo

  6. Haga clic en Cerrar para cerrar el cuadro de diálogo y luego en OK (Aceptar) para cerrar el cuadro de diálogo de Internet Properties (Propiedades de Internet)

FIGURA A-5

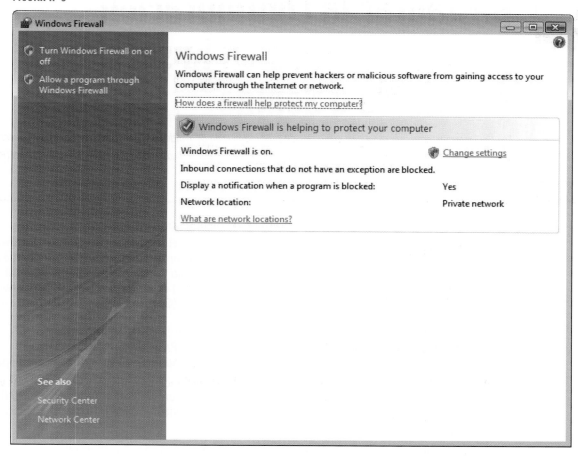

FIGURA A-6

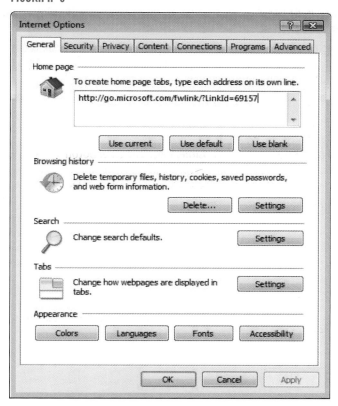

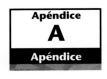
Restaurar la configuración predeterminada en la sección Hardware y Sonido

Las siguientes instrucciones requieren la instalación predeterminada de Windows Vista y que el estudiante inicie sesión con una cuenta de administrador. Todas las configuraciones siguientes pueden cambiarse mediante el Control Panel (Panel de Control).

PASOS

- Para restaurar la configuración predeterminada de la sección Autoplay (Autoejecutar)
  1. Haga clic en Start (Inicio) y luego en Control Panel (Panel de control). Haga clic en Hardware and Sound (Hardware y sonido), luego en Autoplay (Reproducción automática), y después compare su pantalla con la figura A-7. Desplácese hacia abajo y haga clic en el botón Reset all defaults (Restablecer todos los valores predeterminados) de la sección Devices (Dispositivos) en la parte inferior de la ventana y luego haga clic en Save (Guardar)

- Para restaurar las configuraciones predeterminadas en la sección Sound (Sonido)
  1. Haga clic en Start (Inicio) y luego clic en Control Panel (Panel de control). Haga clic en Hardware and Sound (Hardware y sonido) y en Sound (Sonido); en seguida compare su pantalla con la figura A-8
  2. En el cuadro de diálogo Sound (Sonido), en la pestaña Sounds (Sonidos), seleccione Windows Default (Predeterminado de Windows) de la lista desplegable Sound Scheme (Combinación de sonido) y haga clic en OK (Aceptar)

- Para restaurar la configuración predeterminada en la sección Mouse (Ratón)
  1. Haga clic en Start (Inicio) y luego en Control Panel (Panel de control). Haga clic en Hardware and Sound (Hardware y sonido), después en Mouse (Ratón) y luego compare su pantalla con la figura A-9
  2. En el cuadro de diálogo Mouse Properties (Propiedades de Mouse), en la pestaña Pointers (Punteros) seleccione Windows Aero (system scheme) —o Aero de Windows (esquema de sistema)— de la lista desplegable
  3. Haga clic en OK (Aceptar) para cerrar el cuadro de diálogo de propiedades del ratón

FIGURA A-7

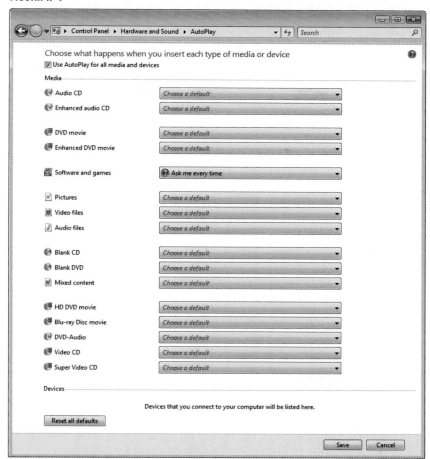

FIGURA A-8

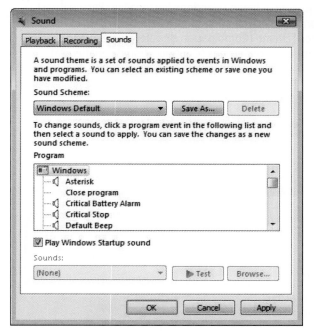

FIGURA A-9

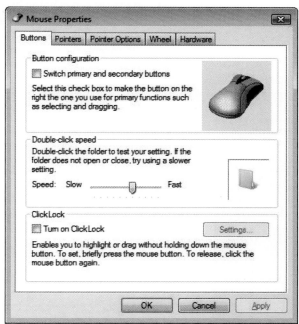

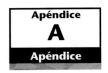

Deshabilitar y habilitar Windows Aero

A diferencia de las versiones anteriores de Windows, Windows Vista proporciona dos experiencias de interfaz del usuario distintivas: una experiencia "básica" para novatos y una más dinámica visual llamada Windows Aero. Ambas ofrecen una nueva e intuitiva experiencia de navegación que le ayuda a encontrar y organizar más fácilmente sus aplicaciones y archivos, pero Aero va un paso más al dar una experiencia de escritorio de la siguiente generación.

Windows Aero construye sobre la experiencia básica del usuario de Windows Vista y ofrece una experiencia de escritorio de mejor diseño y mejor desempeño. El uso de Aero requiere una PC con un adaptador de gráficos compatible y que ejecute la edición Premium o Business de Windows Vista.

Las siguientes instrucciones requieren la instalación predeterminada de Windows Vista y que el estudiante inicie sesión con una cuenta de administrador. Todas las configuraciones siguientes pueden cambiarse mediante el Control Panel (Panel de Control).

PASOS

- Para deshabilitar Windows Aero

Recomendamos a los estudiantes que usan este libro deshabilitar Windows Aero y restaurar su configuración predeterminada del sistema operativo (las instrucciones se detallan a continuación).

1. **Haga clic con el botón derecho en el escritorio, seleccione** Personalize (Personalizar) **y luego compare su pantalla con la figura A-10. Seleccione** Window Color and Appearance (Color y apariencia de las ventanas) **y luego** Open classic appeareance properties for more color options (Abrir las propiedades de apariencia clásica para ver más opciones de color). **En el cuadro de diálogo Appearance Settings (Configuración de apariencia) de la pestaña Apariencia, seleccione cualquier combinación de colores que no sea Aero —tal como** Windows Vista Basic **o** Windows Vista Standard— **en la lista Combinación de colores, y luego haga clic en OK (Aceptar). La figura A-11 compara Windows Aero con otras combinaciones de color. Observe que este libro utiliza Windows Vista Basic como esquema de color**

- Para habilitar Windows Aero

1. **Haga clic con el botón derecho en el escritorio y luego seleccione** Personalize (Personalizar). **Seleccione** Window Color and Appearance (Color y apariencia de las ventanas), **elija** Windows Aero (Aero de Windows) **en la lista Color Scheme (Combinación de color) y luego haga clic en OK (Aceptar) en el cuadro de diálogo Appearance Settings (Configuración de apariencia)**

FIGURA A-10

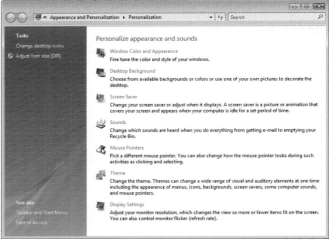

FIGURA A-11

Seleccione otras combinaciones de colores

Esquema de color de Windows Aero aplicado

Glosario

Abrir Usar uno de los métodos de apertura de un documento para recuperarlo y desplegarlo en la ventana de documento.

Acceso directo de teclado Combinación de teclas o una tecla de funciones que pueden apretarse para realizar un comando (por ejemplo, [Ctrl][X] para Corte).

Acercamiento Característica que hace a un documento aparecer más grande, pero muestra menos de éste en la pantalla a la vez; no afecta el tamaño real del documento.

Activo Documento, programa u objeto actualmente disponible; en la barra de estado, el botón del documento activo aparece en una sombra más oscura mientras que los botones u otros documentos abiertos están atenuados.

Ajuste automático de línea de Word Característica que mueve automáticamente el punto de inserción a la siguiente línea cuando se teclea.

Alejamiento Característica que deja ver más de un documento en pantalla a la vez, pero en un tamaño reducido; no afecta el tamaño real del documento.

Alineación En Word, la posición del texto en un documento relativa a los márgenes; en Excel, la posición del texto en una celda relativa a los bordes de la celda, tales como izquierda, al centro o derecha.

Alineación a la derecha Alineación en la que un elemento es paralelo al margen derecho.

Alineación a la izquierda Alineación en la que el elemento está alineado con el margen izquierdo.

Alineación vertical Posición del texto en un documento relativa a los márgenes superior e inferior.

Archivo Colección electrónica de datos almacenados, tales como texto, una fotografía, un video, o música, que tiene un nombre único que lo distingue de otros archivos. Word crea archivos de procesamiento de texto; Excel crea archivos de hojas de cálculo; Access crea archivos de base de datos y PowerPoint crea archivos de presentación.

Arrastrar y soltar Señalar un objeto, oprimir y mantener el botón izquierdo sobre el dispositivo de indicación, mover el objeto a una posición nueva y, luego, soltar el botón izquierdo.

Autocompletar Característica que sugiere automáticamente el texto por insertar.

Autocorrección Característica que detecta y corrige de manera automática errores al teclear, errores ortográficos menores y de uso de mayúsculas o que inserta ciertos símbolos tipográficos cuando teclea.

Autotexto Característica que almacena texto y gráficos que se usan a menudo, por lo que es posible insertarlos fácilmente en un documento.

Barra de desplazamiento Barra en la orilla derecha (barra de desplazamiento vertical) y en la orilla inferior (barra de desplazamiento horizontal) de la ventana de un documento, que se usa para desplegar diferentes partes de éste.

Barra de desplazamiento horizontal *Véase* Barra de desplazamiento.

Barra de desplazamiento vertical *Véase* Barra de desplazamiento.

Barra de estado Barra en la parte inferior de la ventana del programa Word que muestra información acerca del documento, incluyendo el número actual de la página, el número total de páginas en un documento, el recuento de palabras del documento y el estado encendido/apagado de revisión de ortografía y gramática, y contiene los botones de vista, el botón del nivel de Zoom y el dispositivo deslizante de Zoom.

Barra de herramientas de acceso rápido Barra de herramientas pequeña y ajustable a la medida en la parte superior de una ventana del programa de Office que contiene botones para comandos de uso común como Guardar y Deshacer.

Barra de título Barra en la parte superior de la ventana del programa que indica el nombre de éste y el del archivo actual.

Bibliografía Lista de fuentes que se consultaron o se citaron al crear un documento.

Blog Bitácora informal que es creada y mantenida por una persona o un grupo y está disponible al público en Internet; abreviatura de weblog.

Bloguero Persona que crea y mantiene un blog.

Bloque de creación Pieza reusable de contenido formateado o parte del documento que se almacena en una galería.

Borde Líneas que pueden añadirse arriba, abajo o a los lados de párrafos, texto y celdas de tablas; líneas que dividen las columnas y renglones de una tabla.

Botón de alternar Botón que activa y desactiva una característica.

Botón de ayuda para Word de Microsoft Office Botón que se usa para acceder al sistema de Ayuda de Word.

Botón de Office Elemento de las ventanas del programa Office que provee acceso a los comandos para crear, abrir, guardar, imprimir y compartir documentos, así como para las opciones para personalizar los programas.

Botón del nivel de Zoom Botón en la barra de estado que se emplea para cambiar el nivel de zoom del documento en la ventana de documento.

Botones de vista Botones en la barra de estado que se emplean para cambiar las vistas de los documentos.

Campo Código que sirve como marcador de posición para los datos que cambian en un documento, como el número de página.

Capital Letra mayúscula inicial grande y alargada que se usa a menudo para marcar el primer párrafo de un artículo.

Captura de pantalla Fotografía virtual de la pantalla, como si se le tomara una fotografía con una cámara, la cual puede pegarse en un documento.

Celda Intersección de una columna y una fila en una hoja de trabajo, hoja de datos o tabla.

Centrar Alineación en la que un elemento se centra entre los márgenes.

Cinta de opciones Barra cerca de la parte superior de una ventana del programa de Office que contiene los nombres de las pestañas que, a su vez, contienen los comandos de los programas de Office que se emplean con más frecuencia.

Clip Archivo de medios, como un gráfico, una fotografía, sonido, una película o animación, que puede insertarse en un documento de Office.

Clip art. *Véase* Imagen prediseñada.

Colaboración en línea Capacidad para incorporar retroalimentación o compartir información a través de Internet o una red de compañía o intranet.

Compatibilidad hacia atrás Característica del software que permite que los documentos guardados en una versión anterior de un programa sean abiertos en una versión más nueva del programa.

Compatible Capacidad de programas diferentes para trabajar en conjunto e intercambiar datos.

Control del contenido Objeto interactivo que se incrusta en un documento que se crea de una plantilla y que facilita la habilidad para hacer el documento con información propia.

Control deslizante de zoom Ajuste en la barra de estado que se usa para acrecentar o decrecer el tamaño de despliegue del documento en la ventana de documento.

Controladores de tamaño Los círculos blancos que aparecen alrededor de un gráfico cuando se le selecciona; se usan para cambiar su tamaño o forma. También se les conoce simplemente como controladores.

Copiar Colocar información en el Portapapeles para pegarla en otra ubicación, pero, también, para dejarla en la ubicación original.

Copiar formato Característica que se usa para copiar los ajustes de formato aplicados al texto seleccionado a otro texto que se quiere formatear de la misma manera.

Cortar Retirar información de un archivo y ponerla en el Portapapeles, por lo general para pegarla en otra ubicación.

Cortar y pegar Mover texto o gráficos utilizando los comandos Cortar y Pegar.

Cuadro de desplazamiento Rectángulo localizado en las barras de desplazamiento vertical y horizontal que indica la posición relativa en un archivo y que puede arrastrarse para ver otras partes del archivo o la ventana. *Véase también* Barra de desplazamiento.

Cursivas Formato que se aplica al texto para que los caracteres queden inclinados a la derecha.

Cursor de hacer clic y teclear Aquel que se emplea para mover el punto de inserción y aplicar automáticamente el formato de párrafo necesario para insertar texto en esa ubicación en el documento.

Cursor en forma de I Puntero que se usa para mover el punto de inserción y seleccionar texto.

Desplazamiento Usar las barras de desplazamiento o las teclas con flecha para exhibir diferentes partes de un documento en la ventana de documento.

Documento Archivo electrónico que se crea usando un programa como Word o WordPad.

Efectos de tamaño de la fuente Tamaño de los caracteres de texto, medidos en unidades denominadas puntos (pts); un punto es igual a 1/72 de pulgada.

Elemento rápido Pieza reusable de contenido que puede insertarse en un documento, incluyendo un campo, la propiedad de un documento, un bloque constructivo con preformato.

Encabezado Información, tal como texto, un número de página, o un gráfico, que aparecen en la parte superior de cada página en un documento o sección.

Espaciamiento de líneas *Véase* Interlineado.

Espaciamiento de párrafo Cantidad de espacio entre párrafos.

Espaciamiento entre caracteres Formato que cambia con el ancho o escala de los caracteres, expande o condensa la cantidad de espacio entre caracteres, levanta o baja caracteres respecto de la línea del texto y ajusta el perfil fuera de línea (el espacio entre la combinación estándar de letras).

Estilo Colección predeterminada de formatos de caracteres y párrafos que se almacenan en conjunto y que pueden aplicarse para dar formato rápidamente a un texto.

Estilo de tabla Conjunto nombrado de ajustes del formato de la tabla que pueden aplicarse a una tabla para formatearla una sola vez.

Estilo rápido Conjunto de estilos diseñados para utilizarse juntos en un documento.

Flecha de desplazamiento Flecha al final de una barra de desplazamiento sobre la que se hace clic para desplazar un documento una línea a la vez o desplazar un documento a la izquierda y a la derecha en la ventana de documento.

Formato XML Nuevo formato de archivo de Word 2007.

Fuente Formato de fuente que aplica efectos especiales al texto, como sombra, contorno, versalitas o superíndice. Tipo o diseño de un conjunto de caracteres (letras, números, símbolos y signos de puntuación), como Times New Roman.

Fuente con patines. *Véase* Fuente Serif.

Fuente Sans Serif Fuente (como Calibri) cuyos caracteres no incluyen patines, que son pequeños trazos en los extremos de las letras.

Fuente Serif Fuente (como Times New Roman) cuyos caracteres incluyen patines, que son pequeños trazos en los extremos de las letras.

Fuente sin patines. *Véase* Fuente Sans Serif.

Galería Colección de selecciones por las que puede navegarse para hacer una selección. A menudo, disponible con la vista Previa.

Gráfico en línea Gráfico que es parte de una línea de texto.

Gráfico libre Gráfico al cual se le ha aplicado ajuste de texto, haciendo que el gráfico sea independiente del texto y que pueda moverse dondequiera en la página.

Grupo Colección de comandos relacionados con una pestaña en la cinta de opciones.

Guardar Almacenar permanentemente un archivo en un disco o sobreescribir la copia de un archivo que se almacena en un disco con los cambios efectuados al archivo.

Guardar como Comando que se utiliza para guardar un archivo por primera vez o para crear un nuevo archivo con un nombre diferente, dejando el archivo original intacto.

Hacer clic y teclear Característica que permite aplicar automáticamente el formato necesario de párrafo a una tabla, un gráfico o un texto cuando se inserta el elemento en un área en blanco de un documento en la vista Diseño de impresión o vista de Diseño Web.

Hipervínculo Texto o gráfico que abre un archivo, página Web u otro elemento cuando se hace clic en él. Se le conoce también como enlace, vínculo o liga.

Huérfana Primera línea de un párrafo cuando aparece sola al calce de una página.

Imagen prediseñada Colección de imágenes gráficas prediseñadas que pueden insertarse en documentos, presentaciones, páginas Web, hojas de cálculo y otros archivos de Office para realzar su apariencia.

Integrar Incorporar un documento y partes del mismo creado en un programa en otro programa; por ejemplo, para incorporar una gráfica Excel en una diapositiva PowerPoint, o una tabla de Access en un documento Word.

Interfaz Forma en que se siente y se ve un programa; por ejemplo, la apariencia de los comandos y la manera en que están organizados en la ventana del programa.

Interfaz del usuario Término colectivo para todas las formas en que se interactúa con un programa de software.

Interlineado Cantidad de espacio que hay entre las líneas de un texto.

Justificar Alineación en la que un elemento es paralelo con respecto a los márgenes izquierdo y derecho.

Lanzador Icono disponible en muchos grupos de la cinta de opciones en el que puede hacerse clic para abrir un cuadro de diálogo o un panel de tareas, ofreciendo una forma alternativa para escoger comandos. *También llamado* lanzador de cuadro de diálogo.

Lanzador de cuadro de diálogo Icono disponible en muchos grupos de la cinta de opciones en el cual puede hacerse clic para abrir un cuadro de diálogo o un panel de tareas, ofreciendo una forma alternativa para elegir comandos. *También llamado* lanzador.

Marcadores de sangría Marcadores en la regla horizontal que indican los ajustes de sangría para el párrafo activo.

Margen Área en blanco entre el borde del texto y el borde de una página.

Margen de encuadernación Espacio extra que se deja en la parte superior, a la izquierda o en los márgenes internos de un documento.

Márgenes de espejo Márgenes que se usan en documentos con páginas opuestas, donde los márgenes interior y exterior son imágenes idénticas entre sí.

Minibarra de herramientas Barra de herramientas que aparece tenuemente por encima del texto cuando se selecciona, incluye los comandos más comúnmente usados para formato de texto y párrafos.

Negritas Formato que se aplica a un texto para hacerlo más grueso y oscuro.

Nombre de archivo Nombre único y descriptivo de un archivo que identifica el contenido del mismo. Un nombre de archivo no puede tener más de 255 caracteres, incluyendo espacios, y puede incluir letras, números y ciertos símbolos.

Nota de pie de página Texto que provee información adicional o reconoce fuentes de texto en un documento y que aparece en la parte inferior de la página en la cual se encuentra la llamada de la nota.

Nota final Texto que provee información adicional o reconoce fuentes para texto en un documento y que aparece al final de este último.

Operación de cortar y pegar Característica del software de producción de documentos que permite borrar palabras y objetos de un lugar en un documento y colocarlos en alguna otra parte.

Organizador de medios Biblioteca de imágenes que viene con Word.

Orientación horizontal Ajuste de impresión que coloca un documento de modo que abarque los márgenes más anchos de la página, haciendo que la página sea más ancha que alta.

Orientación vertical Selección de impresión que coloca el documento en la página de modo que la página es más alta que ancha.

Outdent *Véase* Sangría negativa.

Paquete *Véase* Suite.

Pegar Insertar elementos almacenados en el Portapapeles en un documento.

Pestaña Parte de la cinta de opciones que incluye grupos de botones para los comandos relacionados. También se le llama etiqueta o ficha.

Pestaña contextual Pestaña en la cinta de opciones que aparece cuando es necesario completar una tarea específica; por ejemplo, si se selecciona una gráfica en un cuaderno de trabajo Excel o una diapositiva de PowerPoint, aparecen tres pestañas de contexto (Diseño, Presentación y Formato) de las Herramientas de Gráficos.

Pestaña de programa Una opción específica para una vista particular en la cinta de opciones, como la Vista preliminar de impresión.

Plantilla Documento con formato que contiene espacios para colocar texto; el texto general se reemplaza con texto específico según sus necesidades.

Portapapeles Área de almacenamiento temporal en el disco duro de la computadora que contiene elementos que se cortan o se copian de cualquier archivo de Office y están disponibles para pegar. *Véase también* Portapapeles de Office y Portapapeles del sistema.

Portapapeles de Office Área de almacenamiento temporal compartida por todos los programas de Office, que puede usarse para cortar, copiar y pegar múltiples elementos dentro y entre los programas de Office. El Portapapeles de Office puede retener hasta 24 elementos colectados de cualquier programa de Office. *Véase también* Portapapeles del sistema.

Portapapeles del sistema Portapapeles que almacena exclusivamente el último elemento cortado o copiado de un documento. *Véase también* Portapapeles y Portapapeles de Office.

Programa de procesamiento de palabras Programa de software que incluye herramientas para insertar, editar y dar formato a texto y gráficos.

Propiedades del documento Detalles acerca de un archivo, como el nombre del autor o la fecha de creación del archivo, que se usan para describir, organizar y buscar archivos.

Punto Unidad de medida usada para las fuentes y la altura de las filas. Una pulgada equivale a 72 puntos o un punto es igual a 1/72 de pulgada.

Punto de inserción Línea vertical parpadeante que indica dónde aparecerá el texto cuando se teclee en un documento de Word, una celda de Excel o la barra de fórmulas, un registro de Access o un marcador de posición de texto en PowerPoint.

Regla guía vertical Regla que aparece en el lado izquierdo de la ventana de documento en la vista Diseño de impresión.

Regla horizontal Regla que aparece en la parte superior de la ventana del documento en las vistas de Diseño de impresión, Borrador y Diseño Web.

Relleno Línea que aparece frente a un texto con tabulación.

Resaltado 1) Color transparente que puede aplicarse al texto para llamar la atención hacia él. 2) Cuando un icono se sombrea de manera diferente, indicando que está seleccionado. *Véase también* Seleccionar.

Salto de columna Salto que obliga al texto que sigue al salto a empezar en la parte superior de la siguiente columna.

Salto de página automático Salto de página que se inserta automáticamente en la parte inferior de la página.

Salto de página duro *Véase* Salto de página manual.

Salto de página manual Salto de página insertado para obligar al texto que sigue del salto a empezar en la parte superior de la siguiente página. También se le conoce como salto de página duro.

Salto de sección Marca de formato que se inserta para dividir un documento en secciones.

Sangría Espacio entre el borde de una línea de texto o un párrafo y el margen.

Sangría de primera línea Tipo de sangría en la que la primera línea de un párrafo se sangra más que las subsecuentes.

Sangría derecha Tipo de sangría en la que el borde derecho de un párrafo se mueve del margen derecho.

Sangría francesa Tipo de sangría en que la segunda línea y las subsecuentes de un párrafo se sangran más que la primera.

Sangría izquierda Tipo de sangría en la que el borde izquierdo de un párrafo se desplaza hacia la derecha desde el margen izquierdo.

Sangría negativa Tipo de sangría en la que el borde izquierdo de un párrafo se mueve hacia la izquierda del margen izquierdo; *también llamada* sangría hacia fuera.

Sección Parte de un documento que se separa del resto de él mediante saltos de sección.

Seleccionar Hacer clic o resaltar un elemento para llevar a cabo alguna acción en él. Sombrear un elemento para realizar alguna acción en él. *Véase también* Resaltado.

Símbolo Carácter especial que puede insertarse dentro de un documento utilizando el comando Símbolo.

Símbolos de formato Caracteres que no se imprimen y que aparecen en la pantalla para indicar los finales de párrafos, tabuladores y otros elementos del formato.

Sombrear Color o patrón de fondo que es posible aplicar a textos, tablas o gráficos.

Subíndice Efecto de la fuente en el que se da formato al texto en un tamaño de fuente menor y que se ubica debajo de la línea del texto.

Suite Grupo de programas que están agrupados y que comparten una interfaz similar, facilitando la transferencia de habilidades y contenido de programas entre ellos.

Superíndice Efecto de la fuente en el que se da formato al texto en un tamaño de fuente menor y que se ubica por arriba de la línea del texto.

Tabla Cuadrícula hecha de filas y columnas de celdas que puede llenarse con texto y gráficos.

Tecla de acceso directo *Véase* Acceso directo de teclado.

Tema Conjunto predefinido de colores, fuentes y efectos de línea y de relleno que fácilmente se aplican a un documento de Office para darle una apariencia consistente y profesional.

Tope de tabulador Ubicación sobre la regla horizontal que indica dónde alinear el texto. Esto se refiere a que pueda tabularse un control al ingresar o editar información; en otras palabras, si el control puede recibir el foco.

Ventana del documento Porción de la ventana de programa que exhibe todo o parte de un documento abierto.

Ventana del programa Word Aquella que contiene los elementos del programa Word, incluyendo la ventana del documento, la barra de herramientas de acceso rápido, la cinta de opciones y la barra de estado.

Viñeta Símbolo gráfico pequeño que se usa para identificar los artículos en una lista.

Vista Manera de desplegar un documento en la ventana de documento; cada vista provee características útiles para editar y dar formato a diferentes tipos de documentos.

Vista Borrador Vista que muestra un documento sin márgenes, encabezados y pies de página o gráficos.

Vista de Diseño Web Vista que muestra un documento en la forma en que se verá cuando se observe con un navegador Web.

Vista de lectura de pantalla completa Vista que muestra sólo el texto del documento en pantalla, facilitando leer y anotar.

Vista Diseño de impresión Vista que muestra un documento como se observará en una página impresa.

Vista esquema En Word, vista que muestra los encabezados de un documento organizado como un esquema.

Vista preliminar Antes de imprimir, ver en la pantalla exactamente cómo se verá el documento impreso.

Vista preliminar de impresión Vista que exhibe cómo lucirá un archivo cuando se imprima.

Vista previa de Office Característica que permite señalar una selección en una galería o paleta y ver los resultados en el documento sin hacer clic en realidad sobre la selección.

Viuda Última línea de un párrafo cuando pasa a la parte superior de la siguiente página, separada del resto del párrafo.

XML Acrónimo de eXtensible Markup Language, que es un lenguaje usado para estructurar, almacenar y enviar información.

Índice